管理经济学
原理与应用（第6版）

MANAGERIAL ECONOMICS:
PRINCIPLES AND APPLICATIONS

〔新加坡〕方博亮　〔新加坡〕徐 乐/著

著作权合同登记号　图字：01-2023-0581
图书在版编目(CIP)数据

管理经济学：原理与应用/(新加坡)方博亮，(新加坡)徐乐著. —6版. —北京：北京大学出版社，2023.9

ISBN 978-7-301-34449-1

Ⅰ. ①管… Ⅱ. ①方… ②徐… Ⅲ. ①管理经济学 Ⅳ. ①C93-05

中国国家版本馆CIP数据核字(2023)第174752号

书　　　名	管理经济学：原理与应用（第6版）
	GUANLI JINGJIXUE：YUANLI YU YINGYONG（DI-LIU BAN）
著作责任者	〔新加坡〕方博亮　〔新加坡〕徐　乐　著
策划编辑	张　燕
责任编辑	王　晶
标准书号	ISBN 978-7-301-34449-1
出版发行	北京大学出版社
地　　　址	北京市海淀区成府路205号　100871
网　　　址	http://www.pup.cn
微信公众号	北京大学经管书苑（pupembook）
电子邮箱	编辑部 em@pup.cn　总编室 zpup@pup.cn
电　　　话	邮购部 010-62752015　发行部 010-62750672　编辑部 010-62752926
印　刷　者	河北文福旺印刷有限公司
经　销　者	新华书店
	787毫米×1092毫米　16开本　17.75印张　432千字
	2023年9月第1版　2024年9月第2次印刷
印　　　数	4001—8000册
定　　　价	96.00元

未经许可，不得以任何方式复制或抄袭本书之部分或全部内容。
版权所有，侵权必究
举报电话：010-62752024　电子邮箱：fd@pup.cn
图书如有印装质量问题，请与出版部联系，电话：010-62756370

本 书 资 源

学生资源：

◇ 进度检测题答案

◇ 复习题答案

◇ 部分讨论案例答案

资源获取方法：

第一步，关注"博雅学与练"微信服务号。

第二步，扫描右侧二维码，获取上述资源。

一书一码，相关资源仅供一人使用。

读者在使用过程中如遇到技术问题，可发邮件至 em@pup.cn。

教师资源：

◇ PPT

◇ 教师指导手册

◇ 习题答案

◇ 试题库

资源获取方法：

第一步，扫描右侧二维码，或者直接搜索微信公众号"北京大学经管书苑"，进行关注。

第二步，点击菜单栏"在线申请"—"教辅申请"，填写相关信息后点击提交。

谨以此书献给父亲、母亲、爱人与孩子们

序

管理经济学是研究在企业或其他机构的管理中如何配置稀缺资源的学科。本书讲解了管理者在实践中可以应用的管理经济学概念和工具。

本书为商学院学生及实践管理者而作。全书刻意采用简单易懂的风格来撰写，从最基本的概念讲起，读者不需要有任何经济学基础。书中尽量减少专业术语、复杂的图形以及高深的数学推导。尽管数学推导非常少，但本书对于经济学的运用却非常严谨。我们将经济学的概念运用到管理实践中，即使是对于有经济学背景的读者来说，也可能存在挑战。

管理经济学还将管理学的很多知识独特地融合进来。除了讲述管理经济学的基本要点，本书还包含了其他许多与管理有关的知识，例如，人力资源管理(激励与组织)、营销(广告与定价)等。读者可以将这些知识视为与其他管理学科知识的连接点。

本书除了强调经济学在管理方面的应用，还有其他三个特点。第一，本书强调行为经济学，即心理学在经济问题上的应用。第二，同样的管理经济学原理放诸四海而皆准。为了突出这一点，本书包含了全球各地的案例。第三，本书使用的例子既有消费品市场的例子，也有工业品市场的例子。原因很简单：买方既可能是企业，也可能是个人；卖方的情形也同样如此。

对于大多数读者来说，本书可能会是他们接触到的唯一一本系统完整的有关经济学的书籍，因此，本书省略了复杂的理论和模型，如等产量曲线与生产函数。这些概念在高级经济学课程中更有用处。在措辞上，本书多使用"业务"(business)而非"公司"(firm)。实践中，很多公司涉足于广泛的业务。在经济学中，通常使用的分析单位是业务、行业、市场，而非公司。本书强调"买方"和"卖方"而非消费者和公司。这是因为，在真实市场中，供给与需求并不能严格地在"家庭"与"公司"之间做出区分。举两个例子：在电信市场中，需求方既包含企业也包含家庭；在人力资源市场中，供给方既包含企业也包含家庭。外包则使得供给方更加多样化。

管理经济学是一门实践性很强的学科。正如一个人不可能只凭观看职业选手的动作就能学会游泳或打网球一样，也没有人能仅仅通过阅读本书就学会管理经济学。本书中的每一章都包括进度检测、知识要点、复习题以及讨论案例。进度检测和知识要点可以帮助读者检验及巩固对章节内容的理解。读者必须将新掌握的知识要点运用到进度检测上。复习题与讨论案例旨在激发思维和拓展知识。这些问题可以用于课堂讨论和小组讨论。

主要特点

本书的主要特点在于：
- 将简单、实用的理念运用于企业决策；
- 强调最新的微观经济学研究，包括行为经济学与信息经济学；
- 将管理经济学与其他管理学的知识联系起来；
- 来自全球各地的小型案例；
- 每一章均由一个真实案例引出；
- 每一章都设有进度检测、知识要点、复习题以及讨论案例来巩固学习内容；
- 尽可能少地使用术语、图形和数学推导，使得文字通俗易懂；
- 完备的教师辅助材料——教师指导手册、习题答案、试题库及 PPT。
- 完善的学生配套资源——进度检测题答案、复习题答案以及部分讨论案例答案。

本书结构

本书共分为三个部分。第 1 篇提出了完全竞争市场的框架。第 1 章是管理经济学简介，第 2 章至第 5 章介绍了管理经济学的基础要点。这些内容循序渐进，即使没有经济学背景的读者也可以逐步掌握其要点。

本书的第 2 篇和第 3 篇的进度加快了。这两个部分相对独立，读者可以跳过第 2 篇，而直接进入第 3 篇的内容。第 2 篇详述了当存在市场力时可能会出现的一些问题，而第 3 篇集中讨论在不完全市场中的管理问题。第 13 章有关管制的讨论是第 3 篇中唯一依赖于第 2 篇内容的章节。

一门完整的管理经济学课程应当覆盖全书的内容。如果需要缩短课程内容，有以下三种办法。第一，如果课程着重强调管理经济学的策略研究，可选取第 1 章至第 9 章内容。第二，如果课程集中讨论组织管理经济学，可选取第 1 章至第 6 章以及第 10 章至第 12 章内容。第三，如果课程重点讨论现代管理经济学——策略与组织，可选取第 1 章至第 3 章以及第 6 章至第 12 章内容。

教辅资源

本书配套的学生资源包括各章进度检测题答案、章后复习题答案、部分讨论案例答案，读者可扫描专属二维码获取相关资源的访问权限。

本书配套的教师资源包括 PPT、教师指导手册、习题答案、试题库等，任课教师可通过填写在线申请表向北京大学出版社申请。

以上资源的获取方式，详见本书第一页的"本书资源"。

致谢

特别感谢北京大学出版社张燕编辑在出版过程中的协助以及王晶编辑的编校工作。

方博亮　徐乐
新加坡国立大学
2023 年 3 月

目录

第1篇 竞争市场

第1章 管理经济学简介 3
1.1 什么是管理经济学 3
1.2 附加值与经济利润 5
1.3 决策 7
1.4 有限理性 8
1.5 组织 10
1.6 市场 12

第2章 需求 18
2.1 引言 18
2.2 个人需求 19
2.3 需求与收入 22
2.4 影响需求的其他因素 25
2.5 买方剩余 28
2.6 市场需求 32
附录 市场需求曲线的构建 37

第3章 弹性 38
3.1 引言 38
3.2 自身价格弹性 39
3.3 预测 43
3.4 行为因素 46
3.5 其他弹性 48

第4章 供给 56
4.1 引言 56
4.2 短期成本 57
4.3 短期个人供给曲线 64
4.4 长期个人供给曲线 69
4.5 市场供给 72
4.6 供给弹性 73
4.7 卖方剩余 75
附录 构建市场供给曲线 80

第5章 市场均衡 82
5.1 引言 82
5.2 完全竞争 83
5.3 市场均衡 84
5.4 需求变动 88
5.5 供给变动 91
5.6 中介 93
5.7 "看不见的手" 95

第2篇 市场力

第6章 成本 105
6.1 引言 105

6.2 经济成本 106
6.3 机会成本 107
6.4 沉没成本 110
6.5 规模经济 113
6.6 范围经济 118
6.7 有限理性 120

第 7 章 垄断 125
7.1 引言 125
7.2 市场力的来源 126
7.3 利润最大化 129
7.4 需求和成本的变化 133
7.5 广告 136
7.6 研发 138
7.7 市场结构 139
7.8 买方垄断 140

第 8 章 定价策略 146
8.1 引言 146
8.2 统一定价 147
8.3 完全价格歧视 150
8.4 直接细分市场价格歧视 154
8.5 间接细分市场价格歧视 158
8.6 选择定价策略 161

第 9 章 策略性思考 168
9.1 引言 168
9.2 纳什均衡 170
9.3 随机策略 173
9.4 竞争或协调 176
9.5 序列 177
9.6 策略性行动 180
9.7 条件策略性行动 182
附录 求解随机策略中的纳什均衡 189

第 3 篇 不完全市场

第 10 章 外部性 193
10.1 引言 193
10.2 正外部性 194
10.3 负外部性 198
10.4 一般基准 200
10.5 网络效应与网络外部性 202
10.6 公共品 205
10.7 排他性 207

第 11 章 信息不对称 213
11.1 引言 213
11.2 不完全信息 214
11.3 逆向选择 216
11.4 鉴定 222
11.5 筛选 223
11.6 发信号 225
11.7 相机合同 227

第 12 章 激励与组织 232
12.1 引言 232
12.2 道德风险 233
12.3 监管和激励 236
12.4 套牢 239
12.5 所有权 241
12.6 组织架构 243

第 13 章 管制 251
13.1 引言 251
13.2 自然垄断 252
13.3 潜在竞争市场 256
13.4 信息不对称 258
13.5 外部性 261
13.6 全球外部性 263
13.7 相机外部性 265

术语索引 270

第1篇

竞争市场

第1章 管理经济学简介
第2章 需求
第3章 弹性
第4章 供给
第5章 市场均衡

第1章
管理经济学简介

> **学习目标**
> - 了解管理经济学的研究对象;
> - 理解附加值与经济利润;
> - 运用总收益与总成本做参与决策;
> - 运用边际收益与边际成本做程度决策;
> - 了解有限理性在决策制定中的影响;
> - 理解一个组织的纵向边界与横向边界;
> - 区别竞争市场、市场力、不完全市场。

1.1 什么是管理经济学

空中客车公司(以下简称"空客")与波音公司是两家制造大型商用150座以上喷气式飞机的双寡头制造商,占据了全球约90%的市场份额。波音公司做得最为成功,而给其带来最丰厚利润的机型是波音737。这是一款双引擎、单通道、中程喷气式飞机。截至2018年上半年,波音737家族的总订单数量为14 703架,已交付10 030架。[1] 波音737家族的竞争对手是

---

[1] 此讨论基于以下资料:永远的对手,波音 VS 空客[EB/OL]. (2018-07-20)[2022-08-25]. https://www.toutiao.com/article/6580198531070427656/;焦点:欧盟与美国长达17年的飞机补贴大战有望休战[EB/OL]. (2021-06-15)[2022-08-25]. https://www.reuters.com/article/us-eu-plane-subsidy-0615-idCNKCS2DR0CD;中国商飞:支撑强国之翼[EB/OL]. (2017-10-23)[2022-08-25]. http://politics.people.com.cn/n1/2017/1023/c1001-29602272.html;空中客车将收购庞巴迪C系列科技业务多数股权[EB/OL]. (2017-10-17)[2022-08-25]. https://www.reuters.com/article/airbus-bombardier-c-series-stake-1016-mo-idCNKBS1CM025;C Series said to be favorite for Austrian fleet revamp[EB/OL]. (2014-10-15)[2023-07-24]. https://www.theglobeandmail.com/report-on-business/bombardier-c-series-said-to-be-favourite-for-austrian-fleet-revamp/article21105472/;Comac's C919 jet to complete assembly by September 2015[EB/OL]. (2014-09-25)[2023-07-24]. https://www.scmp.com/business/china-business/article/1599873/comacs-c919-jet-complete-assembly-september-2015;Airbus-Boeing duopoly holds narrow-body startups at bay at Paris Air Show[N]. Bloomberg, 2011-06-23.

空客的 A320 家族。A320 家族包括经典的 A318、A319、A320、A321 系列以及 A320NEO 系列。虽然空客比波音晚进入市场近 20 年,但是它们在商用飞机市场上可谓旗鼓相当。

波音和空客就像一对"欢喜冤家",它们不仅在不断地创新机型,也在持续不停地争夺市场份额。2004 年,美国和欧盟之间的"飞机补贴战"就开始了,这一争端愈演愈烈。双方都指责对方不愿意协调解决问题,并且相互实施贸易制裁,分别对另一方高达数十亿美元的进口商品提升关税。然而这一场持续了 17 年的贸易争端居然在 2021 年 6 月落下帷幕:它们决定"停战"五年。当然有很多因素促成了这样的决定,其中一个比较重要的因素就是中国。全球疫情已经令各国经济艰难前行,它们不想"鹬蚌相争,渔翁得利",让中国这个巨大的亚洲经济体从中得利。

中国致力于发展自己的大型商用飞机,以满足国内不断增长的飞行需求以及摆脱对欧美飞机制造商的依赖。在这一思想的指导下,中国商用飞机有限责任公司(以下简称"中国商飞")得到了政府的大力支持。中国商飞是一家研制大型商用飞机的国有企业。中国希望中国商飞向空客学习并且快速跟上这个飞机制造业巨头的脚步。2016 年 12 月,中国商飞推出了 C919,一款 150 座单通道的窄体飞机,并于 2022 年 12 月 9 日首架交付。而这款飞机所对标的正是波音 737 系列以及空客 A320 系列。截至 2020 年 10 月,中国商飞的全球订单已超过 1 000 架,大部分订单来自中国的航空公司及租赁公司。不仅如此,中国正在和俄罗斯合作发展宽体飞机 C929。该款机型的性能是以目前在中国运营量最多的空客 A330 为标准的。

空客 CEO Guillaume Faury 在 2021 年 5 月 6 日的欧美未来论坛(EU-US Future Forum)上发表言论称,他相信单通道飞机的双寡头垄断局面很可能在未来 10 年内不复存在。随之而来的很可能是空客、波音以及中国商飞三足鼎立的格局。对空客来说,中国是一个很重要的市场。它于 1985 年进入中国市场,迄今已有近 40 年的历史。截至 2023 年第一季度末,空客在中国的机队数量已增至 2 100 多架,占中国市场份额的一半以上。但是,这一局面不会长久,随着中国商用飞机技术的逐步成熟,中国的航空公司将会逐步使用自己国家的产品。空客还大胆预测,中国商飞将会逐步崛起,在可预见的未来,成长为一个不容小觑的竞争者。

不仅仅中国,来自加拿大的飞机制造商庞巴迪公司也已推出先进的能与波音 737 和空客 A320 家族相抗衡的新型客机。庞巴迪早已生产出一款能容纳 100 人的小型短程飞机,称为支线飞机。它渴望将业务扩展到更大型的飞机。但庞巴迪是在 2008 年确保能够获得德国汉莎航空公司的订单之后,才正式启动了这个扩展计划。庞巴迪 C 系列飞机通过使用先进的材料与更省油的普惠(Pratt & Whitney)PW1000G 发动机,减少了 20% 的油耗。但是在 2017 年,庞巴迪 C 系列客机的销售遭遇了"滑铁卢",这主要是由于波音向美国商务部提起了反倾销诉讼。这一举措一度导致了美加关系紧张。正当大家以为庞巴迪会从此隐退美国市场的时候,空客横插一脚,加入了这场竞争游戏。空客将庞巴迪 C 系列看成对 A320 系列的补充。随后,空客和庞巴迪很快达成合作协议。2017 年 10 月,空客以 1 美元的象征性价格收购庞巴迪 C 系列飞机产品的 50.1% 股份,成为最大股东。这一颠覆性的结果也使得 C 系列飞机起死回生。随即,美国国际贸易委员会也一致裁定庞巴迪 C 系列飞机未对美国造成损害。

2021 年,随着全球疫情的缓解,空客声称供应商们应该准备增加商用飞机的产量。它预估到 2024 年,A320 系列的商用飞机产量应该达到每月 65 架。但是,波音就没有这么幸运了,由于波音 737 MAX 所造成的事故,一些老客户纷纷取消订单。不仅如此,由于发现了波音

787 飞机的结构缺陷,波音不得不宣布减产该型号飞机。

在民用飞机市场,中国商飞为什么被推测是最有可能在与波音和空客的竞争中脱颖而出的呢?为什么空客要收购庞巴迪 C 系列飞机?波音应该如何应对空客以及新的竞争对手?空客对疫情之后的航空业抱有信心,它的增产计划会对波音以及其他竞争者产生什么样的影响呢?波音这段时间一直阴霾罩顶,它该如何应对空客的增产计划,尽力留住现有客户?

以上所有的问题都属于管理经济学的范畴。**管理经济学(managerial economics)** 是研究如何配置稀缺资源,以便使得管理更为有效的科学。只要资源具有稀缺性,管理者就可以应用管理经济学的原理做出更有效的决策。这些决策可能涉及消费者、供应商、竞争者或者企业内部的工作。无论管理的是企业、非营利机构还是家庭,管理者都必须最充分地利用稀缺资源。

> **管理经济学**:研究如何配置稀缺资源,以便使得管理更为有效的科学。

波音是一家股东多元化的上市公司。它拥有有限的财力资源、人力资源与生产资源。波音的管理者希望能从这些有限的资源中获得最大的利益。和波音类似,空客是由法国、德国、西班牙主导的一家上市公司。与波音和空客的组织结构不同,中国商飞则是一家国有企业。但无论是哪种组织结构,管理经济学的原理在波音、空客与中国商飞中都可适用。这三家公司都需要进行有效的竞争;都必须分配资源进行研发;都必须对需求与成本进行管理;都必须制定价格。

管理经济学包括三个分支:竞争市场、市场力与不完全市场。因此,本书是按此三部分来构架的,每个分支为一篇。在介绍这三个分支之前,我们先了解一些背景知识。

1.2 附加值与经济利润

在大多数情况下,本书从以利润为导向的经营观点出发,同时也考虑到非营利组织与家庭的管理。利润导向经营的首要目标是利润最大化。事实上,竞争策略的目的是要提供可持续盈利的竞争力水平。

因此,管理决策的核心理念是经济利润。经济利润与会计所衡量的利润相关,但并不完全等同。在这里,我们先解释经济利润的概念以及它与会计利润的关系。

■ 附加值

为了了解经济利润的概念,在此我们使用管理经济学的基本方程:

$$\begin{aligned}\text{附加值} &= \text{买方收益} - \text{卖方成本} \\ &= \text{买方剩余} + \text{卖方经济利润}\end{aligned} \quad (1.1)$$

在这个方程中,**附加值(value added)** 是买方收益与卖方成本之间的差值。它表达的是企业给买家所提供的收益超过产品成本的程度。而这一部分就是企业创造的价值。

> **附加值**:买方收益减卖方成本,由买方剩余与卖方经济利润两部分组成。

这个方程适用于各个组织。为了创造价值,各组织所提供的收益必须超过成本。当收益低于成本时,价值被破坏。在这种情况下,如果不生产该商品或该服务,社会会变得更好。

如图 1-1 所示,附加值是由买方与卖方共享的。买方获得附加值中的一部分,即买方剩余,这部分是买方收益与其支出之间的差额。卖方获取附加值中的另一部分,即经济利润,这部分是卖方的收入(相当于买方的支出)与生产成本之间的差额。附加值越大,买方与卖方共享的收益总和就越大。对于以利润为导向的企业而言,这意味着获得经济利润的潜力更大!

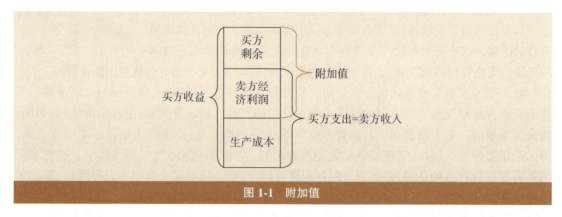

图 1-1 附加值

附加值的概念也可以运用于政府及非营利组织。假设政府提供免费的医疗保健。因为医疗保健是免费的,政府没有收入。尽管医疗保健服务会产生一个财政"损失",但不意味着这项服务是错误的。医疗保健提供了收益。如图 1-1 所示,附加值等于买方收益减去生产成本。只要收益大于成本,这项服务就产生附加值。

> **进度检测 1A**
>
> 阐述下列名词之间的关系:买方收益、生产成本、附加值、买方剩余、卖方经济利润。

 小案例

英国国家卫生服务

在英国,国家卫生服务(National Health Services,NHS)为 5 630 万人口提供有补贴的医疗保健。NHS 雇用了超过 150 万人,在全国各地的医院和诊所提供服务。

NHS 不收取咨询或医疗费用,但对处方收取固定费用,还收取牙科治疗和眼科检查费用。在 2019—2020 财年,NHS 的营业收入为 22 亿英镑,同时发生的费用为 1 254 亿英镑,经济损失为 1 232 亿英镑。政府通过 1 228 亿英镑的补贴弥补了大部分损失。NHS 将剩余的 4 亿英镑亏损结转至次年。

虽然 NHS 会产生经济损失，但只要买家盈余超过经济损失，它仍然会创造价值。然而，买方盈余并不容易量化。

资料来源：National Health Service. Annual Report 2019/20［R/OL］.［2022-08-25］. https://www.england.nhs.uk/publications/annual-report/.

1.3 决策

经营过程中的两个基本决策，可以简单地表述为参与决策（"哪样"）与程度决策（"多少"）。例如，进入哪个市场？生产多少？销售什么产品？设置什么价格？选择哪条研发道路？研发要花多少钱？要做哪些工作？要工作多少小时？

要做出参与决策（"哪样"）与程度决策（"多少"）这两类决策，就应该依靠总收益与总成本以及边际收益与边际成本的分析。

我们用下面的例子来介绍总体与边际的概念，然后讲解它们与"哪样"和"多少"决策之间的关系。

小麓是一家金融公司的分析师。她每年税后的收入是 70 000 元。她平均每周的工作时长是 50 小时。现在另外一家公司也给了她一份分析师的工作。折算下来，新工作的收入大概为每小时税后 40 元。请问小麓应该去新公司吗？

在决定去哪个公司时，小麓应该考虑新工作所带来的总收入以及她为该工作所付出的总成本。然而，总收入和总成本是依赖于新工作的工作时长的。因此，她必须决定，如果接受新工作，她需要在工作上付出多少。简而言之，小麓应该考虑她每小时的边际收入和边际成本。

边际值（marginal value）是一个变量，它取决于每增加一个单位对总值产生的影响。

> 边际值：一个变量，它取决于每增加一个单位对总值产生的影响。

如果接受新工作，小麓应该达到她每小时的边际收入等于她每小时的边际成本的程度。为了理解为什么，假设她的边际收入超过了她的边际成本，那她应该增加工作时间，因为此时收入的增加将超过成本的增加。相反，如果她的边际收入小于她的边际成本，那么她应该减少工作时间，因为此时收入的减少将小于成本的减少。

根据以上信息，新工作的边际收入是每小时 40 元。假设新工作需要她每周工作 40 小时，每年需要工作 50 周，那她一年的总收入就为 40×40×50 = 80 000 元。这就超过了她现在的收入。但是，高收入并不代表她就一定要接受新的工作。小麓还要考虑其他成本因素，包括往返交通时间以及话费等。在做决定时，我们需要比较总价值剩余（也就是总收入减总成本）。

与总体有紧密关系的是平均的概念。一般而言，**平均值**（average value）是一个变量，它取决于总值与总数量的比值。小麓也可以根据平均收入进行选择。

> 平均值：总值与总数量的比值。

总的来说，一个变量的边际值是可以小于、等于或大于平均值的。因此，一个变量的边际值和平均值之间的关系决定了每增加一个单位，平均值是下降、不变还是上升。

> **进度检测 1B**
>
> 假设新工作的薪酬是每小时 25 元，那么小麓是否应该拒绝这份工作呢？

小案例

亚马逊 Prime 会员服务：免费送货

亚马逊的尊享(Prime)会员服务为订阅者提供特定商品的免费送货服务。对于 Prime 会员来说，符合免费送货条件的商品的边际成本就是商品的价格。这一成本低于其他不提供免费送货服务的在线零售商类似商品的成本。从本质上讲，通过说服消费者为 Prime 会员预付费用，亚马逊在与其他零售商的竞争中获得了定价优势。

1.4 有限理性

管理经济学的标准假设是人总会做出理性的决策。这意味着，个体总是会选择能给他带来最大净利益的选项。

然而，人的行为并非总是理性的。管理者是人，他们只具有有限的理性。事实上，人在做决策时可能会犯系统性的错误。因为人的认知能力有限，并且人不能完全自我控制。而有限理性会导致系统谬误。

一般来说，个人行为是有限理性的。这样，管理经济学的实际作用就更为重要。管理经济学的技术有助于纠正个人决策中的系统性偏差，并展示如何做出更好的整体决策。

■ 沉没成本谬误

沉没成本是已经发生且无法收回的成本。沉没成本不影响后续经营活动的收益或成本，也不应影响理性决策。然而，沉没成本谬误是在决策中考虑沉没成本的一种趋势。

心理学家 Hal Arkes 与 Catherine Blumer 随机地选择正在购买戏院季票的观众，向其提供折扣。后续数据显示，以正价购买季票的消费者去戏院观戏的次数高于得到随机折扣的消费者。①

事实上,季票的购买成本是沉没成本,应该对后续的观戏次数带来的利益没有影响。然而,实验结果显示,承受了较大沉没成本的消费者会消费更多。管理者会受沉没成本谬误的影响,继续"花冤枉钱",在失败的项目上投资,以平衡其付出的沉没成本。

■ 维持现状偏见

维持现状偏见是对当前情况的偏好,指个人参考当前情况,并将当前情况的任何变化视为损失。

经济学家 Jack Knetsch 与 John Sinden 随机分配给学生 2 澳元或者一张彩票。拿到 2 澳元的学生有机会用这钱买彩票;同时,拿到彩票的同学有机会以 2 澳元的价格将彩票卖掉。实验结果显示,拿到现金的学生更乐意保留现金,而拿到彩票的学生更乐意保留彩票。②

如果维持现状偏见这一因素不起作用,愿意买彩票与卖彩票的学生比例应当相同。人们通常更乐意维持现状(可能纯粹出于惯性)。退休计划与器官捐献的政策都利用维持现状理论设计了偏向更好选择的违约条例。

■ 锚定效应

锚定是在做出决策时过度依赖预先存在的或早期信息的一种趋势。决策者对后来的信息没有充分考虑。

行为经济学家 Amos Tversky 与 Daniel Kahneman 向一组学生展示了一个乘法问题:

$$8 \times 7 \times 6 \times 5 \times 4 \times 3 \times 2 \times 1 = ?$$

向另一组学生展示了另一个乘法问题:

$$1 \times 2 \times 3 \times 4 \times 5 \times 6 \times 7 \times 8 = ?$$

学生们没有充足的时间完成计算,只能估算。正确答案是 40 320,但前一组学生的估算中位数是 2 250,而后一组学生的估算中位数是 512。由此可见,学生们的估算会停留在对他们可以计算的前几个数字的认知上。③

> **进度检测 1C**
>
> 什么是有限理性?它会引起什么问题?

---

① Arkes, Hal R., and Catherine Blumer. The psychology of sunk cost[J]. Organizational Behavior and Human Decision Processes, 1985, 35(1): 124-140.

② Knetsch, Jack L., and John A. Sinden. Willingness to pay and compensation demanded: Experimental evidence of an unexpected disparity in measures of value [J]. Quarterly Journal of Economics, 1984, 99(3): 507-521.

③ Tversky, Amos, and Daniel Kahneman. Judgment under Uncertainty: Heuristics and Biases [M]. New York: Cambridge University Press, 1982.

新加坡的汽车限流政策及其效果

新加坡政府希望鼓励通勤者多使用公共交通工具而非私家车。因此,它限制新车的注册,进行"拥车许可证"拍卖,并且在每日高峰期的某些繁忙路段收取过路费。

每一位汽车拥有者只能拥有10年的拥车证。而拥车证价格是由拥车证的供给量和需求量来定的,因此拥车证的价格是上下波动的。比如,2022年5月的小型车组和大型车组的拥车证价格分别为70 901新币以及92 090新币。

对于一个新车的购买者来说,拥车证的花费是一项沉没成本。也就是说,拥车证的价格与其驾驶汽车所消耗的边际成本是无关的。

管理学者Teck-Hua Ho、Ivan Png和Sadat Reza研究了拥车证价格的波动对于车主行为的影响。他们发现当拥车证越贵的时候,车辆的使用率就会越高。特别是2009年到2013年,购买拥车证成本的增加导致车主们多行驶了5.6%的里程。显然地,这些车主陷入了沉没成本谬误。

资料来源:Ho, Teck-Hua, Ivan P. L. Png, and Sadat Reza. Sunk cost fallacy in driving the world's costliest cars[J]. Management Science, 2018, 64(4):1761-1778.

1.5 组织

本书通篇都以组织的角度来考虑问题。组织可以是一个企业、非营利机构或者家庭。所有这些组织的管理者都面临同样的问题:如何有效地管理有限的资源。由于我们的讨论集中在组织,我们首先需要确认什么是组织的边界。在此,我们先简单介绍这个概念,详细的分析论述将留到第6章与第12章。

组织边界

组织的纵向边界:刻画了接近或者远离最终使用者的一系列活动。

组织的横向边界:由它的运营规模与范围所界定。

组织的行为受限于组织的纵向边界与横向边界。组织的**纵向边界**(**vertical boundaries**)刻画了接近或者远离最终使用者的一系列活动。而组织的**横向边界**(**horizontal boundaries**)由它的运营规模与范围所界定。在这里,规模指的是生产或者服务率,而范围指的是生产或配送的不同产品的范围。

以网络零售行业的B2C(企业对消费者)模式为例,纵向产业链指的是从生产商品,到零售商,再到物流公司,最后到消费者手中。这样,最终使用者就是消费者。

如果有两家零售商。假设一家零售商拥有自己的仓库与物流团队,可以自己运输商品;而另一家零售商需要依赖第三方进行运输。那么在纵向边界方面,能仓储并运输自己商品的零售商比需要依赖第三方的零售商的纵向整合程度更大。

在横向边界方面,月销量达到4万册图书的零售商比月销量为400册图书的零售商的运营规模更大;能同时销售图书、服装和生活日用品的零售商比专门销售图书的零售商的运营范围更广。

在汽车生产中,纵向产业链包含从原材料的生产,到电池、电机、车身等零部件的制造,再到组装成车辆,最后再到最终用户的分销。最终用户包括家庭和企业,例如汽车租赁公司和出租车运营商。

在纵向边界方面,生产电池的汽车制造商比从其他公司购买电池的汽车制造商的纵向整合程度更高。在横向边界方面,同时生产汽车和卡车的制造商比专门生产汽车的制造商的生产范围更广。

京东商城的发展

京东商城是中国B2C市场上非常具有影响力的专业网购平台。京东在2001年主要代理销售光磁产品,2004年开始进军电子商务领域,2007年京东多媒体网正式更名为京东商城。在2008年年初,京东开始横向扩展自己的业务,开始涉足平板电视的销售,并于6月将业务扩展到空调、冰箱、电视等大家电产品的销售,正式完成3C产品(也就是计算机类、通信类和消费类电子产品)销售网络平台的搭建。2010年,京东商城加入了图书销售区以进一步扩展自己的业务。这标志着京东开始尝试从3C网络零售商向综合网络零售商转型。

京东并不满足于仅仅横向扩展自己的业务。早在2007年建立京东商城初期,它就开始纵向整合自己的产业链:自建物流。2012年,京东正式注册物流公司。截至2020年9月30日,京东物流在全国运营超过800个仓库,包含云仓面积在内,京东物流运营管理的仓储总面积约2 000万平方米。京东物流不再仅仅局限于仓储和运输自己平台的物品,它也承接外部商家的仓储以及运输需求。

延展问题: 在新冠疫情期间,纵向整合的产业链能给京东带来什么优势?

资料来源:一文读懂京东商场发展史[EB/OL].(2020-12-02)[2022-08-25]. https://360ai.org/article/750913.html;截至9月30日 京东物流运营超过800个仓库[EB/OL].(2020-11-16)[2022-08-25]. https://finance.sina.com.cn/chanjing/cyxw/2020-11-16/doc-iiznctke1747273.shtml.

■ 外包

外包(outsourcing) 意味着从外部资源中得到供给或服务。它与纵向整合相反,并且会影响组织的纵向边界。如果一个飞机制造商将机翼与起落装置的生产外包,那么它在压缩纵向边界。类似地,如果汽车生产商将电池的制造外包,那么它也在压缩纵向边界。

> **外包**:从外部资源中得到供给或服务。

国际通信费用与贸易壁垒的大大降低,引发了国际外包的快速增长。美国金融服务商将客户服务外包给菲律宾与印度的承包商。美国的科技公司将制造生产外包给中国的承包商。我们将在第 12 章讨论激励与组织时详细讨论外包。

> **进度检测 1D**
>
> 请解释组织的纵向边界与横向边界的区别。

1.6 市场

市场是管理经济学中一个十分重要的基本概念。它出现在该学科的每一个分支研究中。

市场(market) 由为了进行自愿交换而相互交流的买方与卖方构成。在这个意义上,市场并不局限于任何实体结构或特定地域。市场可以延伸至任何能使买方与卖方以低成本进行交流与贸易的地方。

> **市场**:买方与卖方通过相互交流进行自愿交换。

随着运输和通信成本的下降以及贸易壁垒的降低,许多商品和服务的市场已经扩大到全球规模。哥伦比亚、厄瓜多尔、埃塞俄比亚和肯尼亚的花卉种植者向欧洲和北美出口玫瑰、康乃馨和菊花。生活在加拿大和美国的教师为中国学生提供在线英语课程。比如,在鲜切玫瑰市场,哥伦比亚或埃塞俄比亚供应的增加将影响鲜切玫瑰的全球价格。价格的这种变化将影响全世界的买家和卖家。[①]

在消费品市场上,买方是家庭,卖方是企业。在工业品市场上,买方与卖方都是企业。最后,在人力资源市场上,买方是企业,卖方是家庭。

与市场不同,**行业(industry)** 是由从事生产或配送同样或类似产品的企业构成。例如,汽车行业由所有汽车制造商组成,电池行业由所有电池制造商组成。一个行业的成员可以是一个市场的买家和另一个市场的卖家。例如,汽车行业的成员包括电池市场的买家和汽车市场的卖家。

> **行业**:由从事生产或配送同样或类似产品的企业构成。

---

① Fredenburgh, Jez. The 4,000 mile flower delivery[EB/OL]. [2022-08-25]. www.bbc.com/future/bespoke/made-on-earth/the-new-roots-of-the-flower-trade.

 小案例

数字娱乐行业的纵向边界

传统上,音乐和视频的出版商在CD(光盘)和DVD(数字化视频光盘)等物理媒体上制作娱乐节目,然后通过批发商和零售商将它们分发给消费者。相比之下,数字娱乐服务的出版商可以通过互联网直接向消费者销售。数字娱乐服务市场是真正的全球性市场,仅受互联网接入带宽和政府监管的限制。在数字娱乐行业,抖音(TikTok)以规模庞大而著称。截至2021年9月,抖音为全球超过10亿的活跃用户提供服务。

资料来源:Number of monthly active users (MAU) of TikTok worldwide from January 2018 to September 2021 [EB/OL]. [2022-08-25]. https://www.statista.com/statistics/1267892/tiktok-global-mau/.

■ 竞争市场

全球鲜切玫瑰市场包含许多相互竞争的生产者与买方。一个生产者应当如何应对水价的上涨、玫瑰价格的下跌或是劳动法的变更呢?这些变化会怎样影响买方?

管理经济学起始于竞争市场模型。它适用于有很多买方与卖方的市场。鲜切玫瑰市场是竞争市场的一个例子。在竞争市场中,买方提供需求,卖方提供供给。因此,这个模型也叫作供给与需求模型。

这个模型描述了价格与其他经济变量的变化对买方与卖方的系统影响。它还进一步描述了这些变化的相互作用。在鲜切玫瑰市场的例子中,这个模型描述了当水价上涨、玫瑰价格下跌、劳动法变更时,玫瑰种植者应该如何调整其生产量。这些变化影响所有的玫瑰种植者。这个模型也描述了玫瑰种植者之间价格调整的相互作用,以及对买方的影响。

本书第1篇讲述竞争市场模型。第2章将从需求方开始,讨论买方如何应对价格与收入的变化。接下来,在第3章中,我们将建立定量研究方法,以期对经济行为的变化进行精确的估算。然后,第4章将讨论市场的供给方,研究卖方如何应对产品投入价格的变化。我们将在第5章中把需求与供给结合起来,分析它们的相互作用。

■ 市场力

在竞争市场中,单个管理者的行动自由很小。一些关键的变量,例如价格、运营规模、投入量,是由市场决定的。管理者的作用就是跟随市场以求生存。然而,并非所有的市场都有

足够多的买方与卖方,以形成竞争市场。

市场力(market power)是指买方或卖方所具有的影响市场条件的能力。一个具有市场力的卖方会有相对更多的自由来选择供应者、确定价格以及运用广告影响需求。一个具有市场力的买方有能力影响他所购买产品的供应。

> **市场力**:买方或卖方所具有的影响市场条件的能力。

一个具有市场力的企业必须确定它的横向边界。这取决于它的成本将如何随运营的规模与范围的变化而变化。因此,具有市场力的企业,无论是买方还是卖方,都需要理解并管理它们的成本。

除了成本管理,具有市场力的卖方还需要管理它们的需求。管理需求的三个重要工具是定价、广告与对竞争者的政策。比如,什么样的定价可以最大化利润?一方面,较低的定价可以促进销售;另一方面,较高的定价则可以带来较高的边际利润率。与此同时,还应该考虑投放多少广告以及与其他企业竞争的最佳方式。

本书第2篇将阐述上述所有的问题。我们将从分析成本开始(第6章),接下来讨论在市场力的极端情形(只有一个卖方或买方)下将如何管理(第7章)。之后,我们将研究定价策略(第8章)与一般性的策略性思考(第9章)。

■ 不完全市场

具有市场力的企业比在完全竞争市场中的企业有更多的行动自由。管理者在不完全市场中也有相对较多的自由。不完全市场有两种形式:一方直接向其他方转让收益或成本;一方比其他方拥有更多的信息。在**不完全市场**(imperfect market)中的管理者所面对的挑战是解决不完全性。

> **不完全市场**:一方直接向其他方转让收益或成本;或者,一方比其他方拥有更多的信息。

考虑水资源的使用。过度使用水资源所产生的成本会直接被强加于其他使用者。如果一个农民取用更多的水,那么可供其他人使用的水就会减少。农民可能会争相取水,这就会减少甚至破坏水资源。而挑战在于如何解决这种竞争。

信息上的不对称会使得市场变成不完全市场。以住房按揭市场为例。申请按揭的人比贷款者更了解他们还款的能力与愿望。在这种情况下,由于信息不对称,市场是不完全的。贷款者面临的挑战是,如何解决信息的不对称以便使其贷款达到低成本、高收益。

组织内部也有可能存在同样的不完全性。一些成员要比另一些成员掌握更多信息,而他们之间的利益会有冲突。因而,另一个问题是如何建立激励机制与组织结构。

本书第3篇将阐述这些问题。我们首先讨论市场不完全的原因:一方直接向其他方转让利润或成本(第10章);一方比其他方拥有更多的信息(第11章)。接下来,我们将讨论激励机制与组织结构(第12章)。最后,我们将研究政府规范将如何解决市场不完全性(第13章)。

> **进度检测 1E**
>
> 区别管理经济学的三大分支。

知识要点

- 管理经济学是研究如何配置稀缺资源,以便使得管理更为有效的科学。
- 附加值是买方收益与卖方成本的差值,由买方剩余与卖方经济利润两部分组成。
- 做参与决策时,比较的是总收益与总成本。
- 做程度决策时,比较的是边际收益与边际成本。
- 做决策时,要注意避免系统谬误(沉没成本谬误、维持现状偏见、锚定效应)。
- 组织的纵向边界刻画了接近或者远离最终使用者的一系列的活动。
- 组织的横向边界由它的运营规模与范围所界定。
- 具有市场力的企业必须管理它们的成本、定价、广告、与竞争对手的关系。
- 企业在不完全市场中应策略性地采取行动以解决市场不完全的问题。

复习题

1. 解释附加值与经济利润的区别。
2. 考虑一个提供免费膳食的慈善机构。慈善机构没有收入,而准备饭菜的费用昂贵,免费餐是否意味着慈善机构创造的价值为负?
3. 娜娜每天在超市工作 10 个小时。这家超市为基本的 8 小时工作支付每小时 10 美元,为加班支付每小时 15 美元。娜娜的 (a) 边际工资和 (b) 平均工资是多少?
4. 解释边际值与平均值的差别。
5. 判断正误:做参与决策时,决策者应比较总收益和总成本。
6. 在决定工作多少小时时,工人为什么要比较每小时的边际收入和边际成本?
7. 为什么说个体行为是有限理性的?
8. 描述你家乡的有线电视供应商的纵向边界。它可以通过什么方式扩张与压缩纵向边界?
9. 描述你所在大学的横向边界。它可以通过什么方式扩张与压缩横向边界?
10. 对于苹果手机的生产,解释外包与纵向整合的区别。
11. 阐述以下概念的不同之处:(a) 电力市场;(b) 电力行业。
12. 判断正误:在每个市场上,所有的买方都是消费者,而所有的卖方都是企业。
13. 竞争市场模型的另一个名称是什么?
14. 拥有市场力的制造商与没有市场力的制造商有什么区别?
15. 不完全市场的管理者应该怎么做(在选项(a)与(b)中选择):(a) 设定高的价格以弥补市场不完全性带来的损失;(b) 采取策略性的行为来解决市场不完全性的问题。

讨论案例

1. 香港医院管理局通过医院和诊所网络以补贴价格提供医疗保健服务。在2019—2020财政年度,医院管理局赚取了48亿港元的费用及收费,同时产生了769亿港元的开支。政府向医院管理局支付了713亿港元的补贴。
   (a) 医院管理局的经济利润是多少?
   (b) 医院管理局为了产生附加值所必须提供的最小收益是多少?
   (c) 一些批评者可能会说,既然医院管理局正在亏损,那么它应该停止营业。你是否赞成这种观点?为什么?
   (d) 目前医院一些专科服务的等候时间相当长。政府应否增加补贴,让医院管理局扩充人手及设施?

2. 亚马逊以每年119美元的价格提供Prime会员套餐,其中包括为日用品、游戏、音乐、视频和书籍提供会员折扣,以及对消费者所购买的物品提供免运费服务。《哈利·波特》平装盒套装的价格为50.33美元,而且免运费。
   (a) 从亚马逊Prime会员的角度,比较从亚马逊购买《哈利·波特》套装的边际成本与从收取运费的其他零售商购买的边际成本。
   (b) 假设亚马逊Prime会员的订阅者受到沉没成本谬误的影响。这将如何影响他们从亚马逊(与其他竞争零售商相比)购买产品的需求?
   (c) 在默认情况下,亚马逊已将Prime会员资格设置为自动续订。这种自动更新利用了哪一个行为偏见?
   (d) 考虑上述问题(a)至(c)的回答,解释Prime会员服务如何让亚马逊比竞争对手更具优势。

3. 新加坡政府通过限制新车注册和拍卖拥车证来劝阻市民购买及驾驶车辆。每个拥车证允许车主使用汽车10年。拥车证的价格随需求条件和许可证数量而波动。
   (a) 将以下内容分类为参与决策或程度决策,并解释:(i) 是否购买新车;(ii) 开车花费多少钱。
   (b) 新车拥车证的价格会如何影响是否购买新车的决定?
   (c) 新车拥车证的价格会如何影响驾驶的边际成本以及汽车的使用率?
   (d) 在拥车证更贵时购买汽车的人开车更多。你会如何解释这种行为?

4. 优步(Uber)提供叫车、送货和货运预订服务。2019年,它通过谷歌云平台、亚马逊网络服务以及自己的云计算设施为客户提供服务。2020年年底,优步将其自动驾驶汽车部门出售给了专门从事汽车和卡车自动驾驶技术的Aurora Innovation公司。
   (a) 应用组织纵向边界的概念来解释:(i) 优步运营自己的云计算设施;(ii) 优步出售自动驾驶汽车部门。
   (b) 应用外包的概念来解释优步对谷歌云平台和亚马逊网络服务的使用。
   (c) 分别考虑优步关于(i)云计算和(ii)自动驾驶技术开发的决策。解释这是参与决策还是程度决策。

5. 从历史上看,北欧的鲜花是由当地种植者提供的。生产者不得不在温室里种花以满足冬季的需求,比如情人节时的需求。现在,欧洲消费者购买产自哥伦比亚、厄瓜多尔、埃塞俄比亚和肯尼亚的玫瑰、康乃馨和菊花。
   (a) 航空公司监管的自由化允许新的航

空公司进入市场并增加航班。这对鲜花市场有何影响?

(b) 更省油和更大的飞机的开发会如何影响鲜花市场?

(c) 与欧洲种植者比较,南美和东非种植者在冬季与其他季节的优势有哪些?

6. 2021年1月,英国脱欧协议正式生效。从那时起,英国和欧盟之间的商品、服务及人员流动都受到英国和欧洲法律法规的约束。

(a) 英国脱欧将如何影响伦敦投资银行家向法国和德国等欧盟成员国提供服务?

(b) 英国脱欧将如何影响法国和德国投资银行家的市场力?

(c) 英国和欧盟成员国对商品和服务的生产与销售使用不同的法律法规。英国脱欧将如何影响商品和服务市场的不完全程度?

7. 澳大利亚国家输电网连接了澳大利亚东部和南部各州——昆士兰州、新南威尔士州、澳大利亚首都领地、维多利亚州、南澳大利亚州和塔斯马尼亚州。但这个国家输电网不与西澳大利亚州和北领地的区域电网连接。在批发电力市场上,电力生产商向分销商出售电力,分销商再将其出售给电力零售商。在零售电力市场上,零售商向工业和住宅用户销售电力。

(a) 2005年,Basslink公司将塔斯马尼亚岛与东部和南部其他州的电网连接起来。Basslink如何影响澳大利亚电力市场的边界?

(b) 长距离传输电力成本高昂。西澳大利亚州和北领地远离其他州。这能解释为什么它们的电网没有与国家输电网相连吗?

(c) 州政府规定在一个特定区域内只允许一家电力分销商销售电力。评论该公司的市场力。

(d) 应用组织纵向边界的概念来解释电力生产商与分销商的合并。

第 2 章

需 求

学习目标

- 了解为什么价格越低,消费者购买产品的数量越多;
- 区分消费者对正常产品和低档产品需求的不同;
- 了解一种产品的替代品和互补品价格的变化对该产品需求的影响;
- 了解产品的生产量对业务投入需求的影响;
- 理解买方剩余的概念;
- 运用套餐和两段定价法获取买方剩余。

2.1 引言

拼多多成立于 2015 年,是一家以拼团为基础的社交网络购物平台。用户通过社交朋友圈发起和朋友、家人、邻居等的拼团,可以以更低的价格,拼团购买特定商品。拼多多由最初的水果拼团平台逐渐发展为包括生鲜、服饰、家居、美妆和母婴产品等在内的多品类平台。根据拼多多公布的 2020 年四季度及全年财报,拼多多的用户活跃情况当属最亮眼的数据。截至 2020 年 12 月 31 日的 12 个月内,拼多多的累计新增活跃买家超 2 亿,活跃买家数量达到 7.884 亿,超越阿里巴巴的 7.79 亿、京东的 4.72 亿。①

拼多多的经营理念与淘宝和京东两大购物平台不同,消费者在后两个平台上可以轻易找

---

① 此讨论基于以下资料及其他网络资源:活跃用户数超阿里后,拼多多走上京东的"老路"[EB/OL]. (2021-03-18) [2022-09-08]. https://www.sohu.com/a/456139357_115565.

到很多新潮的、知名的品牌，并实现"一边逛一边买"的消费行为，而前者更注重那些对价格敏感的客户群体，他们对品牌没那么重视，甚至质量上有些瑕疵也是可以接受的，他们最在意的是这些商品是否足够便宜。对他们而言，在微信群里拼团抢购一袋打折卫生纸，与在群里抢一个十几块钱的红包是相同性质的事情。比如，家用垃圾袋单独购买的价格是 6.9 元，但是拼团购买的价格就变成 2.65 元，并且许多商家还提供免运费服务。这种越拼团越便宜的模式，深深"击中"了这类对价格敏感的客户群体并激发了他们的购物欲，即使没那么需要该产品，他们依然乐此不疲地去疯抢。

近年来，拼多多的快速发展也离不开另一个重要策略——"百亿补贴"计划。"百亿补贴"计划主打消费者热衷的"尖货"，在市场价基础上，使得商品的售价大幅降低，比如，部分 5G 手机可补到 500 元一部。这种降价策略无疑拉动了这类产品的需求量。在"百亿补贴"计划的助推下，到了 2020 年，拼多多的总营收达到 594.919 亿元，同比增长 97%；年成交额（gross merchandise volume，GMV）为 16 676 亿元，同比增长 66%。

除了靠低价推动需求量，拼多多还能精细化客户需求，精准推送广告。打开拼多多 App（应用程序）页面，不一样的人有不一样的拼多多首页。也就是说，拼多多的后台系统会根据买家的属性、行为习惯以及商品属性等确定买家想要购买的商品，并且将这些商品优先展示给客户。

这样的精准广告推送离不开对个体客户需求函数的分析和建立。根据用户购买记录，系统推测用户的需求偏好，并测定商品的替代品与互补品，实现广告的精准推广，增加客户在平台上的重复购买率。另外，拼多多可以使用该模型来了解特定商品价格的下降与商品需求量的关系，并且建立商品价格与销售收入之间的联系。

本章将介绍需求曲线的概念。需求曲线描述的是一个产品的需求量与产品价格及其他因素的函数。除了影响需求的价格因素，本章还介绍了其他非价格因素，比如消费者的收入变化、互补品和替代品的价格以及广告。对这些因素的全面考虑将会帮助一个企业构建出自己的需求模型，进而制定自己的销售策略并实现销售收入的可持续增长。

2.2 个人需求

为了理解一次降价将如何影响销售，我们需要知道降价将会如何影响个人买者的购买行为，即产品的价格将会怎样影响个人的购买量。个人需求曲线（individual demand curve）提供了这样的信息：它描述了一个买方在所有可能价位上将要购买某种产品的数量。

■ 构建

现在我们来构建这样一个例子：志和对电影的需求。我们必须问志和一系列问题，从而推测出她对电影价格的变化将如何反应。我们首先问："如果每场电影 20 元的话，你一个月会看几场电影？"假设此时志和的回答是："一场不看。"（严格来说，我们提这些问题的前提条件是其他条件不变。因为志和的决定还可能取决于其他因素,比如她的工资水平。)

接下来,我们向志和提出一系列类似问题:当电影票售价分别为 19 元、18 元……1 元、0 元时,志和每个月会看多少场电影?志和会将她的答案逐一告诉我们。表 2-1 显示了志和对电影的需求。

表 2-1 个人需求	
每场电影的价格(元)	看电影场数(场/月)
20	0
19	1
18	2
…	…
0	20

下一步我们把表 2-1 中的信息制成图 2-1。纵轴代表每场电影的价格,横轴代表每月看电影的数量。(请注意:在需求曲线和供给曲线的图示中,自变量在纵轴而因变量在横轴,这与数学上的表示习惯相反。)

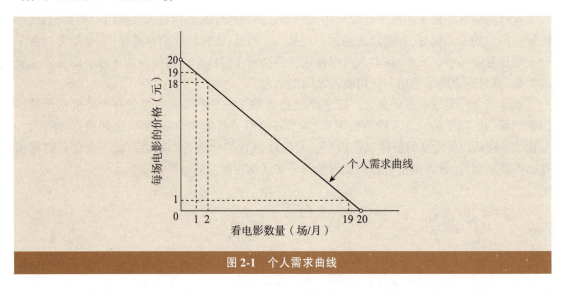

图 2-1 个人需求曲线

在 20 元的价位上,志和说她不会去看电影,所以我们在价格为 20 元而电影数量是 0 的地方标上点。我们继续用表 2-1 中的信息标示出志和回答的每对价格和电影数量点。连接这些点,我们便得到了志和的电影需求曲线。

知道了志和的需求曲线,电影院就可以预测志和对价格的变化将如何做出反应。例如,如果当前每场电影为 12 元,志和每个月将会看 8 场电影;如果电影院将价格降为每场 11 元,志和每个月看电影的次数将会增至 9 次。相反,如果电影院提价为每场 13 元,志和每个月看电影的次数将会减至 7 次。

■ 边际收益

个人需求曲线显示了买方在每个可能的价位上将会购买的产品数量。现在我们从另一个角度考虑个人需求曲线。通过图 2-1 中志和的需求曲线,我们可以确定志和愿意为不同数量的电影付多少钱。具体来说,该需求曲线表明:每月看一场电影时,志和愿意为每场电影付 19 元;每月看两场电影时,她愿意为每场电影付 18 元。

一般来说,看电影的场数越多,志和愿意为每场电影付的价格便越低。同样地,当电影票价格很低时,志和愿意看更多场的电影。需求曲线的这两个相互关联的特性反映了边际收益递减的原理。下面我们来解释这个原理。

每一件产品必须提供一定收益,消费者才会愿意购买。这种收益可以是精神上的满足,也可以是物质上的满足。由于我们研究的是买卖中的产品或服务,我们用价值来衡量收益。**边际收益**(marginal benefit)是指每增加一个单位的产品所带来的收益。第一场电影带来的收益是第一场电影的边际收益。类似地,第二场电影所增加的收益是第二场电影的边际收益。

> **边际收益**:每增加一个单位的产品所带来的收益。
>
> **边际收益递减原理**:每增加一个单位的产品所带来的收益比前一单位产品所带来的收益少。

根据**边际收益递减**(diminishing marginal benefit)原理,每增加一个单位的产品所带来的收益要比前一单位产品所带来的收益少。在志和的例子中,这意味着第二场电影的边际收益小于第一场电影的边际收益,第三场电影的边际收益小于第二场电影的边际收益,依次类推。

相应地,随着购买数量的增加,一个人愿意为此产品支付的价格会降低。在需求曲线图上,这意味着需求曲线会向下倾斜。这是所有需求曲线的共性:价格越低,需求量越大。因此,需求曲线向下倾斜。曲线向下倾斜的根本原因是边际收益递减。

进度检测 2A

假设一个电影院每场电影收费 11 元。为了使志和每个月多看 3 场电影,电影院应将价格降低到多少?

购物满减活动

许多商家在促销商品时都会有满减,比如满 1 000 元减 100 元、满 2 000 元减 300 元这样的优惠活动。尤其在"双 11"期间,各大网络购物平台和商家联手合作,满减优惠可以叠加使用,使得消费者可以以更便宜的价格购买商品。

消费者若要享受满减优惠活动，就必须要消费到一定的金额。比如，要享受满200元减20元，那么消费者的消费金额必须至少超过200元。但是对于一些商品，消费者往往不用购买那么多就能满足自己的需要。比如，消费者想要买一只口红，这只口红的价格为120元。在此价格下，她的边际收益会非常接近价格。如果商家想要消费者多购买一只口红，那他就一定要降低第二只口红的价格，因为消费者的边际收益是递减的。如果没有满减活动，消费者可能只会买一只口红。而满减活动相当于降低了第二件商品的价格，这样会使得顾客想要购买额外的商品，从而增加商家店铺的销量。

另外，为什么享受折扣需要限定购买金额？这主要是为了能够促进额外消费。如果没有购买金额的限制，所有的消费者将会以较少的付款金额购得所需商品，并且他们不会想购买额外商品。对商家而言，他们的销售收入就会减少。

延展问题：除了购物满减活动，商家还可利用什么方法来进行促销呢？

资料来源："双11"商品优惠规则多且复杂 消费者吐槽：没点奥数功底不配过[EB/OL]. (2021-11-08)[2022-09-08]. http://www.workercn.cn/34055/202111/08/211108075905992.shtml.

■ 偏好

构造需求曲线的过程完全依赖于消费者的个人偏好。每个人各自决定他在每一个可能价位上的购买量。需求曲线用图形的方式展示了这一信息。

不同消费者的偏好不同，因此需求曲线也不同。一个消费者可能喜欢肉，而另一个消费者则可能是素食者。此外，需求曲线会随着消费者偏好的变化而变化。当一个人变得年长时，他对摇滚乐和垃圾食品的需求会降低，而对医疗保健的需求则会上升。

2.3 需求与收入

除了电影价格，志和对电影的需求还与她的收入有关。如果她的工资涨了，这将如何影响她对电影的需求呢？

■ 收入变化

假设志和当前的年收入是50 000元。表2-1和图2-1显示了当志和年收入为50 000元时，她对电影的需求曲线。

我们接下来问志和一系列问题。这些问题将考察收入变化以及价格的影响："假设你的年收入是40 000元。如果每场电影20元，你每个月会看几场？"之后我们对其他可能的价格提出同样的问题，并且用这些信息做成表格。

假设表 2-2 代表了志和的回答。我们也在图 2-2 中展示了这一信息,纵轴表示电影价格,横轴表示每个月消费的电影数量。给每对价格和数量描点,并把这些点连接起来,我们便得出了志和年收入为 40 000 元时的需求曲线。

表 2-2 低收入时的个人需求

每场电影的价格(元)	看电影场数(场/月)
20	0
19	0
…	0
10	0
9	2
8	4
…	…
0	20

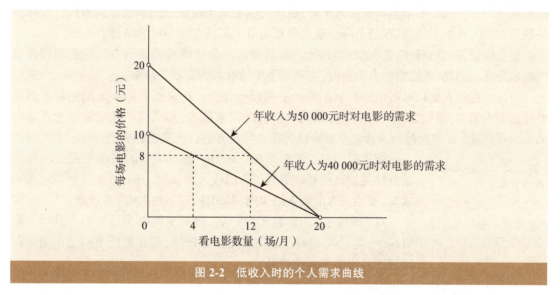

图 2-2 低收入时的个人需求曲线

如图 2-2 所示,志和年收入在 40 000 元时对电影的需求曲线位于她年收入 50 000 元时的需求曲线的左边。在每个价位上,志和年收入为 40 000 元时的需求数量都比她年收入为 50 000 元时的需求数量少。

参考图 2-1,如果一场电影的价格从 8 元下降到 7 元,而志和的年收入保持在 50 000 元不变,沿着需求曲线从 8 元向 7 元移动,我们可以找出志和电影需求量的变化。相反,对于图 2-2,假设志和的年收入从 50 000 元降到了 40 000 元,电影价格仍然是 8 元。我们可以将原来的需求曲线整体向左移动来表示志和年收入变化后的需求曲线。这样调整的主要原因是图 2-2 只有两个轴,从而不能直观地显示出消费者收入。

接下来让我们从另一个角度理解产品价格变化与消费者收入变化对需求曲线的不同影响。在图 2-2 中,当电影价格为 8 元时,对应两个电影需求数量:当志和年收入为 50 000 元时,每月看 12 场电影;当志和年收入为 40 000 元时,每月看 4 场电影。

我们可以把这些点连起来形成需求曲线吗？回答是"绝对不行"。因为每个点代表着不同的收入。需求曲线体现了当收入和所有其他因素不变时,消费者对某种产品的购买量将怎样依赖于产品价格的变化。因此,我们已经标记的这两个点,它们分别位于不同的需求曲线上。

一般而言,某个产品价格的变化将引起需求沿着需求曲线的变动。而收入或除价格外的任何因素的变化将会导致整个需求曲线的移动。

正常产品与低档产品

当志和的年收入从 50 000 元下降到 40 000 元时,她对电影的需求曲线整体向左移动。当志和的收入降低时,她对电影的需求也降低。相反,如果她的收入升高,她对电影的需求也会提高。

我们来比较志和对晚场电影的需求和对下午场电影的需求。很多电影院的下午场电影比晚场电影定价低。如果志和的收入下降,她很可能会用比较便宜的娱乐方式来代替较昂贵的娱乐方式。具体来说,收入的下降可能会导致她对下午场电影的需求增长。

相比较而言,当志和的收入增加时,我们可以预计她会从便宜的娱乐方式转换到较昂贵的娱乐方式。因此,当她的收入提高时,志和对下午场电影的需求会降低。

可以根据收入变化对需求的影响来给产品和服务分类。如果买方的收入增加导致对某产品的需求增加,而买方的收入减少导致对该产品的需求减少,那么该产品便被称为正常产品。也就是说,正常产品(normal product)的需求与买方的收入是正相关的。

> **正常产品**：其需求与买方的收入呈正相关的产品。

> **低档产品**：其需求与买方的收入呈负相关的产品。

相比较而言,低档产品(inferior product)的需求与买方的收入是负相关的。这意味着当买方的收入增加时,其对该产品的需求将会减少,而当买方的收入减少时,其对该产品的需求将会增加。

对志和来说,电影是正常产品,而下午场电影是低档产品。一般情况下,宽泛类别的产品往往是正常产品,而在宽泛类别之内的某种特定产品可能是低档产品。

以家用电器为例。家用电器作为一个类别时是正常产品,而特定的产品,比如电风扇,就是低档产品。再以交通服务为例。交通服务作为一个类别可能是正常产品,但是在这个类别里,出租车是正常产品而公共汽车是低档产品。

正常产品与低档产品间的差异对于企业战略是重要的。当经济增长、收入增加时,对于正常产品的需求将上升,对于低档产品的需求将下降。相反,当经济衰退、收入减少时,对于正常产品的需求将下降,对于低档产品的需求将上升。

正常产品与低档产品之间的差异对于国际贸易也是重要的。在富裕国家,对正常产品的需求相对比较高;而在较贫穷国家,对低档产品的需求相对比较高。例如,在发达国家,开车上班的人要比坐公交车上班的人多;在较为贫穷的国家情况则相反。

> **进度检测 2B**
>
> 画出对电风扇的个人需求曲线。(a) 说明为什么它会向下倾斜。(b) 消费者收入的下降将会如何影响需求曲线？

 小案例

正常产品：海底捞

海底捞是一家知名的大型直营火锅店。它由张勇于 1994 年在四川省简阳市成立，主营川味火锅。海底捞在全球开设了多家门店。

海底捞定位于中高端市场，人均消费 100—200 元。它以优质的客户服务为品牌亮点，店内提供围裙、橡皮筋、发夹等物品，并提供免费擦鞋、美甲等服务。服务员热情周到，可以为客人剥虾壳、表演拉面、唱歌、主动送上生日蛋糕和祝福等。

根据海底捞在 2020 年的一些关键表现指标，顾客的人均消费在一线城市（北京、上海、广州和深圳）为 116.2 元，在二线城市（其他直辖市和省会城市）为 105.7 元，在三线城市为 100.2 元。另外，和 2019 年相比，海底捞在不同类型城市的人均消费金额都有所上涨。这些数据表明一线城市居民在海底捞的消费是最高的，这和他们的平均收入密不可分。总体上，一线城市居民的平均收入要高于二、三线城市。另外，2020 年的人均收入要略高于 2019 年的，这也是海底捞的人均消费金额在 2020 年有所上涨的一个因素。如果海底捞菜品的价格在各个城市基本相同，那么我们可以推断海底捞是一个正常产品。

延展问题：海底捞需要通过降价来促进销售额吗？为什么？

资料来源：海底捞"账单"：顾客消费更贵了但净利润猛跌 86%［EB/OL］.（2021-03-24）［2022-09-08］. http://m.caijing.com.cn/article/207127.

2.4 影响需求的其他因素

个人对某一产品的需求除了取决于产品价格和买方收入，还与其他因素有关。这些因素包括相关产品的价格、耐用程度、广告支出、季节和位置。在这一节中，我们着重考虑相关产品的价格和广告这两个因素。其他因素的原理是相似的，因此我们不再一一赘述。

■ 互补品和替代品

假设志和看电影时总要吃爆米花。爆米花价格的上涨将会怎样影响志和对电影的需求？

爆米花价格的变化将影响志和在所有价位上购买的电影数量。因此，这将引起整个需求曲线的移动。

假定爆米花的价格是1元。图2-3显示了当爆米花价格为1元时志和对电影的需求曲线。接下来，我们构建当爆米花价格为2元时志和对电影的需求曲线。我们可以问志和，在爆米花的价格为2元时，她面对不同的电影价格会看多少场电影。图2-3显示了其需求曲线：当爆米花的价格上升时，对电影的需求曲线会向左移动。

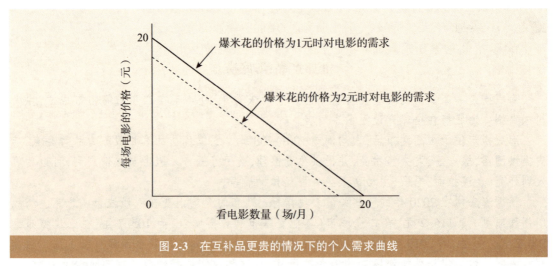

图2-3 在互补品更贵的情况下的个人需求曲线

一般来说，根据一个产品的价格上升对另一个产品需求的影响，相关产品可以被分为互补品和替代品。如果一个产品的价格上升导致另一个产品的需求下降，这两个产品便是**互补品**（**complements**）。相反，如果一个产品的价格上升导致另一个产品的需求上升，这两个产品便是**替代品**（**substitutes**）。

互补品：一个产品的价格上升导致另一个产品的需求下降。

替代品：一个产品的价格上升导致另一个产品的需求上升。

在志和的例子中，爆米花和电影是互补品。她看的电影越多，需要的爆米花就越多。因此，如果爆米花的价格上涨，志和看电影的总体花费会增加，从而她将减少对电影的需求。

若有线电视月费降低，志和对电影的需求将受到什么影响？志和可以选择看有线电视而不是看电影。因而，这两个产品是替代品。如果有线电视的月费上涨，志和对电影的需求将会提高。

一般而言，如果互补品的价格升高，或者替代品的价格降低，需求曲线会向左移动。相反，如果互补品的价格降低，或者替代品的价格升高，需求曲线会向右移动。

进度检测 2C

参见图2-1，如果网络电影平台的会员价格下降，这将怎样影响需求曲线？

 小案例

新冠疫情与对 Grab 服务的需求

Grab 是新加坡最大的网约车及送餐平台。在 2020 年年初新冠疫情暴发后,新加坡政府实施了部分封锁措施,称为"断路器",以控制疾病的传播:只有必要的工人才能在工作场所工作,所有其他工人和学生都必须居家工作。政府还禁止在餐馆用餐,只允许餐馆出售外卖食品。

随着大规模转移到居家工作,人们对打车服务的需求急剧下降,因此减少了 Grab 的打车服务收入。然而,随着人们转向居家工作,他们从在餐馆吃饭转向通过外卖购买食物,这增加了 Grab 的送餐收入。

资料来源:Investor presentation[EB/OL].(2021-04)[2022-09-08].www.grab.com/sg/investors/.

 小案例

蔚来电动汽车与它的充电服务

电动汽车和电池是互补品。然而,因为目前充电站并不普及,所以电动汽车蓄电池的容量一直是消费者所担心的问题。消费者担心可能还没有开到充电站,电动汽车就已经没有电了。另外,消费者也担心充电时长问题。

蔚来汽车是一家 2014 年 11 月成立的全球化智能电动汽车公司,主要在中国境内销售高端智能电动汽车。为了解决消费者的"电池焦虑"问题,蔚来推出了三分钟换电服务。也就是说,从车辆在换电站停稳到换电完毕,更换一辆蔚来 ES8 车型电池的时间仅为 3 分钟,这与燃油车在加油站加油所花的时间相差无几,并且换电站会安排技术人员 24 小时驻守指导。

关于换电费用,蔚来汽车为用户提供"能量无忧包"套餐,按照当前的套餐费用计算,与同级别燃油车相比,这种换电方式所花的费用更低。

资料来源:蔚来汽车(NIO)官方网站(www.nio.com/nio-power)。

■ 广告

广告是影响需求的另一重要因素。例如,志和对电影的需求可能取决于电影的广告。一般来说,随着广告支出的增加,产品需求量会增加。我们通过向右平移消费者的需求曲线来显示广告的效果。

广告可以是告知型的,也可以是劝说型的。告知型的广告在潜在的买方与卖方之间传递信息。例如,电影院把它们正在放映的电影和放映时间登在日报上,这样便给潜在的观众提供了信息。劝说型的广告是为了影响顾客的选择。例如,香烟和化妆品的生产商使用广告来维持现有买方的忠诚度并吸引潜在买方转换到该品牌。

■ 企业需求

网约车服务和餐厅用餐属于消费品。消费者购买它们是为了最终消费或使用。相比之下,预订系统和餐厅设备是工业产品。企业购买它们作为生产其他商品和服务的投入。在任何经济体中,大部分的经济交易是 B2B(business-to-business,企业对企业)的交易。因此,管理者必须了解企业需求的原理。

对于一个物品,企业需求和消费者需求是相似的,也就是说,企业需求也是依赖于这个物品的价格,以及它的替代品和互补品的价格。但是,有一样因素只会影响企业需求,它就是生产数量。如果一个餐馆生意兴隆,需要供应更多的菜品,它就需要更多的原材料,比如,肉、蔬菜、食用油、洗涤剂、餐具以及桌椅等。相反,如果这个餐馆生意冷清,不需要供应很多菜品,那么它只需要比较少的原料、设备和餐具。

企业需求依赖于生产数量。这就好像消费者对正常产品的需求依赖于其收入一样。当消费者收入增加时,他/她对正常产品的需求也会增加。而当企业需要较高的生产量时,它也会增加对原材料等物品的需求。

2.5 买方剩余

个人需求曲线表示买方在每个可能的价位上购买的数量。需求曲线同时也表示买方愿意为每单位产品所支付的最高价格。

从"支付意愿"这个角度来看待需求曲线对于定价策略意义重大,因为它向卖方展现出了买方愿意支付的最高价格。接下来我们将介绍两套可以使买方支付最高价格,从而使卖方利润最大化的定价方案。

■ 收益

需求曲线显示了消费者每购买一个单位的产品所带来的边际收益。利用这些信息,我们可以计算买方的**总收益**(total benefit)。总收益是由消费者购买的所有单位产品所带来的收益。具体来说,总收益是第一个单位产品的边际收益,加上第二个单位产品的边际收益……一直加到最后一个单位产品的边际收益的总和。

> **总收益**:消费者购买的所有单位产品所产生的收益。

消费者所获得的总收益是消费者愿意为这些产品所支付的最高价。若用图形表示,总收益可以用需求曲线以下、最后购买的单位产品之内(包含最后一单位产品)的区域来表示。

让我们来计算志和从每个月看 8 场电影中得到的总收益。总收益等于她的需求曲线以下、8 场电影以内的区域面积。在图 2-4 中,区域 0bcd 的面积为 (8×8)/2+12×8 = 128 元。因此,志和愿意为每个月 8 场电影支付的最高价格为 128 元。

■ 收益与支出

我们将买方的总收益与买方实际支付的价格之间的差值称为**买方剩余**(buyer surplus)。当每场电影为 12 元时,志和的买方剩余为 128-96 = 32 元。

> **买方剩余**:买方的总收益与买方实际支付的价格之差值。

如图 2-4 所示,志和从 8 场电影中得到的总收益是她的需求曲线以下、8 场电影以内的区域,即 0bcd 的面积。在 12 元的价位上,志和看 8 场电影的花费为 12 元价格线以下、8 场电影以内的区域,即 0bca 的面积。志和的买方剩余是这两个面积之差,也就是需求曲线以下、12 元价格线以上的区域,即 acd 的面积。

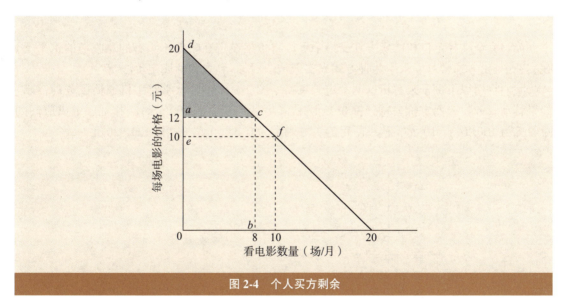

图 2-4 个人买方剩余

在购买行为是自愿的假设下,通常消费者必须从交易中获得一些买方剩余;否则,他就不会购买。因此,在交易中,买方愿意支付的最高价是买方的总收益。如果一个卖家要价更高,买方则会放弃购买该种产品。

> **进度检测 2D**
>
> 假设一场电影的价格为 8 元。在图 2-4 中,标出志和在此价格下的买方剩余。

价格变化

参照图 2-4 中志和对电影的需求曲线，假设电影的价格为 12 元，志和每个月看 8 场电影，她的买方剩余是区域 acd 的面积。现在假设电影的价格跌到 10 元，于是志和将看电影的次数从每月 8 场增加到每月 10 场。她的买方剩余增加了面积 efca。买方剩余的增加可以归因于两个方面：她以较低的价位得到了原来的 8 场电影，而且她还多看了 2 场电影。

一般来说，买方以两种方式从降价中获益。首先，买方以低价得到在原来较高价位上才能买到的产品。其次，由于降价，买方的购买量会增加，并在每个增购的产品中获得买方剩余。第二种方式的效果取决于买方对降价的反应。由降价而引起的增购越多，买方从降价中的获益也越多。

类似地，买方以两种方式从涨价中受损：买方必须支付较高的价格，而且购买量会下降。

套餐和两段定价法

能够完全掌控定价权的卖方在交易中可以将价格设定在略低于买者的总收益的水平上。在实践中，卖方通常可以采用两种方式来实现这一目标：套餐和两段定价法。

我们将用以下例子来解析这两个定价策略。图 2-5 描述了秋泓对手机通话服务的需求。如果移动服务供应商定价为每分钟 0.1 元，秋泓每月将会通话 100 分钟。移动服务供应商的总收入为 100×0.1 = 10 元。秋泓所得的买方剩余为 0.5×(0.5−0.1)×100 = 20 元。

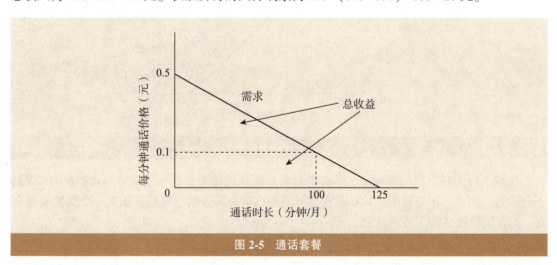

图 2-5　通话套餐

套餐：为一个固定数量的消费支付一个固定的价格。

秋泓从一个月 100 分钟通话时间中得到的总收益是在她的需求曲线以下、100 分钟以内的区域面积，即 100×0.5×(0.5+0.1) = 30 元。假设移动服务供应商给秋泓提供一个收费为 29 元的 100 分钟通话的套餐，而且没有其他套餐可供选择，那么这个套餐会给秋泓带来 30−29 = 1 元的买方剩余。套餐(package deal)这个定价方案就是为一个固定数量的消费支付一个固定的价格。由于没有其他选择,秋泓会购买这个套餐。

移动服务供应商将会得到29元的收入,将近三倍于每分钟0.1元的定价策略的收入。这种套餐使得移动服务供应商基本能够获取秋泓所有的买方剩余。不管是在每分钟0.1元的定价策略还是在套餐定价策略下,由于秋泓的通话时间都是相同的,移动服务供应商的成本也是相同的。因此,在套餐定价策略下,其利润肯定会更高。

移动服务供应商也可以通过两段定价法吸纳秋泓的买方剩余。**两段定价法(two-part pricing)**是一种包含一部分固定收费和一部分由用量决定的变动费用的定价方案。

假设移动服务供应商提供一种两段定价方案,固定月租费为19元,每分钟通话时间另收0.1元。如图2-5所示,在这个计划下,秋泓会选择每月通话100分钟。她的总收益将是在她的需求曲线以下、100分钟之内的区域面积,我们前面算过,这部分收益是30元。她每月将支付19元的固定月租费和100×0.1=10元的通话费用。因此,她的买方剩余将是30-19-10=1元。

和套餐定价策略一样,两段定价法也能使移动服务供应商获取消费者的大部分买方剩余。套餐和两段定价法在银行、汽车租赁、电信、互联网接入等服务中被广泛应用。有时供应商还会将两种定价策略结合使用,使月收费包括限量的"免费"使用量,而使用量超过免费量之后,消费者必须支付额外使用费。

> **进度检测 2E**
>
> 解释套餐和两段定价法的区别。

Costco:会员制超市

2019年8月27日,美国最大的连锁会员制仓储超市Costco(开市客)在中国上海开了第一家门店。由于顾客过多,人流量过大,Costco不得不宣布暂停下午的营业。和中国其他超市的免费会员制不同,在Costco的消费者需要先缴费成为会员,才能进行消费,并且所缴纳的会员费也不可用于购买商品,只是为了获得购买资格。在Costco,商品的价格普遍低于普通超市,甚至低于一些网络平台的价格。

Costco中国区的官网显示,Costco会员分为金星会员和企业会员两类,分别针对个人和企业客户。个人会员年费299元,可以办理一张家庭卡,由年满18周岁的家人持有。在这样的商业模式下,Costco的运营重点在于以高性价比、自有品牌和精选单品项管理(stock keeping unit,SKU)策略来吸引消费者加入会员。

为Costco的利润贡献最大的,就是消费者预先支付的会员费。最新的财报数据显示,

2019 财年前三季度,Costco 会员费收入为 23.02 亿美元,净利润为 25.62 亿美元。也就是说,Costco 的利润几乎全部来自会员费。

资料来源:外资零售寒潮袭来,Costco 热效应能持续多久?[EB/OL].(2019-08-28)[2022-09-08]. https://www.toutiao.com/article/6730219030419866126/.

小案例

澳大利亚电信商:Telstra

Telstra 是澳大利亚最大的移动通信供应商。2021 年 5 月,它推出了两个移动通信套餐计划。小流量套餐是每月费用 55 澳元,享用 40GB 流量;大流量套餐是每月费用 65 澳元,享用 80GB 流量。

在小流量套餐下,数据的价格是 55 澳元/40GB = 1.375 澳元/GB。相对于小流量套餐,购买者只需再付 10 澳元(也就是每 GB 为 0.25 澳元),就能获取额外的 40GB 流量。额外流量所收取的低价反映了边际收益递减的原理。

通过提供两种数据流量套餐,Telstra 可以获取小流量用户和大流量用户的买方剩余。数据需求量较小的用户可以直接购买小流量套餐。为了确保数据需求量大的用户购买大流量套餐,Telstra 必须精心设计并区分大小流量套餐的价格。

资料来源:Telstra. SIM only plans[EB/OL].[2022-09-08]. www.telstra.com.au/mobile-phones/sim-only-plans.

2.6 市场需求

为实现战略目标、营销目标和其他目标,企业做决策时需考虑的是整个市场而不是单个的买方,因此它们必须了解整个市场的需求。

市场需求曲线:显示所有买方在每个可能价位上将要购买的产品总量的曲线图。

市场需求曲线(market demand curve)是显示所有买方在每个可能价位上将要购买的产品总量的曲线图。市场需求曲线的构成同个人需求曲线类似。为了构建某个产品的市场需求,我们必须与所有的潜在买方面谈,并且问他们每个人在每个可能价位上可能会买的产品量;然后,我们把每个价位上的个人购买量加总,从而得出市场总体的需求量(见本章附录)。

市场需求曲线的性质与个人需求曲线类似。由于每个买方的边际收益会随着消费量的增加而减少,市场需求曲线向下倾斜。也就是说,在一个较低的价位上,市场作为一个整体的购买量会较大。

影响市场需求的因素与影响个人需求的因素相同。对某种产品的市场需求取决于消费者的收入、相关产品的价格和广告。对某种企业投入要素的市场需求则取决于企业的生产量及相关产品的价格。

市场的买方剩余是买方从产品获得的总收益与买方的实际总支出之间的差值。从图形上来看,它是市场需求曲线和产品价格之间的区域。

> **进度检测 2F**
>
> 市场需求曲线的性质是什么?

小案例

线上生鲜市场

从 2020 年新冠疫情暴发以来,线上生鲜行业整体保持高速增长的发展态势。生鲜线上化趋势明显增强,已经成为当下生鲜零售市场的主要增长动能。

受疫情影响,"宅"在家中网上采买成了大多数人的首选,这在一定程度上培养了用户的线上消费习惯,加速了线上生鲜电商的发展。目前,线上生鲜平台已成为消费者购买生鲜的重要渠道之一。《2020 线上生鲜行业报告》显示,2020 年前三季度,在线上生鲜品类中,猪牛羊肉、乳品饮料、禽肉蛋品、果蔬、海鲜水产占比较大。而随着消费层次的升级,消费群体逐步转向 80 后、90 后为主的消费大军,生鲜产品消费人群年轻化趋势越来越明显,而能够满足消费者足不出户吃上拿手菜"美食心愿"的方便菜,也受到越来越多年轻家庭的喜爱。

资料来源:中国市场信息调查业协会. 2020 年线上生鲜行业报告[R/OL]. (2020-10-26) [2022-09-08]. https://www.dsb.cn/130383.html.

知识要点

- 由于边际收益递减,价格越低,消费者和企业的购买量越大。
- 买方对正常产品的需求随着收入的增加而增加,而对低档产品的需求则随着收入的增加而减少。
- 对某种产品的需求会随着其替代品价格的上升而上升,随着其互补品价格的上升而下降。
- 企业的需求会随着某一产品产出的增加而增加。
- 买方剩余为买方的总收益与买方实际支付的价格之差值。
- 卖方可以通过套餐和两段定价法获取买方剩余并提高利润。

复习题

1. 列举一个你最近购买的产品或服务。如果该产品或服务降价,你购买的数量会减少吗?请解释原因。
2. 定义并举例说明什么是低档产品。
3. 列举一个你最近购买的产品或服务。如果你的收入降低了,你会购买得更多还是更少?请解释原因。
4. 定义并举例说明什么是互补品。
5. 一种新的避孕产品可以防止女性受孕,但不能防止性疾病的传播。这种新产品的投放会怎样影响下列产品的需求?(a) 男用安全套;(b) 避孕药丸。
6. 百事可乐的广告会怎样影响下列产品的需求?(a) 百事可乐;(b) 可口可乐。
7. 手机的一个关键部件是微处理器。试说明消费者收入的变化如何影响苹果公司对微处理器的需求。
8. 为什么自动取款机在劳动力成本高的国家相对更常见?
9. 解释买方剩余的含义。
10. 判断正误:买方剩余适用于消费者需求,但不适用于企业需求。
11. 在一架从伦敦飞往悉尼的飞机上的乘客比较机票价格后发现,他们为乘坐的同一航班支付了不同的价格。解释这如何说明市场需求曲线是向下倾斜的。
12. 手机通话费用为每分钟 0.1 元,秋泓每个月的通话时间为 200 分钟。画出她的需求曲线并标出她的买方剩余。
13. 请评论以下论述:"夏季促销:买得越多,省得越多。"
14. 什么是套餐?宽带服务供应商如何利用套餐提高利润?
15. 什么是两段定价法?宽带服务供应商如何利用两段定价法提高利润?

讨论案例

1. 经济发展中的一个重要问题是生育数量与妇女教育程度之间的关系。我们用来自 110 个国家的数据估计妇女识字率和每名妇女生育数(生育率)之间的线性关系。当识字率为 0 时,生育率为 7.63;而当识字率为 100%,生育率为 2.42。
   (a) 用图形表示识字率和生育率之间的线性关系。纵轴为识字率,横轴为生育率。在此线性关系中,如果识字率是 60%,那么生育率大约为多少?
   (b) 也许拥有一个孩子的最大成本是,母亲必须投入养育孩子的时间。对于受教育程度较高的妇女来说,该时间的价值是较高还是较低?
   (c) 在图中的纵轴上标示出"孩子的成本"。请解释这一趋势线与需求曲线有何关系。
   (d) 从另一个角度诠释该图:用生育率解释女性识字率。
2. 英国的外卖平台 Deliveroo 在 2021 年 5 月推出了一项优惠:在一些特定的 Subway(赛百味)餐厅点餐超过 15 英镑的顾客可以享有 8 折优惠。
   (a) 用以下信息构建一条线性需求曲线。当价格是 5 英镑时,某顾客会购买 3 个三明治,而当价格是 4 英镑时,她会购买 5 个三明治。
(b) 为什么需求曲线是向下倾斜的？
(c) 假设该顾客没有使用折扣优惠，并且三明治的价格是 5 英镑。那么她会购买几个三明治？她会总共花费多少钱？
(d) 假设该顾客使用了折扣优惠，那么三明治的价格是多少？她会购买几个三明治？她会总共花费多少钱？
(e) 按照 (c) 和 (d)，优惠折扣会如何影响消费者在 Deliveroo 平台上的花费？

3. 2013—2018 年的数据显示，中国人均肉类消费量总体呈现逐年增长的趋势。2003 年以来，城镇居民人均猪肉消费量大体保持稳定，但比例不断下降，而农村居民人均猪肉消费量随人均收入的增加而迅速增长。
(a) 解释什么是正常产品和低档产品。
(b) 应用正常产品的概念解释为什么中国人均肉类消费量总体呈现逐年增长的趋势。
(c) 应用正常产品和低档产品的概念解释为什么城镇居民人均猪肉消费量大体保持稳定，但比例不断下降，而农村居民人均猪肉消费量随人均收入的增加而迅速增长。

4. 可口可乐公司生产浓缩汁卖给区域瓶装生产商。可口可乐瓶装生产商将浓缩汁、甜味剂及水混合制成饮料，配送到超市、餐馆和其他零售点。甜味剂可以用玉米浆或糖制成。由于联邦政府限制进口糖，糖在美国比在世界其他地区更贵。
(a) 为什么美国的可口可乐瓶装生产商比世界其他地方的可口可乐瓶装生产商使用相对更多的玉米浆？
(b) 画出可口可乐瓶装生产商的玉米浆需求曲线。（提示：你可以假设任何必要的数据来画出需求曲线。）
(c) 请说明下列变化将如何影响一个可口可乐瓶装生产商对玉米浆的需求：
(i) 联邦政府取消对糖的进口限制；
(ii) 百事可乐的销售额增加；
(iii) 消费者偏好转向不加糖饮料。
(d) 谁从联邦政府对糖进口的限制中受益？谁受损？

5. 一开始，庞巴迪公司专注于生产支线飞机。该支线飞机是能够容纳 100 人的小型短程飞机。2008 年，庞巴迪确保获得订单之后，启动了生产新 C 系列机型的计划。C 系列飞机拥有 100—149 个座位，并且通过使用先进的材料和更省油的发动机（普惠的 PW1000G），实现减少油耗 20%。
(a) 画出支线飞机的市场需求曲线。（提示：你可以假设任何必要的数据来画出需求曲线。）
(b) 根据你的图形解释消费者对航空旅行的需求的改变将如何影响航线对支线飞机的需求。
(c) 如果乘客对机票价格的上升没有那么敏感，这将对低油耗飞机的需求产生怎样的影响？
(d) 石油的价格如何影响对先进材料的需求？

6. 在 2020 年年初暴发新冠疫情之后，新加坡政府实施了称为"断路器"的部分封锁措施以控制疾病的传播。只允许必要的工作人员到工作场所上班。所有其他工人和学生都必须居家工作或学习。政府还禁止在餐厅用餐。餐馆只允许出售外带或送货的食物。
(a) 使用互补品和替代品的概念讨论网约车、送餐和餐厅就餐之间的关系。
(b) 画出(i)网约车和(ii)食品配送的市场需求曲线。（提示：你可以假设画出需求曲线所需的任何数据。）

(c) 用你的数据来解释居家工作/学习的转变如何影响对网约车和送餐的需求。

(d) 用你的图来解释禁止在餐馆吃饭如何影响对网约车和送餐的需求。

7. 在撰写本书时，英国几乎有一半的住宅供水没有计量。无论使用情况如何，未计量的客户都支付固定费用。

(a) 假设约翰逊一家的供水没有计量，家庭每月消耗 10 000 升水。说明家庭每月对水的需求曲线，假设它是一条直线，如果价格为每 1 000 升 50 英镑，则家庭将不消费任何水。

(b) 计算约翰逊一家每月消耗 10 000 升水时的总收益和边际收益。家庭的买方剩余是多少？

(c) 假设供水商安装了一个水表并收取每 1 000 升 5 英镑的价格。这个家庭每个月会消耗多少水？花费多少？

(d) 对于（c）中的用水量，供水商可以向约翰逊一家收取的最高费用是多少？

8. 加州大学洛杉矶分校的学生可以享受一些特权。其一是以较低的成本获得良好的教育，其二是加州无与伦比的天气，其三是获得打折电影票。假设英成一年内以每张 7 美元的票价购买了 12 张电影票（电影票原价为每张 10 美元）。他从电影票打折计划里获得了多少优惠？

(a) 一个可能的答案是：英成每张票节约了 10−7 = 3 美元，总优惠为 3×12 = 36 元。解释为什么这种说法高估了英成获得的优惠。

(b) 用一个适当的图形和买方剩余的概念，解释英成从这个打折计划里获得了多少优惠。

(c) 将电影票打折计划考虑进去，加州大学洛杉矶分校可以从英成那里多收取多少学费？

9. Telstra 是澳大利亚最大的移动通信供应商。2021 年 5 月，它推出了两个移动通信套餐计划。A 计划是每月费用 55 澳元，享用 40GB 流量；B 计划是每月费用 65 澳元，享用 80GB 流量。

(a) 假设朱莉亚的需求曲线是一条直线。如果每 GB 流量的费用是 5 澳元，她的需求量是 0GB。如果是免费的，她的需求量是 40GB。画出她的需求曲线。

(b) 假设斯考特的需求是一条直线。如果每 GB 流量的费用是 4 澳元，他的需求量是 0GB。如果是免费的，他的需求量是 80GB。画出他的需求曲线。

(c) 比较 A 计划和 B 计划下朱莉亚的买方剩余。她应该购买哪个计划？

(d) 比较 A 计划和 B 计划下斯考特的买方剩余。他应该购买哪个计划？

(e) 假设 Telstra 想要斯考特购买 B 计划，那么它最高能收取斯考特多少钱？

附录

市场需求曲线的构建

第 2 章介绍了市场需求的概念,它显示了所有买方在每个可能的价格下会购买的数量。构建市场需求的一种方法是询问每个潜在消费者他们在每个可能的价格下会购买的数量;然后,在每个价格上,将报告的单个数量相加,以获得整个市场将购买的数量(如表 2A-1 所示)。

每场电影的价格(元)	安吉拉	麦琪	丽莎	市场
20	0	0	0	0
19	1	0	0	1
18	2	0	0	2
…	…	0	0	…
10	10	10	0	20
8	12	14	2	28
…	…	…	…	…
0	20	30	10	60

表 2A-1 市场需求

构建市场需求的另一种方法是对个体需求曲线进行水平加总。图 2A-1 绘制了三个消费者的个人需求曲线——安吉拉、麦琪和丽莎。水平加总是指将水平方向的曲线相加。每条单独的需求曲线都显示了消费者在每个可能的价格下会观看的电影数量。因此,在每一个价格上,将三个消费者会观看的电影数量相加,可以获得整个市场将观看的电影数量。该图将市场需求描绘为虚线。

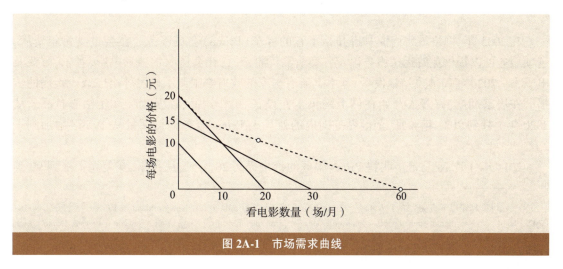

图 2A-1 市场需求曲线

第 3 章
弹　性

学习目标

- 了解需求的自身价格弹性；
- 区分价格弹性需求和价格刚性需求；
- 了解这样一个事实：当需求是刚性的时，卖方可通过提升产品价格来提高利润；
- 了解收入弹性、交叉价格弹性和广告弹性；
- 了解行为偏差如何影响需求弹性。

3.1　引言

在 2005 年，网络零售商亚马逊开始了它的尊享（Prime）会员服务。在会员支付年费后，这项服务可以提供免费运送服务以及各类货品优惠，并可让会员欣赏独家电影、音乐、游戏及电子书。2020 年新冠疫情暴发后，基本上所有国家的政府都限制了居民外出以减少疾病的传播。在居家期间，许多人开始在网上购买工作设备、工作用品，以及食物和生活必备品。从 2020 年 1 月到 2021 年 4 月，全世界范围内的亚马逊 Prime 服务的订阅量从 1.5 亿增加到了 2 亿。[①]

2014 年 3 月，亚马逊声明将 Prime 服务的价格提高 20 美元，从每年 79 美元上涨到 99 美

[①] 此讨论基于以下资料：Ali, Fareeha. Amazon Prime reaches 200 million members worldwide [EB/OL]. (2021-04-16) [2022-09-14]. www.digitalcommerce360.com/article/amazon-prime-membership/; Day, Matt. Amazon increases Prime cost to $119 a year [EB/OL]. (2018-04-26) [2022-09-14]. www.seattletimes.com/business/amazon/amazon-increases-prime-cost-to-119-a-year/.

元。2018年4月，该服务的价格进一步提高到了每年119美元。尽管如此，订阅Prime服务的用户持续增长。市场研究机构Consumer Intelligence Research Partners（CIRP）当年的报告指出，93%的一年期Prime会员继续续订，而98%的两年期会员继续续订。亚马逊为Prime会员默认开启Prime会员自动延期，不想自动延期的会员需要更改账户设置，选择关闭自动延期或者直接终止至尊会员。

2020年6月，投资银行RBC Capital Markets对2 800名客户进行问卷调查。当问到如果Prime会员的年费提升到139美元，其是否会续订时，有54%的客户回答会续订。

亚马逊的Prime会员自动延期服务会如何影响客户的续费率？价格上升会如何影响对亚马逊Prime服务的需求？价格上升会如何影响亚马逊的收入？亚马逊应该将Prime服务的价格调整多少？

为解答这些问题，我们引入了弹性的概念。需求弹性（elasticity of demand）是需求相对于影响需求的因素的变动而变化的程度。影响需求的因素包括产品价格、收入、互补品或替补品的价格以及广告支出等。对于每一种影响需求的因素，都有一种弹性与之相对应。

需求的自身价格弹性测量产品的需求量相对于价格变动而变化的程度。运用自身价格弹性，卖方可以估计价格的升高或降低将会给需求量带来的影响，从而预计出此项价格调整对买方的支出与卖方的收入的影响。

运用需求的自身价格弹性，亚马逊可以预计出提价对于收入的影响。价格上升总会导致需求量的降低。我们将证明，如果需求是价格刚性的，价格的上升会提高买方的支出和卖方的收入；但如果需求是价格弹性的，那么价格上升会减少买方的支出和卖方的收入。

接下来我们介绍需求的收入弹性、交叉价格弹性以及广告弹性。之后我们讨论弹性随着时间的变化会做出怎样的调整。最后我们介绍行为偏见会怎样影响弹性。

3.2 自身价格弹性

为衡量价格变化对需求量的影响，我们需要测量买方对产品价格变动的敏感程度，也就是需求的自身价格弹性。需求的自身价格弹性的概念非常基础，故它常常被简称为价格弹性或是需求弹性。

需求的自身价格弹性（own-price elasticity of demand）指的是，当产品价格上升1%时，产品需求量将会变化的百分比。同样地，需求的自身价格弹性可以表示为下面的比率：

> **需求的自身价格弹性**：当产品价格上升1%时，产品需求量将会变化的百分比。

$$需求的自身价格弹性 = \frac{需求量变化的比例}{价格变化的比例} \tag{3.1}$$

或者

$$需求的自身价格弹性 = \frac{需求量变化的百分比}{价格变化的百分比} \tag{3.2}$$

估计

为了估计需求的自身价格弹性，我们先收集价格变化及其相应的需求量变化的记录。然后用需求量变化的比例(或百分比)与价格变化的比例(或百分比)之比来计算自身价格弹性。

图 3-1 表示的是香烟的需求。如图所示，当前香烟的价格是每包 1 元，对应的需求量是每个月 15 亿包。根据图 3-1，如果香烟的价格上升为每包 1.1 元，则其需求量将下降为每个月 14.4 亿包。

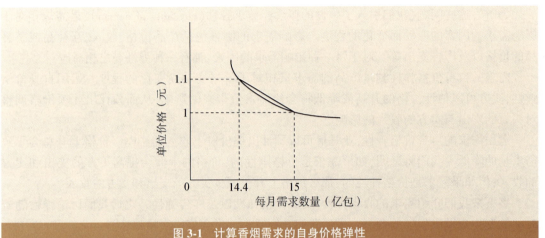

图 3-1　计算香烟需求的自身价格弹性

需求量的变动比例等于需求量的变化量除以初始的需求量。由于需求量的变动是 14.4－15=－0.6 亿包，而初始的需求量为 15 亿包，因此，需求量的变动比例是－0.6/15=－0.04。

类似地，价格的变动比例等于价格的变化量除以初始价格。由于每包香烟价格的变动是 1.1－1=0.1 元，而初始价格是每包 1 元。因此，价格的变动比例是 0.1/1=0.1。

因此，根据方程(3.1)，香烟需求的自身价格弹性等于香烟需求量的变动比例除以其价格的变动比例，也就是－0.04/0.1=－0.4。同样地，在这个例子中，需求量变动的百分比是－4%，而价格变动的百分比是10%，因此香烟需求的自身价格弹性是－4/10=－0.4。

> **进度检测 3A**
>
> 参照图 3-1，假设最初香烟的价格是每包 1.1 元，需求量是每月 14.4 亿包。随后，价格降至每包 1 元，需求量上升至每月 15 亿包，计算香烟需求的自身价格弹性。

性质

香烟的例子阐明了需求自身价格弹性的几个性质。第一,如第 2 章所述,需求曲线通常是向下倾斜的。如果某种产品的价格上涨,该产品的需求量将下降。因此,自身价格弹性将是一个负数。为了方便起见,一些分析将自身价格弹性记为一个绝对值,也就是说,去掉负号。因此,在运用这一概念时,应牢记自身价格弹性是一个负值。

第二,自身价格弹性是一个纯数值,与计量单位无关。香烟需求量的基本单位为亿包。然而,需求量变动的百分比是需求量的变化量除以初始需求量。因此,这是一个纯数值,与任何计量单位无关。也就是说,不论我们是以亿包、百万包或是千包为单位来计算香烟数量,需求量变动的百分比都是相同的。同样地,价格变动的百分比也是一个纯数值。

由于自身价格弹性等于需求量变动的百分比除以价格变动的百分比,所以它也是一个纯数值。因此,自身价格弹性提供了一种简便的并不依赖于计量单位的刻画价格敏感度的方法,从而可以用来比较不同产品和服务的需求对价格的弹性。

第三,回顾一下方程(3.1),自身价格弹性是需求量变化的比例同价格变化的比例的比值。如果价格变动的比例很大,而需求量却没有变化,则弹性为零。相反,如果价格的很小比例的变动就会引起需求量的极大变动,则弹性为负的无穷大。因此,自身价格弹性的范围是从 0 到负的无穷大。

精确性

自身价格弹性的估计取决于对变化比例的计算,具体而言,取决于变化比例的分母。方程(3.1)用初始的价格与数量作为分母,但是估计价格弹性也可以用平均或最终价格与数量计算。当我们考虑的价格变化越来越小时,自身价格弹性的不同估计方法将会收敛至同一数字,我们将此数字称为弹性的点估计。

显然,从方程(3.1)来看,当初始价格或初始数量为零时,该公式将初始价格与数量作为价格与数量变化比例的分母是不可行的。在这种情况下,我们应该使用平均或最终价格与数量作为分母。

另外,还要注意自身价格弹性的计算取决于所有影响需求的因素,包括价格、收入、互补品和替代品的价格以及卖家的广告。因此,任一因素的变化都可能导致自身价格弹性的变化。

尤其是,自身价格弹性可能会沿着需求曲线发生变化,并且会随着价格自身的变化而变化。因此,严格来说,只有当价格的变化很小的时候,自身价格弹性的计算才是准确的。

> **进度检测 3B**
>
> 需求的自身价格弹性的性质是什么?

弹性/刚性需求

如果某种产品价格上涨1%而导致其需求量的下降超过1%，我们就说该产品的需求具有**价格弹性**(price elastic)或相对于价格有弹性。同样地，如果某种产品价格一定比例的上涨导致其需求量更大比例的下降，则我们也称该产品需求相对于价格有弹性。如果需求是有弹性的，那么弹性将小于−1。这意味着弹性的绝对值（即去掉负号的值）大于1。

价格弹性：某种产品价格上涨1%导致其需求量的下降超过1%。

相反，如果某种产品价格上涨1%而导致其需求量的下降小于1%，我们就说该产品的需求具有**价格刚性**(price inelastic)或相对于价格是刚性的。同样地，如果某种产品价格一定比例的上涨导致其需求量下降的比例更小，则我们也称该产品需求相对于价格是刚性的。如果需求是刚性的，那么弹性将大于−1。这意味着弹性的绝对值（即去掉负号的值）小于1。

价格刚性：某种产品价格上涨1%导致其需求量的下降小于1%。

小案例

亚马逊的 Prime 服务：自身价格弹性

2021年4月，亚马逊 Prime 服务的价格是每年119美元。投资银行 RBC Capital Markets 对2 800名客户进行问卷调查。当问到如果 Prime 会员的年费提升到139美元，其是否会续订时，有54%的客户回答会续订，而另外46%的客户回答不会续订。

价格从119美元提升至139美元意味着价格上涨比率为 20/119 = 0.168。根据此项调查，客户的续订需求量比率会减少0.46。因此，亚马逊 Prime 服务的需求的自身价格弹性为 −0.46/0.168 = −2.74。也就是说，亚马逊 Prime 服务的需求是有价格弹性的。

小案例

广州楼市：自身价格弹性

广州一直以来都被视为一线城市的房价"洼地"，但在进入2020年下半年后，广州楼市正在肉眼可见地"翻红"。2020年，广州一手住宅销售均价为30 025元/平方米，与2019年同期相比增幅约为5%，套均总价约为323万元。广州中原研究发展部统计显示，2020年广州一手住宅网签成交100 905宗，同比上升27%；成交面积1 087万平方米，同比上升27%。这也是自2010年以来广州年度新房成交量第二高，仅次于2016年。

从以上数据我们可以看出广州的住宅需求是有价格刚性的。如果没有政府管控，住宅的刚性需求可能进一步推动房价升高。当然，住宅需求的上升或下降也可能与其他因素相关，比如平均收入、房贷利率及相关政策等。

延展问题：政府应该设立房屋的价格上限来控制房价吗？为什么？

资料来源：2020年广州楼市"翻身"：新房成交创4年来新高 二手房成交量增超两成[EB/OL].（2021-01-07）[2022-09-14]. http://www.nbd.com.cn/articles/2021-01-07/1591911.html.

 小案例

香烟的刚性需求

根据全球烟草经济联盟发表在《英国医学杂志》上的一项研究，香烟涨价50%，将使13国5亿男性烟民的寿命共延长4.5亿年，同时使吸烟相关疾病医疗支出减少1 570亿美元，并增加1 220亿美元的税收。值得注意的是，收入最低的20%的人从中获益最大，他们获得了31%的寿命延长，29%的医疗支出减少，但只负担了10%的税收。5亿烟民中，过半来自中国。研究者将吸烟者按照年龄和收入分别分为五组，并且用价格弹性来表示戒烟的可能性。对于收入最低、年龄为15—24岁的吸烟者，其价格弹性系数为-1.27，收入较高、25岁以上的人群的价格弹性系数则仅为-0.24。从以上数据可以看出，香烟价格的上涨对25岁以上的人没有太大影响，但是对25岁以下的人影响较大，后者更可能因为价格因素而减少或放弃对香烟的消费。

资料来源：BMJ：香烟涨价50%，5亿烟民将多活4亿5千万年，税收增长千亿美元，竟然可以一举两得！临床大发现[EB/OL].（2018-05-04）[2022-09-14]. https://www.chinacdc.cn/gwxx/201805/t20180504_168814.html.

3.3 预测

需求的自身价格弹性可用来预测价格变化对需求量和买方支出的影响。由于买方支出等于需求量乘以价格，所以它与需求量有密切关系。（在第8章讨论定价时，我们将考虑价格歧视的可能性。价格歧视是指让不同的买方支付不同的价格，所以支出不是简单地用需求量乘以价格。）

自身价格弹性不但可用于单个卖方的情况，也可用于整个市场。从单个卖方的角度来看，需求量是销售量，而买方的支出则是其收入。因此，运用需求的自身价格弹性，销售者可以预测价格变化对销售量和收入的影响。

■ 需求量

让我们首先考虑如何运用需求自身价格弹性来预测价格变动对需求量产生的影响。参考图3-1中的香烟需求。假设香烟价格为每包1元,需求量为每月15亿包。如果价格上涨5%,消费者的需求量将会受到怎样的影响?

我们已经计算出价格为1元时,香烟需求的自身价格弹性为-0.4。根据定义,自身价格弹性是价格上涨1%时,需求量变化的百分比。因此,如果香烟的价格上涨5%,则需求量的变化为-0.4×5%=-2%,也就是说,需求量将下降2%。

要预测香烟需求量的变化,我们应当用需求量变动的百分比(-2%)乘以价格变化之前的需求量。从而,如果香烟涨价5%,每月需求量将变化-2%×15亿=-3 000万包。

正如我们在香烟的例子所阐述的,估计价格变化对买方需求量影响的公式为:

$$需求量变化的百分比 = 价格变化的百分比 \times 需求的自身价格弹性 \quad (3.3)$$

我们还可运用需求弹性来估算价格下降对需求量产生的影响。假设每包香烟最初的价格是1元,当价格下降5%时,需求量的变化为-0.4×(-5%)=2%,也就是说,需求量将增加2%。这个例子说明,自身价格弹性的符号和价格变动的符号是很重要的。

■ 支出

接下来,让我们来分析如何运用需求的自身价格弹性来估算价格变动对买方支出产生的影响。买方支出等于需求量乘以价格。因此,价格的变动将从两方面影响消费者支出:其一为价格自身的变动,其二为价格变动对需求量的影响。

总的来说,估计价格的变化对买方支出影响的公式为:

$$支出变化的百分比 = 价格变化的百分比 + 需求量变化的百分比 \quad (3.4)$$

我们来分析当价格上涨较小幅度时的情况。价格的上涨会增加买方支出。但同时,价格的上涨又会减少买方的需求量,因而减少买方支出。因此,价格变动对买方支出产生的最终影响取决于以上两种影响之中哪一项相对更大。

自身价格弹性的概念有助于决定价格效应和数量效应之间哪一项相对较大。回顾一下,如果价格一定比例的上涨导致需求量以更大比例下降,则需求相对于价格是有弹性的。反之,如果价格一定比例的上涨导致需求量以较小比例下降,则需求相对于价格是刚性的。自身价格弹性使我们能够比较价格变动幅度与需求量变动幅度的相对大小。

如果需求是有弹性的,则需求量的下降比例将比价格的上涨比例大,此时,价格上涨会减少买方支出。通常情况下,如果需求是有弹性的,则价格上涨将会减少买方支出,而价格下降将会增加买方支出。

相反,如果需求是价格刚性的,则需求量的下降比例将比价格的上涨比例小,从而价格上涨会增加买方支出。通常情况下,如果需求是刚性的,则价格上涨将会增加买方支出,而价格下降将会减少买方支出。

精确地说,如果把方程(3.3)代入方程(3.4),那么,估计价格的变化对买方支出影响的公式可简化为:

$$支出变化的百分比 = 价格变化的百分比 \times (1 + 需求的自身价格弹性) \quad (3.5)$$

定价策略

每当销售经理们被要求提价时,他们都会回答:"但那样做会使销售量下降!"由于需求曲线是向下倾斜的,因此提高价格毫无疑问会减少销售量。但关键在于价格上涨将会导致销售量的下降程度。销售经理应该了解一下产品的自身价格弹性。

为了了解这一点,我们假定在当前定价之下,一个制造商的产品需求是刚性的。这时,如果制造商提高售价,会发生什么情况呢?由于需求是价格刚性的,因此一定比例的价格上涨会导致较小比例的需求量的下降。结果,买方支出会上涨,也就是说,制造商的收入会增加。

同时,由于需求量的下降,制造商会减少生产,成本则会降低。既然销售收入增加、成本降低,则制造商的利润无疑会增大。因此,如果产品需求是价格刚性的,制造商可以通过提高售价来增加利润。

上述讨论说明,在适当的条件(刚性需求)下,提高售价即使会降低销售量,但仍可以增加利润。因此,在定价时,管理层应当考虑需求的价格弹性。一般而言,卖方应当不断提高售价,直至需求相对于价格呈现弹性为止。我们会在第 8 章讨论定价时,更加深入地探讨此问题。

 小案例

奈飞套餐价格上涨分析

2019 年 1 月,在线娱乐服务平台奈飞(Netflix)将基础订阅的套餐价格提升了 1 美元到每月 8.99 美元,并且将标准和尊享套餐的价格分别提升到每月 12.99 美元和每月 15.99 美元。与此同时,奈飞还增加了新的电视剧和电影,包括了面向全球观众的自产作品。尽管价格上涨,但是订阅用户增长了 20%,奈飞的收入也增长了 28% 到 202 亿美元。

在奈飞决定提价时,市场研究分析师 Ross Benes 就认为奈飞会有很好的营收,因为之前的价格过低。但是,Wedbush Securities 的分析师 Michael Pachter 对此抱怀疑态度。他认为这是一个愚蠢的决定,会使得用户量减少。

随着全球疫情的爆发,世界各国政府实施封锁措施来控制病毒扩散。人们被禁足家中,只好寻求网络娱乐活动。2020 年上半年,奈飞在全球范围内增长了 2 600 万用户,在第三季度增长了 220 万用户。

资料来源:作者根据相关新闻报道整理。

小案例

爱奇艺会员价格上涨分析

2021年2月18日,爱奇艺发布了2020财年第四季度及全年未经审计财报。财报显示,截至2020年年末,爱奇艺订阅会员总数为1.017亿,较去年同期有所下降,会员收入却较去年同期增长14%,达到165亿元。对于爱奇艺此次会员收入不降反升,不少网友认为是由会员价格上涨带来的。会员收入一直以来对爱奇艺的总收入贡献较大。围绕订阅会员服务模式,爱奇艺在2020年推出两个关键举措。

一是进行了9年以来黄金VIP会员价格的首次上调。2020年11月23日,爱奇艺对黄金VIP会员服务订阅费用进行调整,多端统一定价,调整后的六档价位从19元到248元不等。具体来看,月卡此前价格是19.8元,涨价后达到25元,涨幅约为26%。

二是推出星钻VIP会员。2020年5月23日,爱奇艺正式对外宣布推出全新会员服务——星钻VIP会员。据了解,星钻VIP会员可免费观看爱奇艺超前点播剧集和星钻影院电影内容。星钻VIP会员价格相当于黄金VIP会员价格的三倍左右。

虽然会员订阅价格上升了不少,但用户还是愿意为优质的内容付费,这也体现了用户对优质影视娱乐作品的刚性需求。另外,爱奇艺对不同价格弹性的客户制定了不同价格的套餐服务,这一点我们会在第8章讲到价格歧视时再次分析。

延展问题:爱奇艺应该继续涨价来增加营收吗?为什么?

资料来源:爱奇艺"收割"会员:付费用户下降收入却大涨[EB/OL]. (2021-02-20) [2022-09-14]. https://www.sohu.com/a/451604423_477212.

进度检测 3C

假设一个特定移动手机服务供应商的需求自身价格弹性为-0.8。如果该服务供应商提价5%,那么需求量和消费者支出的变动百分比将为多少?

3.4 行为因素

估计自身价格弹性需要物品自身价格的变化以及相应需求量的变化。但是为了获取价格弹性而刻意改变物品价格的行为是成本高昂的,也是不切实际的。因此,管理者们需要考虑一些行为因素来衡量一个物品的自身价格弹性。

■ 寻求更经济的产品所获得的好处与付出的成本

买方花在寻求更优价格上的时间有限，因此，他们比较关注价格相对更高的产品。比如说，有婴儿的家庭花费更多的时间寻求更经济的尿布而非棉签。类似地，后勤管理者关注更多的是复印纸而非回形针。市场营销人员将较少引起买方关注的产品称为低参与度产品。

在考虑寻求更经济的产品所获得的好处与付出的成本间的平衡时，有时需要考虑付出成本的人是否与获得好处的人是同一个人。如果你将一辆损坏的车送到修理店，修理店的经理肯定会问："你买保险了吗？"经验丰富的修理店经理知道，买了汽车保险的车主不会太关注修车价格。在这个例子中，车主得到了修理工作带来的好处，而保险公司要支付大部分或所有的修车费用。就修理费用与修理店进行讨价还价的车主必然要花费他自己的时间，而保险公司将得到讨价还价带来的大部分好处。

- **可用的替代品**。可用的替代品越少，需求的价格弹性越小。比如说，依赖烟酒的人会感觉没有任何东西能替代它们，因此对烟酒的需求体现出了价格刚性。一般来讲，某一类产品会比特定产品的替代品更少。比如说，通过比较啤酒的需求与某一特定品牌啤酒的需求，我们会发现特定品牌的啤酒比啤酒这一类产品具有更多的替代品。因此，特定品牌啤酒的需求将比啤酒类产品的需求更有弹性。这意味着，如果所有啤酒生产者把啤酒的总体价格提高10%，则它们的销售量下降的比例将比单独一个啤酒生产者提价10%而引起的销售量下降的比例小。

- **买方的预承诺**。购买了某种汽车的人会成为此种汽车零部件的一个必然消费者。汽车制造商非常明白这一点，因此，它们在销售零件时的定价要比此零件用于整车时的定价更高。软件产业也有相同的情况，一旦用户投入了时间和精力学习使用一种软件，他们就会成为该软件的未来升级版的必然消费者。只要产品存在这种来自买方的预承诺，其需求就都是刚性的。

- **调整时间**。通常情况下，随着时间的推移，承诺可以解除。例如，签下 24 个月移动服务合同的用户在两年之后可自由更换其他供应商。因此，买方的需求会随着时间推移变得更具价格弹性。一般来说，消费者做出调整所需的时间越长，他们对价格变动的反应就会越大，因此，一个物品的需求价格弹性在长期内更大。

- **沉没成本谬误**。一旦一个人付出了沉没成本，她心理上将会觉得有责任去弥补沉没成本，这种心理上的责任感会影响她以后的选择。例如，支付过免费送货的年费后，消费者会觉得应当购买更多的产品来弥补年费。如果年费价格升高，消费者会觉得应当消费得更多。她对于购物的需求价格弹性将会变得较低。

- **锚定效应**。面对不确定性，人们需要信息并且利用线索，甚至无关的线索来协助他们做出选择。消费者可能不能确定产品带给他们的收益。零售商了解这一情况，因此会通过设定标价来锚定消费者对于收益的认知。基于这种锚定效应，消费者认为高于标价的价格将令他们受损，低于标价的价格会产生买方剩余。相应地，在高于标价的价格上消费者的需求是价格弹性的，在低于标价的价格上消费者的需求是价格刚性的。

> **进度检测 3D**
>
> 什么样的行为因素会影响自身价格弹性?

共同承担的费用:会员优惠计划

只要付款的人和选择产品的人不是同一个人,产品的需求都将呈现刚性。1981 年,美国航空公司为经常旅行的客户建立了 AA 优惠计划。这项计划记录每个会员乘坐美国航空公司航班旅行的行程,并根据会员累积乘坐的里程数奖励免费航程。

AA 优惠计划尤其会吸引那些并非亲自掏钱买票的乘客,比如商务旅客。这类乘客与那些自己付钱买票的人相比,对价格较不敏感。AA 优惠计划激励他们选择美国航空,尽管其机票价格会比较昂贵。对于别人为其掏钱买机票的乘客,该计划使得需求更具刚性。

AA 优惠计划是一个高明的市场营销策略,其他航空公司很快就效仿并制订了各自的会员优惠计划。

超市定价:锚定效应

锚定效应常常被应用在物品的定价策略中。比如去超市购物时,物品常常会被标上"原价"和"促销价"两种价格。比如,一箱牛奶,原价为 69 元,促销价为 49 元。为什么商家要列出原价呢?直接写出促销价不是更简单、方便吗?商家强调牛奶的原价为 69 元,这就使得消费者对这箱牛奶的收益认知为 69 元。基于这种锚定效应,当物品的促销价格为 49 元时,就会产生剩余价值。这些增加的剩余价值使得消费者更愿意购买牛奶,也就是说,在低于锚定价格上,消费者的需求是价格刚性的。

3.5 其他弹性

除了价格,一种产品的需求还取决于消费者收入、互补品和替代品的价格、卖家的广告等其他因素。以上任何因素的变动都将导致需求曲线的移动。

每一种因素的变动引起的需求的变动都对应着一种弹性。管理者可以利用这些弹性来预测以上因素的变化所产生的影响。尤其是,这些弹性可以用来预测多种因素同时变动时所产生的影响。

利用收入弹性、互补品和替代品的价格弹性、卖家的广告弹性来分析需求的过程与利用自身价格弹性来分析需求的过程是类似的。因此,下面我们将重点关注其他弹性系数的差异。

■ 收入弹性

需求的**收入弹性**(income elasticity)衡量的是需求量的变化相对于消费者收入变化的敏感度。根据定义,需求的收入弹性是消费者收入增加 1% 时需求量变动的百分比。同样,需求的收入弹性可表示为如下比率:

> **收入弹性**:消费者收入增加 1% 时需求量变动的百分比。

$$需求的收入弹性 = \frac{需求量变化的百分比}{收入变化的百分比} \tag{3.6}$$

对于一个正常产品,如果消费者收入增加,需求量也将随之增加。因此,此时需求的收入弹性是一个正值。相反,对于低档产品,如果消费者收入增加,需求量将会下降,这时收入弹性是一个负值。因此,收入弹性可以为负值也可以为正值,这取决于产品是正常产品还是低档产品。收入弹性的符号是很重要的。收入弹性的取值范围可以从负的无穷大到正的无穷大。

如果收入增长 1% 导致需求量变化超过 1%,则需求被称为具有收入弹性或相对于收入有弹性。如果收入增长 1% 导致需求量变化小于 1%,则需求被称为具有收入刚性或相对于收入无弹性。

必需品的需求收入弹性往往比非必需品的需求收入弹性更小。比如说,让我们比较对食品的需求与对餐厅大餐的需求。与在家做饭相比,餐厅大餐更趋近于一个非必需品。因此,我们预测,对食品需求的收入弹性要比对餐厅大餐需求的收入弹性小。

> **进度检测 3E**
>
> 参考第 3.2 节需求的自身价格弹性的性质,相应地,需求的收入弹性的性质是什么?

■ 交叉价格弹性

> **交叉价格弹性**：某种产品的需求量在相关产品的价格上涨1%时变动的百分比。

正如需求的收入弹性衡量的是需求量对消费者收入变动的敏感程度一样，需求的**交叉价格弹性**(cross-price elasticity)衡量的是需求量对相关产品的价格变动的敏感程度。根据定义，一种产品的需求相对于另一种产品的交叉价格弹性是指某种产品的需求量在另一种产品的价格上涨1%时变动的百分比。同样，交叉价格弹性可表示为如下比率：

$$需求的交叉价格弹性 = \frac{需求量变化的百分比}{相关产品价格变化的百分比} \tag{3.7}$$

如果两种产品是替代品，一种产品价格的提高将会增加对另一种产品的需求量，此时，交叉价格弹性将是正值。两种产品的可替代性越强，则它们的交叉价格弹性也将越大。相反，如果两种产品是互补品，则一种产品价格的提高将减少对另一种产品的需求量，此时，交叉价格弹性将是负值。交叉价格弹性的取值范围可以从负的无穷大到正的无穷大。

■ 广告弹性

> **广告弹性**：卖方的广告支出增加1%时，需求量变化的百分比。

需求的**广告弹性**(advertising elasticity)衡量需求量是对卖方广告支出变化的敏感度。根据定义，需求的广告弹性是卖方的广告支出增加1%时，需求量变化的百分比。同样，广告弹性可表示为如下比率：

$$需求的广告弹性 = \frac{需求量变化的百分比}{卖方广告支出变化的百分比} \tag{3.8}$$

一般来说，广告支出的增加会导致产品需求量的增加。因此，广告弹性应该是正的。大多数广告是由单个的卖方推出，用以增加它们自己产品的销量。通过把买方从竞争对手那里吸引过来，广告对单个卖方的销量产生的影响远大于其对整个市场需求所产生的影响。因此，单个卖方所面临的需求广告弹性往往比整个市场面临的需求广告弹性大得多。

■ 多因素预测

商业环境经常会以互相矛盾的方式发生变化。比如，收入可能会增加，但同时替代品和互补品的价格可能也会上升。对于一个正常产品来说，收入增加将提高对产品的需求量，替代品的价格提高将提高对产品的需求量，但互补品的价格提高将减少对其的需求量。

那么在多种因素的影响下，产品需求量会发生什么变化？这个问题可以通过计算需求对每个影响需求的因素的弹性来解决。一般来说，多因素变化所导致的需求量变化的百分比等于单个因素变化导致需求量变化的百分比的加总。

为了阐明这一点,我们假设香烟的价格是每包1元,月销售量是15亿包。消费者收入增加3%,同时,香烟的价格上涨5%。这时香烟的需求量将会受到怎样的影响呢?

假设香烟需求的自身价格弹性是-0.4,需求的收入弹性是0.1。那么价格上涨5%将会使需求量变化$(-0.4) \times 5\% = -2\%$。另外,我们已计算出消费者收入增加3%将使需求量增加$(0.1) \times 3\% = 0.3\%$。因此,价格上涨和消费者收入增加产生的总影响是使需求量变化$-2\% + 0.3\% = -1.7\%$。

由于最初香烟的月需求量是15亿包,于是,经过香烟价格上涨和消费者收入增加之后,香烟的月需求量将变为$(100\% - 1.7\%) \times 15 \approx 14.75$亿包。我们可运用类似的方法来预测其他因素的变化对需求量的影响,这些因素包括相关产品的价格变化和广告支出的变化。

> **进度检测 3F**
>
> 假设在前面的例子中,价格下降了5%,而买家的收入增加了5%,对需求量的净影响是什么?

 小案例

油价和汽车的选择

交通经济学家 Lasse Fridstrøm 和 Vegard Østli 研究了挪威 2002—2016 年的汽车需求。该研究发现:汽油驱动车的自身价格弹性是-1.094,与汽油、电以及电动汽车的交叉价格弹性分别是-0.71、0.06 以及 0.19。而电动汽车的自身价格弹性是-0.99,与电、汽油以及汽油驱动车的交叉价格弹性分别是-0.18、0.38 以及 0.35。

显然,汽油驱动车的需求对汽油价格的敏感程度高于电动汽车的需求对电价的敏感程度。相比之下,汽油驱动车的需求对电动汽车价格的敏感程度低于电动汽车的需求对汽油驱动车价格的敏感程度。

资料来源:Fridstrøm, Lasse, and Vegard Østli. Direct and cross price elasticities of demand for gasoline, diesel, hybrid and battery electric cars: The case of Norway[J]. *European Transport Research Review*, 2021, 13(1):1-24.

知识要点

- 需求的自身价格弹性指的是当产品价格上升1%时,产品需求量的变化百分比。
- 如果某种产品价格上涨1%导致其需求量下降超过1%,则该产品需求是有价格弹性的。如果某种产品价格上涨1%导致其需求量下降小于1%,则该产品需求是有价格刚性的。
- 如果产品的需求是刚性的,卖方可以通过提高价格增加利润。
- 在以下情况中,对商品的需求将更具价格弹性:① 寻求更经济产品所获得的好处超过付出的成本;② 更多的可用替代品;③ 更少的买方预承诺;④ 更长的调整时间。
- 物品的自身价格弹性可以用一些行为因素来测量:① 沉没成本谬误;② 锚定效应。
- 需求的收入弹性是消费者收入增加 1% 时需求量变动的百分比。
- 需求的交叉价格弹性是指某产品的需求量在相关产品的价格上涨 1% 时变动的百分比。
- 需求的广告弹性是卖方增加广告支出 1% 时需求量变化的百分比。

复习题

1. 讨论你经常购买的一种服务。(a) 假设价格下降 5%,你每年会多购买多少此种服务呢?(b) 计算需求的自身价格弹性。
2. 请解释为什么自身价格弹性是一个纯数值,与计量单位无关,并且是负值。
3. 在什么情况下需求具有价格弹性?在什么情况下具有价格刚性?
4. 考虑对奈飞(Netflix)和 HBO Max 的需求。如果要比较需求对价格变化的敏感程度,为什么要使用自身价格弹性?
5. 一种品牌卫生纸的需求自身价格弹性为 -1.5。假设制造商将价格降低 5%。以百分比计算,这将如何影响销售量?
6. 假设汽油市场需求的自身价格弹性为 -0.7。由于管道故障,汽油价格上涨了 10%。以百分比计算,这将如何影响消费者购买的汽油数量和支出?
7. 如果对你公司所生产产品的需求是具有价格弹性的,你应该提高价格吗?
8. 判断正误:"我不会提高价格,因为它会降低我的销售收入。"
9. 判断正误:对低参与度产品的需求是缺乏价格弹性的。
10. 解释为什么对一类产品的需求比对该类别中一个品牌的需求更具价格弹性。
11. 比较某特定品牌打印机墨盒的需求自身价格弹性:(a) 用户购买打印机之前;(b) 用户购买打印机之后。
12. 讨论你经常购买的一种产品。(a) 假设你的收入增加了 10%,你每年会多购买多少此种产品呢?(b) 计算需求的收入弹性。
13. 在什么条件下,产品需求的收入弹性会 (a) 为负;(b) 为正?
14. 电池制造商使用锂和钴来生产电池。这两种金属是替代品还是互补品?锂需求相对于钴的交叉价格弹性是正的还是负的?
15. 解释为什么啤酒市场需求的广告弹性可能小于特定品牌啤酒需求的广告弹性。

讨论案例

1. 经济学家 Fabian Berges、Daniel Hassan 和 Sylvette Monier-Dilhan 分析了法国一家著

名的食品零售商旗下各个品牌的面食需求。这些面食需求的自身价格弹性分别为：全国品牌为-1.36，自有品牌为-2.16，低价品牌为-1.85。它旗下各个品牌的饼干需求的自身价格弹性为：全国品牌为-1.00，自有品牌为-1.14，低价品牌为-0.50。

(a) 比较面食全国品牌需求和自有品牌需求的自身价格弹性。它们之间的不同说明了什么？

(b) 全国品牌、自有品牌、低价品牌中，哪一种品牌的品牌忠诚度较高？（提示：用自身价格弹性来分析品牌忠诚度。）

(c) 面食和饼干的需求，哪一个更有弹性？

(d) 基于自身价格弹性，你能否提供一些定价建议？

2. 根据全球烟草经济联盟发表在《英国医学杂志》上的一项研究，香烟涨价50%，将使13国5亿男性烟民寿命共延长4.5亿年，同时使吸烟相关疾病医疗支出减少1 570亿美元，并增加1 220亿美元的税收。5亿烟民中，过半来自中国。研究者将吸烟者按照年龄和收入分别分为五组，并且用价格弹性来表示戒烟的可能性。收入最低、年龄为15—24岁的吸烟者，价格弹性系数为-1.27，收入较高、25岁以上的人群则仅为-0.24。

(a) 世界各地的香烟需求量与品牌各不相同。为了比较各国香烟需求的价格敏感性，为什么应该使用自有价格弹性做比较？

(b) 比较收入最低、年龄为15—24岁的吸烟者与收入较高、25岁以上的吸烟者的价格弹性系数。解释差别。

(c) 为什么年轻人更可能因为价格因素而减少或放弃对香烟的消费？

(d) 根据以上价格弹性的数据，香烟价格的上涨对长期吸烟者有什么影响？对年轻人有什么影响？

3. 2019年1月，在线娱乐平台奈飞提高了各类订阅套餐的价格，将基本套餐提升1美元到每月8.99美元，将标准和尊享套餐的价格分别提升2美元到每月12.99美元以及每月15.99美元。与此同时，奈飞增加了新的电视剧和电影。尽管价格提升了，订阅用户却增加了20%，并且收入也增长了28%到202亿美元。

(a) 如果奈飞没有增加新的影视剧内容，那么2019年的价格上涨会如何影响订阅量？

(b) 2020年新冠疫情对奈飞订阅量的需求有什么样的影响？

(c) 2020年10月，奈飞再次提高了套餐价格，将基本和尊享套餐的价格分别提升了1美元和2美元。它的自身价格弹性如何决定这次提价的效果？

(d) 大规模推广新冠疫苗会对奈飞的订阅需求有什么样的影响？

4. 航空公司与超市都会推出会员项目。但是航空公司的累积里程优惠项目看起来利润更高。2020年，美国航空公司的AA优惠计划被估值为195亿美元。

(a) 商务旅客并不需要自己付钱买票，而普通旅客一般需要自己付钱。请比较商务旅客和普通旅客的需求弹性。

(b) 解释积累里程优惠项目是如何作用于商务旅客的刚性需求的。

(c) 欧洲廉价航空Ryanair主要服务于度假型旅客。这些旅客往往需要自己付钱。解释为什么Ryanair没有累积里程优惠项目。

(d) 讨论是否存在一类超市客户，他们所购买的物品是由别人付钱的。

(e) 根据以上问题的答案，解释为什么航空公司的累积里程优惠项目比超市的会员项目利润更高。

5. 2021年4月,亚马逊对其Prime会员收取每年119美元的费用。投资银行RBC Capital Markets对2 800名客户进行问卷调查。当问到如果Prime会员的年费提升到139美元,其是否会续订时,有54%的客户回答会续订,而另外46%的客户回答不会续订。
   (a) 基于该项调查,计算Prime会员需求的自身价格弹性。Prime会员需求是具有价格弹性还是价格刚性?
   (b) 亚马逊对Prime会员的自动续费策略是如何影响订阅者的黏性的?该策略会如何影响Prime会员需求的自身价格弹性?
   (c) 什么样的行为因素的偏差会导致顾客自动续订?
   (d) 沉没成本谬误是如何影响亚马逊所售卖物品需求的价格弹性的?

6. 新加坡有两大连锁超市,一个是巨人(Giant),而另一个是昇菘(Sheng Siong)。2021年5月21日,昇菘将金凤梨牌大米的价格降到12.5新元,打折为期四周。但是昇菘的广告上并没有提及原价。2021年6月3日,巨人超市也将一种名为金鹰牌大米的价格降到12.9新元,并强调原价是15.8新元。
   (a) 一些顾客比较忙,而另一些比较闲,可以慢慢选购。还有一些顾客通常只购买少量商品,而另一些人会一次购买大量的生活品。解释这些顾客寻求更经济产品所获得的好处与付出的成本。
   (b) 如何用随机的折扣来发掘问题(a)中的顾客群体之间的差异?
   (c) 解释为何巨人超市会强调原价?
   (d) 在金鹰牌大米促销结束后,金鹰牌大米的标价将如何影响顾客对巨人超市自有品牌大米(价格为7.30新元)的需求。

7. 旅游经济学家Aon Waqas-Awan、Jaume Roselló-Nadal和Maria Santana-Gallego研究了1995—2016年192个经济体的出境国际旅行需求。低收入经济体、中低收入经济体和中高收入经济体的需求收入弹性分别为0.45、0.76和0.68。收入对高收入经济体的出境旅行没有显著影响。
   (a) 如果收入增加10%,低收入、中低收入和中高收入经济体的出境旅游需求将如何变化?
   (b) 如果收入下降10%,低收入、中低收入和中高收入经济体的出境旅游需求将如何变化?
   (c) 在经济繁荣时期,航空公司应瞄准哪些市场(低收入、中低收入还是中高收入经济体)?
   (d) 在经济衰退时期,航空公司应该瞄准哪些市场?

8. 交通经济学家Lasse Fridstrøm和Vegard Østli研究了挪威2002—2016年的汽车需求。汽油驱动车的自身价格弹性是 -1.094,与汽油、电以及电动汽车的交叉价格弹性分别是-0.71、0.06以及0.19。而电动汽车的自身价格弹性是-0.99,与电、汽油以及汽油驱动车的交叉价格弹性分别是-0.18、0.38以及0.35。
   (a) 根据上面的数据,讨论汽油驱动车和电动汽车是替代品还是互补品。
   (b) 电动汽车比汽油驱动车更贵。比较购买汽油驱动车和电动汽车的客户群体的收入水平。
   (c) 考虑客户的收入,解释为什么汽油驱动车的需求比电动汽车的需求更具有价格弹性。

(d) 为什么汽油驱动车的短期需求比长期需求更具有价格刚性?

9. 健康经济学家 Dhaval Dave 和 Henry Saffer 研究了美国市场上的四种处方药(止痛剂/镇痛剂、抗血脂药物、胃肠酸还原剂、失眠药)。他们发现消费者需求的广告弹性在 0.13 到 0.19 之间,医师需求的广告弹性为 0.51。向消费者做广告的药物的自身价格弹性是-0.67,没有向消费者做广告的药物的自身价格弹性是 -0.73。

(a) 如果增加 5% 的消费者广告投入,四种处方药的需求量会有怎样的变化?
(b) 如果增加 5% 的医师广告投入呢?
(c) 你觉得对于非处方药物来说,向消费者和医师做广告带来的区别是否会相同?
(d) 假设一个药物制造商增加了广告投入,为什么它还应当提高药物的价格?

第 4 章
供 给

学习目标

- 了解为什么生产商在更高的价格下供应更多的产品。
- 了解企业如何决定在短期内是否继续经营;如果继续经营,如何决定生产规模。
- 区别短期固定成本与可变成本。
- 了解边际成本与边际收入。
- 了解企业如何决定在长期内是否继续经营;如果继续经营,如何决定生产规模。
- 了解企业如何在长期内通过进入或退出行业进行调整。
- 学会供给价格弹性概念的运用。
- 了解卖方剩余的概念。

4.1 引言

2020 年新冠疫情和特区政府限制堂食的规定使得香港餐饮业受到了重创。在 2019—2020 年间,该行业的整体收入从 260 亿港元下降到 194 亿港元,降幅达 25%。其中,酒吧的降幅最大,达 47%;其次是中式餐馆,降幅为 36%;而快餐店降幅较小,只有 15%。

金润泓先生,一家在香港主营上海菜的餐饮集团的总经理,解释说他们主营的是多人聚餐,"如果一张桌子仅允许两人就餐,那么将食物准备成小份对餐馆来说会比较困难。"他还说,如果在农历新年之前,他们的生意没有什么起色,他们有可能会对现有的 200 名员工进行裁员,裁员幅度会达 10%。截至 2020 年 12 月,香港餐饮联业协会报道,香港的 16 000 家餐馆中已经有 2 300 家关闭了。但是,由于低廉的租金,又有 300 家新餐馆开业。

早在2020年年初，Deliveroo（户户送）就在香港开设了第三家分店，主要经营云厨房来生产外送食物。关淑述是上海弄堂餐馆的业主，她的分店遍及香港中环、天后和跑马地。她正和Deliveroo合作建立云厨房。①

租金和工资的改变是如何影响餐饮业的呢？餐馆应该裁员还是应该关闭呢？为什么有些餐馆关闭而另一些新餐馆开张了呢？

要回答这些问题，我们需要了解企业的两个关键决策：第一，是否应该继续经营；第二，在什么规模上经营。第一个决策是参与决策，它取决于公司经营是否能达到收支平衡，即取决于总收入与总成本。第二个决策是程度决策，它取决于边际收入与边际成本。

我们还会应用上面的分析来解释餐馆如何应对租金和工资的变化、餐馆是否应该解雇员工或者关闭，以及分析为什么有些餐馆关闭而另一些新餐馆开张了。

这些分析是供给曲线概念的基础。供给曲线对应于需求曲线，是描述供给方的供应的曲线。本章还将介绍供给弹性和卖方剩余。供给的自身价格弹性衡量的是供应量对产品价格变化的反应。这将告诉管理层价格必须上升多少才能满足购买的增加。与供给的自身价格弹性对应的是需求的自身价格弹性。与卖方剩余对应的是买方剩余。

4.2 短期成本

一个企业的两个关键决策是：是否继续经营以及在什么规模上经营。这两个决策都与时间的长短有关。

短期（short run）是指卖方来不及调整至少一项投入的时段。在短期内，企业受限制于一些过往的决策，例如，劳动合同、对厂房和设备进行的投资等。随着时间的流逝，这些限制将不再起作用。**长期**（long run）是指一段足够长的时间，在此期间卖方能调整所有的投入。

> **短期**：卖方来不及调整至少一项投入的时段。
>
> **长期**：卖方能调整所有投入（包括进入或退出行业）的一段足够长的时间。

短期与长期的区别取决于经营环境。例如，一个工厂与50个工人签订了为期12个月的雇佣合同。在劳动合同到期之前，这种雇佣关系是无法进行调整的。因此，对于这个工厂来说，短期至少是12个月。相反，另一个工厂按日来雇用工人，对它来说，短期可以为一天。类似地，自置厂房与按年租用工厂相比，前者的短期会更长。

---

① 此讨论基于以下资料：Census and Statistics Department, Hong Kong Special Administrative Region. Report on Quarterly Survey of Restaurant Receipts and Purchases. 1st Quarter 2021 [R]; Hong Kong Monthly Digest of Statistics. Section 8: Housing and Property [R]. 2021-05; Leung, Kanis, and Thomas Shum. Hong Kong Covid-19 fourth wave: About 70 per cent of restaurants face closure amid tough social-distancing [N]. *South China Morning Post*, 2020-12-29; Magramo, Kathleen, Cannix Yau, and Denise Tsang. Hong Kong restaurants get creative, rely on deliveries to stay afloat as Covid-19 curbs keep patrons away [N]. *South China Morning Post*, 2020-11-20.

固定成本和可变成本

一个企业为了确定它的经营规模,需要知道每多生产一个单位的产品所增加的成本。为了确定是否继续进行经营,企业需要了解停止生产会对其成本造成的影响(为方便起见,规模和生产量可互换)。

> 固定成本:不随生产量变化而变化的投入成本。

> 可变成本:随着生产量变化而变化的投入成本。

这两个决策都涉及固定成本和可变成本之间的区别。**固定成本(fixed cost)** 是不随生产量的变化而变化的投入成本。相应地,**可变成本(variable cost)** 是随着生产量的变化而变化的投入成本。

下面我们以露娜餐厅为例来讨论固定成本与可变成本之间的区别。像其他大多数企业一样,露娜餐厅的财会记录并没有将费用划分为固定费用和可变费用,而是根据投入的种类来分类,如租金、设备租用费、工资、原材料费用等。通过对露娜餐厅的访谈,我们可以了解到短期生产量变化时所需的成本。表 4-1 列出了这些信息。

表 4-1 短期费用(每周)

周生产餐食量(份)	租金	设备租用费	管理者薪水	工资	原材料费用	总成本
0	2 000	500	4 000	3 600	0	10 100
100	2 000	500	4 000	3 600	1 000	11 100
200	2 000	500	4 000	3 600	2 000	12 100
300	2 000	500	5 500	3 600	3 000	14 600
400	2 000	500	7 000	3 600	4 000	17 100
500	2 000	500	8 500	4 950	5 000	20 950
600	2 000	500	10 000	6 750	6 000	25 250
700	2 000	500	11 550	9 200	7 000	30 250
800	2 000	500	13 050	11 900	8 000	35 450
900	2 000	500	14 550	15 500	9 000	41 550

注:除了周生产餐食量,其他变量的单位均为元。

为了区分固定成本与可变成本,一个企业必须分析每一类费用随产量的变化将会怎样变化。参见表 4-1,我们可以对露娜餐厅进行如下分析:短期内,露娜餐厅无法对其场地的大小和设备的多少进行调整。不论每周的生产量为 0 份还是 900 份餐食,餐馆的场地租金都是 2 000 元,设备租用费都为 500 元,因此,这些都是固定成本。

在比较低的产量时,管理者薪水和工资是不随产量的变化而变化的。但在较高的产量时,餐厅需要给经理支付奖金,并且必须雇用更多的工人,以及支付加班费。因此,管理者薪水和工资里面有一部分是固定成本,还有一部分是可变成本。最后,原材料费用则是完全可变的。

在表 4-2 中,我们把露娜餐厅的费用——包括租金、设备租用费、管理者薪水、工资和原材料费用——分成固定成本和可变成本两大类。当餐食的周生产量从每周 0 份增加到每周 900 份时,固定成本一直维持在 10 100 元。相反,可变成本则从产量为每周 0 份时的 0 元增加到产量为每周 900 份时的 31 450 元。

表 4-2 短期成本分析

周生产餐食量（份）	固定成本	可变成本	总成本	边际成本	平均固定成本	平均可变成本	平均成本
0	10 100	0	10 100				
100	10 100	1 000	11 100	10.00	101.00	10.00	111.00
200	10 100	2 000	12 100	10.00	50.50	10.00	60.50
300	10 100	4 500	14 600	25.00	33.67	15.00	48.67
400	10 100	7 000	17 100	25.00	25.25	17.50	42.75
500	10 100	10 850	20 950	38.50	20.20	21.70	41.90
600	10 100	15 150	25 250	43.00	16.83	25.25	42.08
700	10 100	20 150	30 250	50.00	14.43	28.79	43.21
800	10 100	25 350	35 450	52.00	12.63	31.69	44.31
900	10 100	31 450	41 550	61.00	11.22	34.94	46.17

注:除了周生产餐食量,其他变量的单位均为元。

总成本(total cost)是固定成本与可变成本之和。用代数式表示如下——C 代表总成本,F 代表固定成本,V 代表可变成本,则:

$$C = F + V \tag{4.1}$$

> **总成本**:固定成本和可变成本之和。

当存在可变成本时,总成本将会随产量增加而增加。在露娜餐厅的这个例子里(参见表 4-2),在每周产量为 0 份时的总成本是 10 100 元,而当产量增加到每周 900 份时的总成本为 41 550 元。

以下我们将具体解释总成本、固定成本、可变成本的概念。在图 4-1 中,纵轴代表成本,横轴代表生产量。我们可以画出一条代表可变成本的曲线。总成本曲线则是由可变成本曲线沿垂直方向向上移动固定成本的距离而形成。需要说明的是,固定成本是总成本曲线在每周产量为 0 份时的截距。

通过对固定成本和可变成本进行分析,企业管理者可以了解当生产规模扩大时,哪些成本要素会受到影响。无论企业是正在发展还是正在衰退,固定成本与可变成本之间的区别都很重要。例如,假设管理者打算通过缩减生产规模来削减成本,缩减生产规模对固定成本没有影响,只会减少可变成本。因此,在一个企业中,如果其成本大部分是固定的,那么缩减生产规模并不会对总成本造成很大影响。

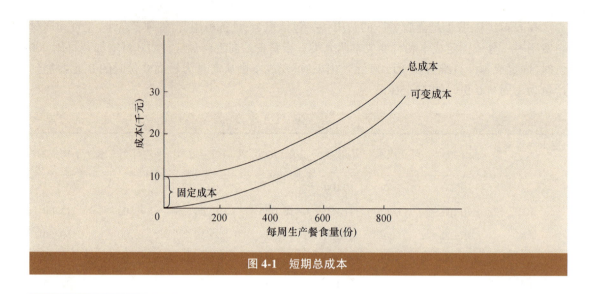

图 4-1　短期总成本

进度检测 4A

在图 4-1 中,如果固定成本增加,那么总成本曲线和可变成本曲线将会受到怎样的影响?

■ 边际成本

为了确定生产规模,一个企业需要知道每多生产一个单位的产品时所需的成本。这样,企业便会知道每多卖一个产品时会增加还是减少它所获得的利润。由每多生产一个单位的产品而引起的成本变化称为**边际成本**(marginal cost)。边际成本可以通过对固定成本和可变成本的分析推导出来。

> **边际成本**:每多生产一个单位的产品而引起的成本变化。

露娜餐厅的边际成本究竟是多少?参见表 4-2,当每周餐食产量由 0 份增至 100 份时,总成本由 10 100 元增至 11 100 元,两者之间的差额 11 100−10 100 = 1 000 元是在多生产 100 份餐食时所增加的成本。因此,边际成本是每份 1 000÷100 = 10 元。

需要注意的是,当每周产量由 0 份增至 100 份时,固定成本保持不变,只有可变成本会增加。因此,我们也可以从增加了的可变成本中计算边际成本。运用这种方法,当每周餐食产量由 0 份增至 100 份时,可变成本由 0 元增至 1 000 元。因此,边际成本为每份 10 元。

类似地,当每周餐食产量由 100 份增至 200 份、由 200 份增至 300 份,或更多此类变化时,我们可以通过可变成本的变化计算边际成本。表 4-2 中列出了这些信息。

奈雪的茶:成本分析

奈雪的茶创立于 2015 年,总部位于广东省深圳市,隶属于深圳市品道餐饮管理有限公司。根据 2022 年的财报,奈雪的茶的主要开支如下:原材料成本为 14.161 亿元,员工成本为 13.621 亿元,租金及相关开支为 2.290 亿元,广告及推广开支为 1.429 亿元,水电开支为 1.136 亿元。由此可见,原材料成本和员工成本在 2022 年的总成本中占比最大。其中,原材料成本与茶饮的销量正相关:销量越高,原材料的使用量就越高,因此原材料成本可以被看作可变成本。在员工成本中,已签订固定期限合同的全职员工的成本可以被看作固定成本,因为无论销售多少茶饮都需要支付员工固定工资。但是当销量提高、企业规模增大时,公司则需雇用更多的员工。那么,这部分的员工成本又可被看作可变成本。

从总收益来看,2021 年该集团的总计点单金额为 40.673 亿元,而 2022 年的总计点单金额降低为 39.693 亿元。但是,2022 年该集团的原材料总成本却略高于 2021 年的原材料总成本,这说明原材料成本同时受到了原材料价格的影响。

租金常常被看作固定成本。但是,该集团的其他租金及相关开支在 2022 年为 2.290 亿元,而在 2021 年则为 2.130 亿元。导致其租金并不固定的原因是该集团的门店在 2022 年增加了 251 家。

资料来源:奈雪的茶 2022 全年业绩公告[EB/OL].[2023-7-27]. https://nayuki-umb.azurewebsites.net/media/y1ip2sp5/%E6%88%AA%E8%87%B32022%E5%B9%B412%E6%9C%8831%E6%97%A5%E6%ADA2%E5%B9%B4%E5%BA%A6%E5%85%A8%E5%B9%B4%E6%A5%AD%E7%B8%BE%E5%85%AC%E5%91%8A.pdf.

平均成本

边际成本是每多生产一个单位产品所需要的成本。与此相关联的一个概念是**平均成本**(average cost),即总成本除以总产量。平均成本也被称为单位成本。给定生产量,平均成本反映了生产一个单位产品的成本。

> 平均成本(单位成本):总成本除以总产量。

回顾一下,总成本是固定成本与可变成本之和。假设 q 代表生产量,那么将方程(4.1)除以 q,我们可以得到以下方程:

$$\frac{C}{q} = \frac{F}{q} + \frac{V}{q} \tag{4.2}$$

也就是说,平均成本等于平均固定成本加上平均可变成本。

平均固定成本等于固定成本除以产量。因此,当产量增加时,固定成本会被分摊到更多的单位中去,因而平均固定成本将会减少。这个因素导致平均成本随着产量的增加而降低。参见表4-2,随着每周餐食产量由100份增加到900份,平均固定成本由101元降到11.22元。

平均成本中的另一个组成要素是平均可变成本,它等于可变成本除以产量。从短期来说,至少有一种生产要素的投入是固定的。因此,企业要提高产量,必须将变动的投入要素与固定的投入要素很好地匹配起来。

> 边际产量:增加一个单位的投入而获得的产出增加。

由增加一个单位的投入而获得的产出增加被称为由那种投入产生的**边际产量**(marginal product)。

当太多的可变要素投入与固定要素相结合时,又会产生不合理的匹配。(在露娜餐厅这个例子中,可以设想当生产更多的餐食时,厨师间难免会相互阻碍到对方。)最终,可变要素投入的增加会导致边际产量递减。也就是说,边际产量随着可变要素投入量的增加而减少。

当可变要素投入的边际产量开始递减时,平均可变成本将随产量的增加而上升。在露娜餐厅这个例子中,表4-2表明,当产量由每周100份增至900份时,平均可变成本由每份10元增至每份34.94元。

如前所述,平均成本是平均固定成本与平均可变成本之和。当平均固定成本随产量增加而减少时,平均可变成本随之增加。如表4-2所示,在每周生产100份餐食时,平均每份餐食的成本是101+10=111元,而每周生产200份餐食时,平均每份餐食的成本降至60.50元。平均成本继续随生产量的增加而下降,直到它达到最低点:每周生产500份,平均成本为41.90元。之后,平均成本会随着生产量的增加而增加。在每周生产900份时,平均每份餐食的成本为46.17元。

图4-2中画出了餐食的边际成本、平均成本、平均可变成本将怎样随产量的变化而变化。纵轴表示单位产量的成本,而横轴表示每周生产餐食量。平均固定成本是下降的,平均可变成本是上升的,并且平均成本是呈U形曲线。

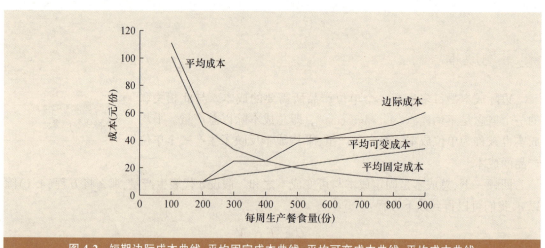

图4-2 短期边际成本曲线、平均固定成本曲线、平均可变成本曲线、平均成本曲线

中国的限电措施会增加企业生产成本

2021年入夏以来，中国各地开始限电甚至停电。东莞是离香港不远的一个主要制造业中心，这里有家雇用了300名工人的鞋厂，工厂近期以6.5万元的月租金租来一台发电机，以确保生产能够继续。租金加上柴油成本，让工厂的用电成本高达电网供电价格的两倍。不难看出，该工厂面临比以前更高的边际生产成本。边际成本和平均成本的增加会使制造商减产，或提高商品价格，或二者兼施。

延展问题： 当面临成本上涨时，企业可以采取什么措施来控制成本？

资料来源：China power outages close factories and threaten growth[J/OL]. *The New York Times*（2021-10-13）[2022-09-14]. https://www.nytimes.com/2021/09/27/business/economy/china-electricity.html.

进度检测 4B

在图4-2中，如果工资变得较高，将对边际成本曲线、平均可变成本曲线与平均成本曲线有什么影响？

■ 生产技术

在以上的分析中，我们通过访问生产商而得到不同产量时的成本信息。当产量固定在某一水平时，总成本、平均成本与边际成本取决于生产商所使用的生产技术。

这里有两层含义。第一，这些曲线会随着生产商使用不同的技术而变化。例如，生产商利用一种降低固定成本的生产技术会使其平均成本曲线降低。生产商使用一种增加可变成本的生产技术则会增加其平均成本、平均可变成本和边际成本。

第二，不同的生产商可能会采用不同的生产技术。因此，不同的生产商会有不同的成本曲线。它们的固定成本与可变成本的搭配结构可能有所差异。一些生产商会采用更为先进的技术从而实现比别人更低的生产成本。

网络游戏公司的成本分析

网络游戏运营的固定成本主要来自两个方面：一是产品本身的研发费用以及代理费用；

二是相关管理费用,包括人工、运营维护、服务器等设备投入。固定成本基本上是一次性的前期投入费用。不管游戏是否受欢迎,这些成本都会发生。因此,产量越高(也就是用户数越多),平均固定成本就会越低。

网络游戏运营的可变成本包括应对用户数增长而产生的服务器维护成本、带宽成本、营销成本、客服成本等。这些成本会随着用户数的增长而增长。而很多可变成本在游戏上市初期相对较高,比如说,吸引玩家进入游戏的营销成本主要发生在游戏上市初期。

随着玩家群体对游戏的认知度越来越高,游戏的用户量逐渐增长,在达到一定用户量后,自发新增的用户就会越来越多。这样一来,用户数量的增加几乎不增加可变成本。所以网络游戏的平均可变成本有一个随着玩家数增加而快速下降的过程,这是网络游戏能够获取超额利润的原因之一。

资料来源:网络游戏公司的成本分析[EB/OL].[2022-09-14].http://blog.sina.com.cn/s/blog_4fe7e1de0100814v.html.

混合动力车和汽油车

出租车或豪华轿车服务的一个关键决策是买什么车。对于2021年车型,汽油动力现代伊兰特(Hyundai Elantra)汽车(1.6升,四缸,自动)的油耗为每加仑31英里,而油电混合动力丰田普锐斯(Toyota Prius)汽车(1.8升,四缸,自动)的油耗是每加仑54英里。

显然,普锐斯汽车的油耗成本会更低。然而,普锐斯汽车更贵。在美国,最便宜的伊兰特汽车的售价为19 650美元,而最便宜的普锐斯汽车的售价为24 525美元。

总之,普锐斯汽车具有较低的可变成本但较高的固定成本,而伊兰特汽车具有较低的固定成本但较高的可变成本。买哪辆车取决于汽车的行驶量(以及汽油的成本)。

资料来源:Fueleconomy.gov[EB/OL].[2021-05-20].http://fueleconomy.gov/feg/Find.do?action=sbs&id=42808; US News, 2021 Hyundai Elantra[EB/OL].[2021-05-20].http://cars.usnews.com/cars-trucks/hyundai/elantra/2021; US News, 2021 Toyota Prius[EB/OL].[2022-09-14].http://cars.usnews.com/cars-trucks/toyota/prius/2021.

4.3 短期个人供给曲线

成本是在短期经营决策中是否继续生产与生产多少的决定因素之一。这个决策的另一个影响因素便是收入。我们现在讨论企业的收入。

在分析收入的时候,我们假设企业的目标是利润最大化,并且一个企业的产量相对于整个市场来说足够小,从而它能在市场的均衡价格上卖出任何数量的产品。我们需要这个小规模的假设来建立个人与市场供给曲线,这两个概念与个人及市场需求相对应。

■ 生产量

假设每份餐食的价格是50元,露娜餐厅应该生产多少份餐食呢?通常,一个企业的利润等于它的总收入减去它的总成本,**总收入**(total revenue)等于价格乘以销量。(在本章中,我们假设每单位产品以统一的价格出售。在第8章介绍定价的时候,我们将讨论价格歧视的可能性,此时产品将以不同的价格出售。在存在价格歧视的情况下,总收入不是简单地由价格乘以销量得出。)

在表4-3中,我们假定价格为每份50元,并展示了露娜餐厅在不同产量下的成本与收入。例如,如果销量为每周100份餐食,那么露娜餐厅的总收入为50×100=5 000元。如果销量为每周200份餐食,那么露娜餐厅的总收入为50×200=10 000元。类似地,我们可以计算出不同产量下的总收入。

表4-3 短期利润

周生产餐食量(份)	可变成本	总成本	价格	总收入	会计利润	经济利润	边际成本	边际收入
0	0	10 100		0	(10 100)	0		
100	1 000	11 100	50	5 000	(6 100)	4 000	10	50
200	2 000	12 100	50	10 000	(2 100)	8 000	10	50
300	4 500	14 600	50	15 000	400	10 500	25	50
400	7 000	17 100	50	20 000	2 900	13 000	25	50
500	10 850	20 950	50	25 000	4 050	14 150	39	50
600	15 150	25 250	50	30 000	4 750	14 850	43	50
700	20 150	30 250	50	35 000	4 750	14 850	50	50
800	25 350	35 450	50	40 000	4 550	14 650	52	50
900	31 450	41 550	50	45 000	3 450	13 550	61	50

注:除了周生产餐食量,其他变量的单位均为元。

另外,表4-3展示了露娜餐厅的会计利润,即总收入减总成本。观察不同生产量对应的会计利润,我们不难看出,每周生产600份和700份餐食时,露娜餐厅的最大利润为4 750元。(严格来讲,利润应该是在600份到700份中间的某个生产量达到最大值。为了简化计算,我们用700份来代表使利润最大化的生产量。)

表4-3展示了露娜餐厅的经济利润,即总收入减可变成本。使会计利润最大化的生产量

也是使经济利润最大化的生产量。经济利润的最大值是 14 850 元。

我们可以通过一个图形来阐释成本与收入,从而推断出利润最大化产量的一个基本规则。在图 4-3 中,我们展示了图 4-1 的成本曲线,并加入了一条在价格为 50 元时露娜餐厅的总收入曲线。每多生产 100 份餐食,露娜餐厅的收入增加 5 000 元。因此,收入曲线的斜率是 50。

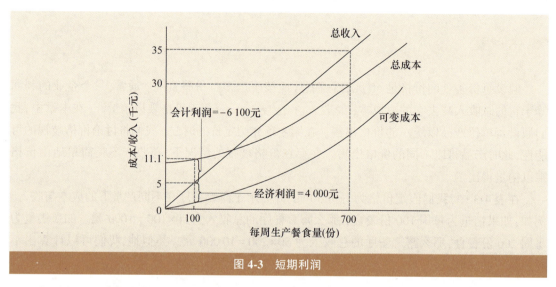

图 4-3　短期利润

通过图 4-3,我们可以得到在每个生产量上的总收入和总成本之差额。在图中,总收入和总成本线之间的垂直差额代表会计利润。例如,在生产量为每周 100 份餐食时,相应的总收入为 5 000 元,总成本为 11 100 元。因此垂直差额为 -6 100 元,代表会计利润。

当产量为每周 100 份时,总收入曲线要比总成本曲线上升得快。这样,产量的增加会引起利润的增加。我们可以运用边际收入的概念来解释。边际收入(marginal revenue)是每多销售一个单位的产品而引起的收入的变化。一个企业应该在其边际收入大于边际成本时增加生产规模。

相反,当产量为每周 900 份时,总收入曲线要比总成本曲线上升得慢,也就是说,边际收入小于边际成本。这样,降低产量可以增加利润。只要边际收入小于边际成本,该企业就可以通过降低产量来增加利润。

因此,当边际收入等于边际成本时,企业会在该生产规模上达到利润最大化。在这一点上,总收入曲线与总成本曲线的斜率一致。此时,产量的细微变化(无论是增加还是减少)对总收入和总成本的影响相同。因此,产量的变化不会再带来任何利润的增加。

> **利润最大化的生产规模**:边际收入等于边际成本时的生产规模。

对于能以市场价格卖出任何数量产品的小生产商而言,利润最大化的生产原则可以用另一种方式来表述。根据定义,边际收入是每多销售一个单位的产品所引起的收入的变化。对于一个能以市场价格卖出任何数量产品的企业来说,多销售一个单位的产品而引起的收入的变化等于产品价格。也就是说,边际收入等于产品的市场价格。因此,卖方将在产品价格等于边际成本的规模下生产以达到利润最大化。

在图 4-4 中,我们展示了图 4-2 中的边际成本曲线和平均成本曲线,并加入了边际收入曲线。边际收入曲线也代表了价格。当价格超过边际成本时，企业可以通过提高产量来增加利润。与此相反，当价格小于边际成本时，企业可以通过降低产量来增加利润。因此，当每周生产 700 份餐食时，企业能够实现利润最大化。此时，边际成本与价格相等。

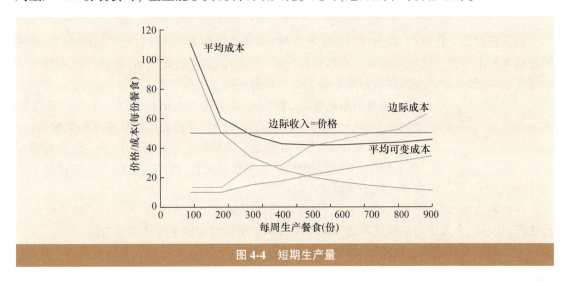

图 4-4　短期生产量

■ 收支平衡

企业应该继续经营吗？为了得出结论，企业需要对继续经营所带来的利润与停止生产所带来的利润进行比较。

假定露娜餐厅停止营业，那么它的利润是多少？很明显，其总收入为零。那么，停止生产将会怎样影响成本呢？我们假设该企业的固定成本 10 100 元已经沉没。本书第 1 章简要介绍了沉没成本的概念。在这里，我们正式地给出定义：沉没成本（sunk cost）表示该成本已经发生，而且不可避免。与固定成本相比，可变成本则是可以避免的。

> **沉没成本**：该成本已经发生，而且不可避免。

因为该企业的固定成本 10 100 元已经沉没，如果露娜餐厅关闭，它的会计利润将为 -10 100 元。因此，只要会计利润大于 -10 100 元，该企业就应该继续经营。也就是说，即使遭受损失，该企业也应继续经营。其原因就是，如果关闭，它将遭受更大的损失。

一种更加直观的决策是运用经济利润这个概念。在本书第 1 章中，我们介绍了这个概念。经济利润是指企业的收入与可避免成本的差值。因为固定成本是沉没的，所以可避免成本则为可变成本。

如表 4-3 所示，如果露娜餐厅关闭，它的经济利润则为 0。因此，只要经济利润大于或等于 0，一个企业就应该继续生产。（该原则比会计利润原则更加直观，因为该方法忽略掉了固定成本。）也就是说，短期收支平衡的条件是，只要总收入不小于可变成本，企业就该继续生产。

另一种表达短期收支平衡的条件是运用产品价格。回忆一下，收入等于价格乘以产量，所以，收入除以产量就等于价格。另外，可变成本除以产量等于平均可变成本。因此，只要产品售价不小于平均可变

> **短期的收支平衡条件**：产品收入不小于可变成本。

成本,企业就该继续生产。

个人供给曲线

运用利润最大化原理,我们可以确定企业(以市场价格能卖出任何数量产品的企业)在不同价格下的生产量。这也是建立个人供给曲线所必需的信息。该规则是,假设价格不低于平均可变成本,那么企业应该在边际成本等于价格时的规模上进行生产。

个人供给曲线:能显示出单个生产商在不同价格下供给量的图形。

通过价格的变化,我们可以构建个人供给曲线。**个人供给曲线**(individual supply curve)表示单个生产商在不同价格下的供给量。

参见图4-4,平均可变成本的最低水平是每份10元。这是露娜餐厅可以生产的最低价格。如果价格更低,比如,每份8元,这就低于平均可变成本了,那么露娜餐厅则不应该生产。

在价格为10元或更高的价格水平上,露娜餐厅应该在边际成本等于价格时的规模上进行生产。因此,个人供给曲线是其边际成本曲线高于平均可变成本的那部分曲线。

个人供给曲线是向上倾斜的,因为生产者要扩大生产,则会产生更大的边际成本。因此,生产者只应在能获取更高价格的时候扩大生产。产品价格变化的影响由供给量沿着供给曲线上的变动来表示。

▲ 小案例

新冠疫情影响下的餐馆短期管理

为了控制新冠疫情的传播,香港特别行政区政府严格限制了可以在餐馆堂食的运营时间、每桌的就餐人数以及餐桌之间的距离。金润泓先生是香港的一家主营上海菜的连锁餐馆的总经理。2020年12月,他表示,如果在农历新年之前营业额没有提高,他们可能会在200名员工中裁员10%。

在香港,运营一家餐馆最大的成本就是租金。这是一项在租约存续期间的固定成本。餐馆即便关张也不能避免房租的支出。在短期内,当决定是否继续营业时,餐馆应该只考虑可变成本。因此,租金是无关的。

根据雇佣合同,员工工资可以看成可变成本。这解释了为什么金先生会考虑裁员而不是关张。只要收入超过可变成本,继续经营就是合理的。

另外,根据中国烹饪协会与德勤中国于2020年年初联合开展的调研,中国内地餐饮企业在疫情暴发期间主要面临以下三个方面的压力:支付工资及社保等人力成本、现金回笼和支付租金。

餐饮企业的日常经营中有很多固定支出,比如租金、设备保养等。即使不开业,这些固定成本也要支出。眉州东坡餐饮公司曾对外公开其各方面的损失,总计高达近亿元,其中就包括每月店面房租损失约1 116万元。如果保留现有的员工,眉州东坡就需要支付春节期间给予员工的三倍加班费848万元、红包费220万元以及每月工资5 000万元、员工宿舍房租约295万元等。

相对于租金而言，员工工资是可变的。只要实施一定量的裁员，公司的总成本就会随着可变成本的下降而下降。这也是为什么一旦经济形势不好，企业效益受到影响时，多数企业会首先考虑裁员这一策略。

资料来源：杨丽琳.关店、裁员、钱荒，餐饮业过去2个月损失1年利润［EB/OL］.（2020-03-19）［2022-09-14］. https://www.canyin88.com/zixun/2020/03/19/77793.html.

> **进度检测 4C**
>
> 在图4-4中，当餐食的价格为每份30元时，露娜餐厅的每周餐食生产量应为多少？

4.4 长期个人供给曲线

短期内，企业必须在一些约束条件下运营，比如，雇佣合同、对厂房设备的投资等。然而，在足够长的时间范围内，所有的投入要素都是可以避免的。长期规划是指，在一段足够长的时间范围内，所有的投入要素量都可以自由调整。这样，企业就可以完全自由地决定投入量和产出量。

企业应该如何做出两项长期的关键决策——是否继续经营以及生产多少。为了解决这两个问题，我们首先来分析长期成本，然后再分析总收入。

长期成本

我们采用与计算短期成本相同的方式来计算企业的长期成本。我们请管理者在全部投入要素都是可以避免的条件下估计不同产量下的成本。表4-4将长期成本分类成总成本、边际成本以及平均成本。

表 4-4 长期利润分析

周生产餐食量（份）	总成本	边际成本	平均成本	价格	总收入	经济利润
0	4 100			50	0	(4 100)
100	5 118	10.18	51.18	50	5 000	(118)
200	6 374	12.56	31.87	50	10 000	3 626
300	7 923	15.49	26.41	50	15 000	7 077
400	9 833	19.10	24.58	50	20 000	10 167
500	12 186	23.53	24.37	50	25 000	12 814
600	15 084	28.98	25.41	50	30 000	14 916
700	18 651	35.68	26.64	50	35 000	16 349
800	23 651	50.00	29.56	50	40 000	16 349
900	29 244	55.93	32.49	50	45 000	15 756

注：除了周生产餐食量，其他变量的单位均为元。

在长期,所有的成本都是可避免的。因此,会计利润和经济利润是相等的。在以下的分析中,我们关注经济利润。

■ 生产量

长期内企业将生产多少产品?我们可以应用从短期生产中得到的一个通用原则。为达到利润最大化,企业应该在边际成本等于边际收入时的生产规模上进行生产。但是在长期内,我们使用长期边际成本。

对一个在市场价格下可以出售任何数量产品的企业,边际收入等于产品的价格。因此,获得利润最大化的条件是,在长期边际成本等于价格的规模下进行生产。

假定每份餐食的长期价格为50元。表4-4展示了长期成本、收入以及经济利润。在每周生产餐食量达到700和800份时,经济利润达到最大值16 349元。严格来讲,在周生产餐食量700到800份之间的某个数值,该利润会更高。为简化计算,我们将每周800份作为最大化利润的生产量。

图4-5给出了长期中的边际成本曲线、平均成本曲线,以及边际收入曲线和价格曲线。在生产量为每周800份时,每份餐食的边际成本是50元。这个数值刚好等于边际收入以及产品价格。因此,在生产量为每周800份时,利润达到最大化。

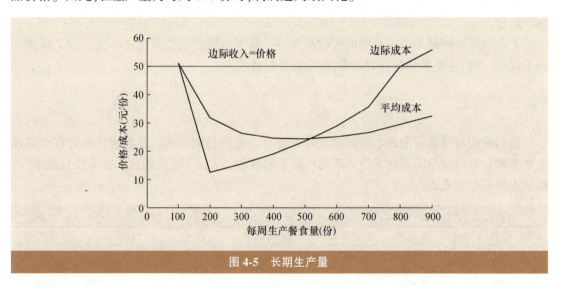

图4-5 长期生产量

■ 收支平衡

企业应该继续经营吗?在长期内,如果企业继续生产所得的最高利润不低于停止经营时的利润,企业就应该继续生产。

在长期内,所有生产要素的投入都是可以规避的。因此,如果一个企业停止经营,将不会有任何成本投入并且利润将为 0。也就是说,只要经济利润不小于 0,一个企业就应该继续经营。相应地,长期收支平衡(long-run break even)的条件是,只要总收入不低于总成本,企业就应该继续生产。

> **长期收支平衡条件**:总收入不低于总成本。

长期收支平衡的另一种表达方式是用产品的价格。总收入除以销售量(或生产量)得到产品价格。因为每单位产品的售价是一样的,平均收入即等于价格。另外,总成本除以销售量(或生产量)得到平均成本。因此只要价格不低于平均成本,企业就应该继续生产。

参见表 4-4,露娜餐厅的最低平均成本是 24.37 元。它对应的生产量为每周 500 份餐食。因此,如果该餐厅在长期中的餐食价格低于 24.37 元,那么它就应该停止营业。

个人供给曲线

企业通过在长期边际成本等于价格时的生产规模上生产,来实现利润最大化。通过改变价格,我们可以确定企业在不同价格时的产量。

进一步来说,只要价格不低于平均成本,企业就应该继续经营。因此,生产商的长期个人供给曲线就是其长期边际成本曲线高于长期平均成本曲线的那部分曲线。

> **进度检测 4D**
>
> 参见表 4-4,如果长期中的市场价格是每份餐食 19 元,那么露娜餐厅的产量应为多少?

小案例

新冠疫情影响下的餐馆长期管理

2019—2020 年,香港的平均月租金从每平方尺 1 533 港币下降到 1 207 港币。截至 2020 年 12 月,香港餐饮联业协会报道称,香港的 16 000 家餐馆中已经有 2 300 家关闭了。但是,由于低廉的租金,又有 300 家新餐馆开业。

从长期来看,所有的投入都是可以避免的,并且很多商家是可以自由进出市场的。那些入不敷出的餐馆会倒闭,而那些预计收入能超过成本的商家会开设新的餐馆。正是低廉的租金吸引了他们开设新的餐馆。

在餐饮行业中,一个新的发展就是云厨房。云厨房主要是生产外送食物的。它对空间要求较小并可以开设在租金较低的工业区。因此,它的固定成本也会低很多。2020 年 4 月,一家名为上海弄堂的餐馆在香港的中环、天后和跑马地的分店就与 Deliveroo 合作开设了云厨房。

4.5 市场供给

市场供给曲线：显示在每个可能的价格下市场的供给量的图形。

为分析租金和工资的变化会如何影响餐饮业,我们需要理解市场供给。**市场供给曲线**(market supply curve)显示了在每个可能的价格下市场的供给量。生产者的市场供给量与我们第 2 章所介绍的市场需求量相对。二者共同形成了市场。

市场供给曲线和个人供给曲线的构建方式相似。为构建一个产品的市场供给,需要知道每个潜在生产商在每个可能的价格上的生产量,然后在每个价格上加总所有生产者的生产量,得到整个市场的整体供给量(见本章附录)。

图 4-6 描述了长期的餐食市场供应曲线。在长期,当价格为每份 50 元时,餐饮业会供应 800 000 份餐食。

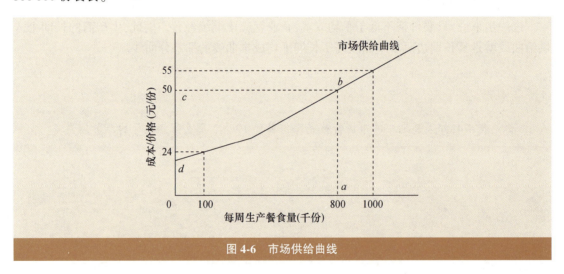

图 4-6 市场供给曲线

■ 短期与长期

长期市场供给和短期市场供给有一个关键的不同之处。长期来看,每个企业都可以绝对自由地决定投入和生产量。这种弹性意味着现有企业可以随时退出所在行业,而新的企业也可以进入该行业中。企业可以自由进入或退出市场是短期市场和长期市场的关键不同点。

对于一个追求长期收支平衡的企业来说,企业的总收入不能小于总成本。如果不能实现这一点,企业便应退出所在行业。因此,单个企业的供给量就会下降至零。这样,市场供给将会减少,从而,市场价格将会上升,其他企业的利润将会增大。收入不能补偿成本的企业将不断地退出该行业,直至所有留下来的企业都能实现收支平衡。

相反,在企业能够盈利(也就是企业的总收入超过总成本)的产业中,新的企业将会被吸引进入。每一个新进入的企业的供给量都会增大市场供给量。市场供给量的增大将会降低市场价格,从而降低所有留在行业中企业的利润。

因此,在长期内,当市场价格发生变化时,供给数量会发生两方面的变化。第一,所有企业将会沿着它们各自的供给曲线调整产量。第二,一些企业将可能进入或退出所在行业。所以,对于价格的任意变化,长期市场供给都比短期市场供给更有弹性。

■ 性质

市场供给曲线的性质和个人供给曲线的性质相似。由于每个生产者的边际成本随着产量的增加而增加,因此市场供给曲线是向上倾斜的。同样,在一个较高的价格下,整个市场会提供较多的产量。参见图4-6,在每份为55元的价格水平上,餐饮业会供应1 000 000份餐食。

市场供给也取决于影响个人供给的其他因素,尤其是投入品的价格。举例来说,餐食的市场供给取决于租金和工资。如果租金和工资上涨,生产餐食的边际成本就会增加,因此生产者会降低生产量。这暗示着市场供给曲线会向左移动。

总而言之,产品价格变化的影响反映为沿着市场供给曲线的变动。相反,任何投入的价格变化会导致整条市场供给曲线本身的移动。

> **进度检测 4E**
>
> 在图4-6中,如果租金较高,这将如何影响市场供给曲线?

4.6 供给弹性

设想一个行业分析师所面临的典型案例:餐食的价格和员工的工资分别增长了5%和10%,这将如何影响餐饮业的供给?分析师可以用供给曲线来回答这个问题。然而实际上,分析师很少能够有充足的信息来建构整个供给曲线。

供给弹性(elasticity of supply)是回答这个问题的另一种方法。供给弹性衡量的是,供给相对于影响供给的因素(如产品价格和原料价格)变化的反应程度。供给弹性与我们在第3章介绍过的需求弹性是相对应的概念。

供给价格弹性是比较不同产品的生产商对价格变化敏感程度的一个简便方法。举例来说,一个加工水果和蔬菜的食品生产商想要知道水果和蔬菜供应商对价格变化有多敏感。生产商可以通过比较供给价格弹性来解答这个问题。

▪ 价格弹性

> **供给的价格弹性**：产品价格每上涨1%时，产品供给量变化的百分比。

供给的价格弹性（price elasticity of supply）衡量的是供给量对产品价格变化的反应程度。根据定义，供给的价格弹性是指当产品价格每上涨1%时，产品供给量将会变化的百分比。也就是说，供给的价格弹性可用如下公式表示：

$$供给的价格弹性 = \frac{产品供给量变化的百分比}{产品价格变化的百分比} \tag{4.3}$$

让我们来计算一下餐厅长期供应餐食的价格弹性。参照图4-6，在价格为50元时，该行业每周会生产800 000份餐食，而当价格为55元时，它会生产1 000 000份餐食。供给量变化的百分比是供给量的变化除以初始供给量。供给量的变化为1 000 000 – 800 000 = 200 000份，因此供给量变化的百分比为200 000÷800 000 = 25%。

相似地，价格变化的百分比是价格的变化除以初始价格。价格的变化是55 – 50 = 5元，因此，价格变化的百分比是5÷50 = 10%。相应地，长期中的供给价格弹性是25%÷10% = 2.5。

▪ 直观因素

估计价格弹性需要知道价格的变化和与之对应的供给的变化信息。然而，通过改变价格来估计弹性的做法成本太高，而且实践中可行性不大。管理者可以选择另一种方式来预测供给的价格弹性——考虑两个直观因素。

- **可用的生产能力**。如果一个企业已经具有大规模生产能力，那么即使对于价格的小幅度上涨，产量也会增大。因此，其供给相对而言是有弹性的。如果一个企业的生产能力有限，即使价格上涨幅度较大，企业也不会大幅度地提高产量。因此，其供给将会相对缺乏弹性。

- **调整时间**。在短期内，某些投入可能需要很高的成本才能改变甚至不可能变化。因此，产品的边际成本会很高。比如说，一家希望快速提高餐食供应量的餐馆必须向工人支付加班费。由于加班费比平时的工资高，因此扩大产量的边际成本相对较高。然而，如果有足够多的时间，餐馆可以以正常工资雇用更多的工人。这样一来，在长期内，边际成本会更平稳地上升。所以，一般来说，长期供给比短期供给更有弹性。

> **进度检测 4F**
>
> 在什么条件下供给会缺乏弹性？

小案例

农业：短期与长期

过去十年,中国对大麦不断增长的需求鼓励了澳大利亚的农民种植更多的大麦用于出口。然而,2020年5月,由于一系列的贸易争端,中国政府宣布对澳大利亚大麦进口征收80%的关税。

中国宣布增加关税时,正赶上一些澳大利亚农民已经播种好了庄稼以期待11月的收获。从短期看,大麦的供给是刚性的。大麦的价格每吨降低了50澳元。一些农民是没有时间进行调整的。不过对于那些晚一些耕种的农民,他们还是有时间调整为种植别的农作物。在新南威尔士的一些农民就从种植大麦转向了种植小麦。因此,从长期来看,供给是更加具有弹性的。

资料来源:Chan,Gabrielle. We poked the bear:Australian farmers take the China trade stoush in their stride [EB/OL]. (2020-05-31)[2022-09-14]. www.theguardian.com/world/2020/may/31/we-poked-the-bear-australian-farmers-take-the-china-trade-stoush-in-their-stride.

4.7 卖方剩余

在第2章关于需求的章节里,我们知道当消费者实际付出的价格小于他们所愿意支付的价格时,他们是享有买方剩余的。相似地,在供应方面,当生产者收到的价格高于他们愿意供应的价格时,他们是享有卖方剩余的。

我们通过询问生产者在各价格之下的供给量而获得个人供给曲线。供给曲线的另外一种解释是,生产者对其产品所愿意接受的最低价格。

一般来说,**卖方剩余**(**seller surplus**)是生产者销售一定量产品所得收入与生产这些产品的可避免成本之间的差额。

> **卖方剩余**:生产者销售一定量产品所得收入与生产这些产品的可避免成本之间的差额。

相似地,市场卖方剩余是生产者总收入与可避免成本的差值。参见图4-6,餐饮业愿意供应每周100 000份餐食的最低价格是24元。但是,如果每份餐食的市场价格是50元,那么该行业会享有每份餐食26元的卖方剩余。

参见图4-6,当每份餐食的市场价格为50元时,生产者的总收入是长方形0abc,即用价格线之下、生产量在每周800 000份餐食之内的区域来表示。可变成本为0abd区域,即用边际成本线之下、生产量在每周800 000份餐食之内的区域来表示。区域dbc,即价格线及边际成本线之间的区域代表卖方剩余。

> **进度检测 4G**
>
> 在图 4-6 中,如果每份餐食的价格上升到 55 元,它对卖方剩余会有怎样的影响?

知识要点

- 由于边际成本会随着产量的增加而增加,因此,唯有能获得更高的价格,生产商才会增加产量。
- 在短期内,一个企业(能以市场价格出售任何数量产品的企业)利润最大化的条件为:如果总收入不小于可变成本,企业应在边际成本等于价格时的规模上进行生产;如果总收入小于可变成本,则企业应停止生产。
- 固定成本是指不会随着产量的变化而变化的投入成本。而可变成本是指随产量的变化而变化的投入成本。
- 边际成本是每多生产一个单位的产品而引起的总成本的变化。而边际收入是每多出售一个单位的产品而引起的总收入变化。
- 在长期内,企业(能以市场价格出售任何数量产品的企业)利润最大化的条件为:如果总收入不小于总成本,应在边际成本等于价格时的规模上生产;如果总收入小于总成本,则应停止生产。
- 企业在长期内可以通过进入或退出行业来调整。
- 供给的价格弹性是指当产品价格每上涨1%时,产品供给量将会变化的百分比。
- 市场的卖方剩余是生产者的总收入与生产者可避免成本之间的差额。

复习题

1. 解释短期与长期的区别。这种区别与固定成本和可变成本的区别之间有什么关系?
2. 对以下说法做出评论:"我们工厂生产一件衬衫的平均成本是 5 元。我不能接受价格低于每件 5 元的订单。"
3. 农民老方种玉米的固定成本比小陈高。这意味着他们两人种玉米的边际成本有何区别(如果有区别的话)?
4. 解释边际产量递减原理。
5. 在什么情况下生产者的边际收入等于产品的市场价格?
6. 目前火星石油公司每天生产 2 000 桶原油。原油的市场价格为每桶 15 元。火星石油公司的边际成本是每桶 20 元。解释公司如何能提高利润。
7. 以下分析是高估了还是低估了利润的变化?当前鸡蛋价格是每打 6 元,假设红星农场每月生产 10 000 打鸡蛋。如果鸡蛋价格上升到每打 7 元,红星农场的利润将会增加 10 000 元。
8. 解释为什么以下两个条件都可以使得短期收支达到平衡:(a) 总收入不低于可变成本;(b) 价格不低于平均可变成本。
9. 有些企业即使在有亏损时也仍然继续经

营。它们的决定是错的吗?
10. 解释为什么以下两个条件都可以使得长期收支达到平衡:(a)总收入不低于总成本;(b)价格不低于平均成本。
11. 解释决定企业是否继续经营的短期决策和长期决策的不同。
12. 以下情况如何影响家具供给?(a)木材的价格上升;(b)工资降低。
13. 判断对错:如果供给曲线是向上倾斜的,供给的价格弹性是正值。
14. 考虑原油市场供给的价格弹性。你认为供给是在短期更具有价格弹性还是在长期更具有价格弹性?
15. 假设产品的价格上升。如果供给更有弹性,卖方剩余的增加会更大还是更小?(提示:画两条弹性不同的供给曲线。)

讨论案例

1. 2020年,Bank of the West 的活期存款、储蓄存款和定期存款分别为461亿美元、44亿美元以及60亿美元。该银行对各个账户的利率报价分别为0.41%、0.04%以及1.81%。
   (a) 在一个列表中,按利率从小到大的顺序列出三种资金的来源以及资金量。
   (b) 以资金数量为横轴(单位:10亿美元),以资金成本为纵轴,在图中画出:(i)资金的平均可变成本;(ii)资金的边际成本。
   (c) 如果银行要缩减规模,哪一个存储账户应该先被削减?

2. 表4-1显示了露娜餐厅每周的支出。假设工资上升5%。
   (a) 重新计算表4-1,解释工资上涨将如何影响以下成本:(i)平均可变成本;(ii)平均成本。
   (b) 露娜餐厅的管理者称工资上涨5%令公司的收支平衡点的价格提升了5%,你同意吗?
   (c) 如果价格保持在每份餐食50元,露娜餐厅应如何调整产量?

3. 在全世界范围内,2020年新冠疫情以及政府的限制措施大大削减了零售商铺的客户量。The Crown Estate 公司拥有伦敦的 Regent Street。该公司决定修订租金以帮助零售商铺租户。租户可以选择将9%的销售收入用作租金,或者在合约固定租金上享有折扣。
   (a) 解释固定租金变成百分比租金后如何影响零售商铺的以下成本:(i)固定成本;(ii)可变成本。
   (b) 假定零售商铺A支付百分比租金,而零售商铺B支付固定租金。(这两种租金的期望值是相等的。)那么在下一场流行病中,解释以下哪种情况下,零售商铺更可能关闭:(i)在短期;(ii)在长期。

4. 2012年,巴利克黄金公司(Barrick Gold's)两个产量最高的矿是在美国内华达州的Cortez和Goldstrike。表4-5列出了两个矿的销售价格和成本信息。"平均现金成本"包括运营成本、矿山使用费和税收。而"平均成本"则包括现金成本和设备折旧。
   (a) 假设巴利克黄金公司在每个矿上一直都在边际成本(其曲线向上倾斜)等于黄金售价的产量水平上进行生产。表示出 Goldstrike 的边际成本曲线、售价和产量在2010年和2012年之间的变化。(提示:边际成本曲线随时间变化。每条曲线上只有一个数据点。假设绘制图形所需的任何其他数据。)

(b) 利用巴利克黄金公司 2012 年的数据对比：(i) Cortez 和 Goldstrike 的短期收支平衡条件；(ii) 两个矿的长期收支平衡条件。

(c) 如果黄金价格降至每盎司 600 美元,巴利克黄金公司应该如何调整两个矿的产量？

表 4-5　巴利克黄金公司

	Cortez			Goldstrike		
	2010	2011	2012	2010	2011	2012
产量(千盎司)	1 141	1 421	1 370	1 239	1 088	1 174
销售价格(美元/盎司)	1 228	1 578	1 669	1 228	1 578	1 669
平均现金成本(美元/盎司)	244	245	282	475	511	541
平均成本(美元/盎司)	452	426	503	569	593	629

5. 提供约车服务必须先选择车型。2021 年,现代伊兰特型车每加仑可行驶 31 公里,而混合电动车丰田普锐斯每加仑可行驶 54 公里。在美国,最便宜的伊兰特汽车的价格为 19 650 美元,而最便宜的丰田普锐斯汽车的价格是 24 525 美元。假定一个公司两种车型的汽车各购买了一辆。(提示：以下问题不需要进行任何计算。)

(a) 比较运营这两辆车的固定成本和可变成本。

(b) 比较运营这两辆车的收支平衡价格。

(c) 解释收支平衡价格是如何依赖于汽油价格的。

(d) 在短期,如果约车服务的需求下降,哪一辆车应该先停止运营？

(e) 在长期,需求是不确定的。说明下面的计划：购买丰田普锐斯汽车来满足最低的期望需求,并且购买现代伊兰特汽车来满足额外的需求。

6. 2020 年新冠疫情以及特区政府对餐馆就餐的限制措施重创了香港的餐饮业。截至 2020 年 12 月,香港餐饮联业协会报道称 16 000 家餐馆中已经有 2 300 家关闭了。但是,有 300 家新餐馆开业。

(a) 下列成本在短期为固定成本还是可变成本？(i) 租金；(ii) 薪水和工资；(iii) 原材料供应。

(b) 在短期内,如果需求下降,讨论一个餐馆是否应该关闭。

(c) 下列成本在长期中为固定成本还是可变成本？(i) 租金；(ii) 薪水和工资；(iii) 原材料供应。

(d) 解释租金下降对新开业餐馆的影响。

7. 2012 年 7 月,英国公司 Johnson Service Group 决定关闭其 460 家干洗店中的 100 家。在要关闭的店中,销售量在上半年下降了 2.7%。然而,Johnson Service Group 不知道干洗需求的减少是由于宏观经济的持续低迷,还是由于消费者偏好转向洗衣机可以清洗的西装。

(a) 干洗店的长期收支平衡条件是什么？

(b) 下面哪一个因素对干洗服务的长期价格的影响更大？(i) 宏观经济低迷；(ii) 消费者偏好转向洗衣机可以清洗的西装。

(c) 运用一个合适的图形,解释说明

Johnson Service Group 的决定将会怎样影响干洗服务的供给。(提示:你可以假设绘制图形所需的任何数据。)

(d) 对于一个干洗服务竞争对手,Johnson Service Group 的决定是好消息还是坏消息?

8. 美国家具供给量包括来自美国国内、加拿大以及亚洲制造商的供给。它们生产两种形式的家具——完全组装的成品家具,以及消费者必须在家组装的组装家具。家具的制造相对而言是劳动力密集型的。

(a) 工资水平如何影响成品家具和组装家具的相对成本?

(b) 亚洲的制造商受益于亚洲的低工资水平。用适合的图形阐述亚洲制造商进入美国家具商场将如何影响美国家具的供给:(i) 成品家具;(ii) 组装家具。

(c) 用(b)中的图形(i)或(ii)说明运输成本的下降将如何影响家具的供给。

(d) 下面哪一个产品的出口受运输成本下降的影响会更大?亚洲成品家具还是组装家具?

9. 环境管理中一个有争议的问题是税收对汽油市场的影响。高税收会降低汽油生产商的税后价格。据估算,汽油供给的价格弹性为 2.0。

(a) 解释为什么汽油供给的价格弹性是正的。

(b) 假设对汽油征税会使汽油的税后价格降低 5%。供应商会减少多少汽油生产量?

(c) 你预计征税对汽油生产量的影响在短期更明显,还是在长期更明显?解释你的答案。

附录

构建市场供给曲线

第4章介绍了市场供给的概念。市场供给显示了在每种可能的价格下市场的供给量。在此,我们详细讨论根据不同生产者的个人供给曲线构建市场供给曲线的方法。

一般来说,市场供给曲线是个人供给曲线的水平加总。在某一特定的价格下,每个企业的个人供给曲线显示了企业的供给量。这些数量的总和就是整个市场的供给量。通过改变价格,我们就能够得到构建市场供给曲线所需的信息。

■ 短期

单个生产商的短期供给曲线是它的边际成本曲线高于平均可变成本曲线的那部分。因此,市场供给曲线从拥有最低的平均可变成本的企业开始。随后,随着企业平均可变成本的上升,市场供给曲线将纳入具有更高平均可变成本的企业的供给量。

■ 长期

单个生产商的长期供给曲线是它的边际成本曲线高于平均成本曲线的那部分。因此,市场供给曲线从拥有最低的平均成本的企业开始。随后,随着企业平均成本的上升,市场供给曲线将纳入具有更高平均成本的企业的供给量。

为了加以说明,假设只有两家餐厅:露娜餐厅和索利斯餐厅。如图4A-1所示,我们画出两个生产者的个体供给曲线,然后将它们水平加总,得到市场供给曲线。例如,当每份餐食的价格为50元时,整个市场每周将供应800+700=1 500份餐食。当每份餐食的价格为55元时,市场每周将供应850+900=1 750份餐食。

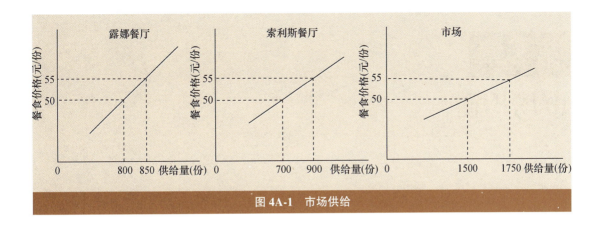

图 4A-1 市场供给

第 5 章
市场均衡

学习目标

- 了解供给和需求的市场均衡；
- 理解超额供给对市场价格与产量的影响；
- 理解超额需求对市场价格与产量的影响；
- 运用供给与需求的价格弹性来预测供给变动对市场价格与产量的影响；
- 运用供给与需求的价格弹性来预测需求变动对市场价格与产量的影响；
- 理解中间媒介对于消费者与生产者的影响；
- 了解经济效率；
- 理解完全竞争能够达到经济效率。

5.1 引言

2020年新冠疫情期间，北京租房市场迎来了罕见的降价现象。贝壳研究院的数据显示，2020年上半年，从疫情暴发后，北京租房市场的租金水平呈明显下跌趋势，处于底部水平，至5月才出现复苏迹象。负责朝阳芍药居片区的链家房屋中介刘平表示，芍药居片区月租金普遍下降了500—600元。①

在社交平台上，有北京的房东表示，其出租的房子的租金由4 850元/月下降至4 600元/

---

① 此讨论基于以下资料：北京房租罕见降价 疫情给了租客一次议价权 [EB/OL]. (2020-06-25) [2022-09-14]. https://finance.sina.com.cn/china/gncj/2020-06-25/doc-iirczymk8863095.shtml.

月。另一位朝阳区的租客也说,自己租住的房子的租金由 3 680 元/月下降至 3 300 元/月,缴租方式也变宽松了,由此前的押一付三变为押一付一。

每年 6 月是大学生的毕业季,这段时间也是北京租房市场的旺季。但是,2020 年的 6 月并未迎来租房热潮。许多二房东平台及中介机构在微信朋友圈打出的出租广告,都用"低价好房""超低价房源""优惠促销"等词汇,代替了往年同时期的"抢手""涨价"等广告词。

贝壳研究院数据显示,2020 年 6 月第三周北京的房屋租赁成交量环比下降了 31%。租金水平也继续呈现下降趋势。平均租金水平为 40 元/平方米,环比下降 6%,同比下降 14.1%。

很明显,北京这样的一线城市租房市场也未能幸免于新冠疫情对房屋租金的冲击。那么,为什么新冠疫情会影响租房市场的租金价格呢?疫情过后租金是否会迅速恢复到疫情前水平呢?

要回答这些问题,企业管理层必须理解租房市场的需求和供给,以及这两者在市场上的互动模式。乍看起来,要对需求和供给都有所了解有些奇怪。政府严格的疫情防控和社区管控政策影响着租赁人群对房屋的需求,但这些政策并不影响租房市场的供给。关键的是,企业管理层必须考虑市场的两方面才能做出正确的决策。对于很多其他管理事务来说也是如此。

本章将首先结合我们在前面章节中对需求和供给的分析,来理解它们在竞争市场中的相互作用。其次,我们会展现价格这一中间媒介是如何影响买方与卖方的,并最终揭示市场系统是如何达到经济效率的。

供需分析是管理经济学的核心。它有助于广泛市场的管理决策,包括商品和服务市场、消费品和工业产品市场、劳动力市场以及国内和国际市场。

5.2 完全竞争

通常情况下,供需分析适用于竞争异常激烈的完全竞争市场。一个完全竞争市场必须具备以下所有条件:
- 产品是同质的;
- 市场上的买方众多,每一个买方的购买量相对于整个市场来说非常小;
- 市场上的卖方众多,每一个卖方的供给量相对于整个市场来说非常小;
- 买方和卖方可以自由进入或退出市场;
- 关于市场条件,买方和卖方的信息是对称的。

为了理解完全竞争市场的这些条件,我们对比上门清洁服务市场与房屋租赁市场。上门清洁服务市场是接近于完全竞争市场的。上门清洁服务并不是完全同质的,但是购买该服务的一方是比较容易观察出清洁服务质量的高低的。市场上有许多该项服务的供应方,也有很多购买方,并且他们都可以自由进出该市场。关于该项服务的供应方,价格和其他市场条件的信息是公开的。更重要的是,对于买卖双方来说,这些信息是对称的。

相比之下,房屋租赁市场是竞争市场,但并不能达到完全竞争的程度。房屋是非同质的:不同的房屋坐落在不同地点,拥有不同的装修风格、不同的结构缺陷、不同程度的噪声干扰,以及其他很多不同特点。房屋租赁市场上有很多租客,他们在完成一个租赁合约后,可以自由进出该市场。市场里也有很多房东,很多是小房东,也有一部分是大房东。虽然修建房屋是需要得到政府批准的,但是鉴于房屋的存量,房东也可以自由进出该市场。房屋的信息是不对称的:房东比潜在的租户知道更多有关房屋的信息,比如房屋的结构缺陷以及噪声干扰等。

在现实生活中,极少的市场能够满足完全竞争市场的条件。即便如此,这种分析模式仍然是有用的:即使在不完全竞争市场环境下,许多管理性结论仍然是相似的。第6章到第12章会讨论那些不完全竞争市场的特点。

> **进度检测 5A**
>
> 一个市场处于完全竞争状态的条件是什么?

5.3 市场均衡

> **市场均衡**:当需求等于供给时的价格。

对于符合完全竞争条件的市场,我们可以应用供需模型。在此模型中,市场均衡概念统一了需求和供给。**市场均衡**(market equilibrium)是当需求等于供给时的状态。市场均衡是分析需求和供给变化如何影响市场的基础。

■ 需求与供给

为了解释市场均衡的概念,我们以房屋租赁市场为例来说明。租客具有租赁需求,而房东供应房屋来满足这种需求。在一个图中,我们用纵轴表示每个月的租金,用横轴表示可租赁房屋的数量,这样就可以画出租赁房屋的需求与供给曲线。

假设在房屋租赁市场上,供需均衡点的价格是每月2 000元,而数量是10 000单位。图5-1中的需求曲线显示在租金为2 000元时,租户想要租10 000单位的房屋。而供给曲线也显示,在租金为2 000元时,房东想要供应10 000单位的房屋。此时,买方的购买量恰好与卖方的供给量相平衡。

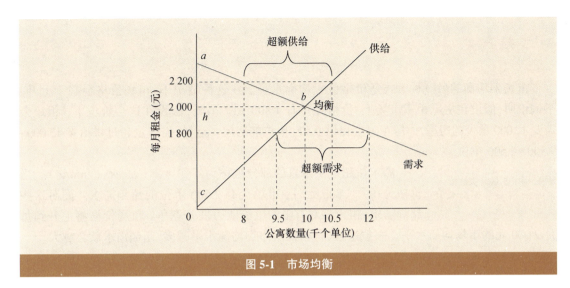

图 5-1 市场均衡

在市场均衡点上，价格、购买量、销售量都没有变动的趋势。价格没有变动的趋势是由于供给量和需求量刚好平衡，都是 10 000 单位的房屋。购买量没有变动的趋势，是因为在价格为每月 2 000 元时，买方（租户）在租赁了 10 000 单位的房屋时能达到最大的收益减支出。同样地，销售量没有变动的趋势，是因为卖方（房东）在每月租金 2 000 元的价位上租出 10 000 单位的房屋能获得最大的利润。

对于一个处于均衡状态的市场，需求的数量和供给的数量必须是买方与卖方各自自愿选择的结果。买方和卖方均不受到配额限制或其他限制条件的影响。

如果市场处于不均衡状态将会出现什么情况？一般情况下，市场价格将会发生变动以重新达到均衡。价格传递着市场信息，并促使买方与卖方向均衡点集中。

■ 超额供给

市场不均衡的一种方式是价格超出了均衡水平。想象市场价格为每月 2 200 元。参照图 5-1 的需求曲线，购买方的需求量就会减至 8 000 个单位的房屋。而根据供给曲线，卖方的供给会增加至 10 500 单位的房屋。

因此，在价格为每月 2 200 元的条件下，供给量超过需求量 10 500－8 000＝2 500 单位。更形象地，有很多房屋可以提供租赁，但是租户的需求量却远远低于这个数量。我们将供给量超过需求量的部分称为**超额供给**（excess supply）。在价格为每月 2 200 元时，就会出现 2 500 单位房屋的超额供给。

> **超额供给**：供给量超出需求量的部分。

当出现超额供给时，市场价格会趋于下降。房东会彼此相互竞争以租出超额供给的房屋，市场价格就会回落至每月 2 000 元的市场均衡水平。

从图 5-1 中我们可以很清楚地看到，当价格升到更高的水平，如每月 2 500 元时，超额供给会大大超过价格为 2 200 元时的超额供给。一般来说，价格高出市场均衡水平越多，超额供给就会越大。

超额需求

市场不均衡的另一种方式是价格低于均衡水平。在这种情况下，市场价格会趋于上升。举例说明，假设在房屋租赁市场上，价格是每月 1 800 元。另外，假设在这个价位下，租户会需要 12 000 单位的房屋，而房东只会提供 9 500 单位的房屋。这样，需求量超过供给量 12 000−9 500 = 2 500 单位。

> **超额需求**：需求量超出供给量的部分。

需求量超过供给量的部分被称为**超额需求**（excess demand）。当价格为每月 1 800 元时，市场会有 2 500 单位的超额需求。面对这些超额需求，租户将对有限的供给能力展开竞争，市场价格将上升到每月 2 000 元的市场均衡水平。一般来说，价格低于市场均衡水平越多，超额需求就会越大。

进度检测 5B

在图 5-1 中，指出当租金为每月 1 600 元时的超额需求，并标记出需求量与供给量。

小案例

对周杰伦演唱会的超额需求

周杰伦是一个非常独特的歌手，多次获得最佳男歌手奖和最佳创作歌手奖，深受各年龄层听众的喜爱。每次周杰伦开演唱会时，他的门票都会比普通歌手的门票贵。即便如此，他的演唱会还是一票难求。演唱会的座位数一般都是固定的。票价是根据演唱会座位由远及近，分为看台、内场和 VIP（贵宾区域）三个等级来定价的。VIP 的座位数最少，票价最高，官方价格一般在几千元。但是由于周杰伦的粉丝群体庞大，门票需求自然也高，几千元的门票价格对于许多歌迷来说并不算特别高，因此导致了演唱会门票的超额需求。

超额需求自然导致了门票溢价。许多歌迷无法以官网价格买到门票，而不得不从"黄牛"手里买票。据腾讯网 AI 财经社报道，一张票面价格为 900 元的周杰伦 2019 嘉年华世界巡回演唱会南京站的门票，"黄牛"报价 2 800 元，溢价 1 900 元。

延展问题："黄牛票"问题应该如何管控呢？

资料来源：周杰伦演唱会黄牛票一般加价多少？多少钱？［EB/OL］.（2019-10-13）[2022-09-14]. http://www.amonli.com/52.html；2019 黄牛票之最［EB/OL］.（2019-10-26）[2022-09-14]. https://new.qq.com/omn/20191026/20191026A0DZ0300.html.

 小案例

教师岗竞争进入"白热化":超额供给

近年来,教师岗位薪资待遇逐年提高。在一线城市中,很多中小学教师不仅收入可观,而且拥有正规编制以及不错的福利待遇,职位稳定,社会地位较高。在2021年,教师岗位竞争更为激烈。一位资深企业人力资源部门负责人表示,他们之前有一项调查,在当代大学生更青睐的岗位中,教师岗一直位列前三。由于可供选择的教师候选人较多,教师岗的招聘标准也水涨船高。

一名北京师范大学的生物学硕士研究生参加了深圳的"四大校"(即深圳最好的四所中学)之一的教师岗面试,她称生物学方向进入面试的应聘者有7个人,7人中4个人都是博士。她听在场参加面试的人说,化学方向来应聘的全都是博士。

在未来,教师岗位这种供过于求的局面可能会延续。在实施"双减"(指减轻义务教育阶段学生作业负担和校外培训负担)政策的背景下,无数教育培训老师面临失业,他们之中不乏优秀人才。为了继续从事教育行业,他们也纷纷报考教师编,这明显加大了教师的"供应量"。

延展问题: 取消教师编制会如何影响教师的"供应"?

资料来源:教师岗竞争进入"白热化",深圳一中学老师面试,有一半是博士[EB/OL].(2021-10-11)[2022-09-14]. https://c.m.163.com/news/a/GM1JGBBL0536SCHG.html.

 小案例

中国制造业面临"用工荒"问题

2021年以来,海外市场对手袋、化妆品等各类中国商品的需求大幅增加,而生产这些产品的工厂却面临"招工难、用工荒"的问题。

闫志乔在中国广州经营一家50人的化妆品厂。虽然市场需求不断上升,但该厂却未能扩大生产规模,主要是因为难以招到和留住员工。该厂给工人开出的工资为每小时约25元,高于市场平均水平,此外还提供免费食宿。不过,前来应聘的年轻人寥寥无几。

富士康科技集团的一个业务部门在微信上发布的广告显示,该公司在郑州的一家工厂把新员工在职满90天的奖金提高到至少9 000元。

与此同时,随着新冠疫情席卷亚洲其他国家,买家将业务从其他地方转移到中国,使得中国工厂的订单猛增。这使得一些公司更加迫切地想通过加薪来招聘员工。

中国国家统计局的数据显示,2020年,中国农民工总量10年来首次下降,减少了500多万。这是因为更多人选择留在家乡或家乡附近找工作。另外,越来越多的年轻人将工厂工作视为苦

差事，不再愿意进厂工作。制造业工人数量的减少已迫使许多工厂支付奖金或提高薪资水平。单看2020年，在城市的私营企业里，工人平均工资就已经上涨了9.6%，达到每年57 910元。

在制造业，无论是像富士康那样拥有几十万名员工的大厂，还是只有几十个工人的小厂，它们都必须面临工人工资上调的问题。这主要是由于制造业对工人的需求远超过市场上工人的供给。而工人工资的上调也引起制造成本的不断攀升。

延展问题：你认为"用工荒"这个问题应该如何解决？

资料来源：中国工厂遭遇用工荒——"我们几乎找不到工人"[N]. 华尔街日报，2021-08-28；Koty，A. Chipman. Wage Growth in China in 2020：How to Read the Latest Data [EB/OL]. （2021-06-01）[2022-09-14]. https：//www. china-briefing. com/news/wage-growth-in-china-2020-how-to-read-the-numbers-region-industry-trends/#：~：text=Average%20annual%20wage%20growth%20by，compared%20to%20the%20previous%20year.

5.4 需求变动

一般来说，市场条件和政策的变化将会导致需求、供给或者二者的变动。即使这一变化仅仅在表面上对市场的一方产生影响，分析其对另一方的影响也是必要的。忽视对市场任何一方的分析都将会是严重不全面的。

在这一节中，我们考虑使需求曲线移动的因素。就一个具体问题来说，新冠疫情使得北京的房屋租赁需求降低，那么这会如何影响租金以及出租房屋（公寓）的数量呢？

■ 均衡变化

我们用需求供给模型来回答这个问题。图5-2显示出了原有的均衡点b。在点b，假设月租金为2 000元，出租公寓数量为10 000个单位。

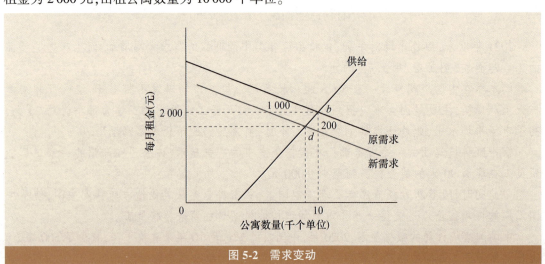

图5-2 需求变动

假设租公寓的需求下降1 000个单位。在图5-2中,整条需求曲线会左移1 000个单位。这等同于需求曲线垂直下降的幅度为200元。但是,需求的下降不能直接影响公寓的供给。因此供给曲线并没有变化。

参见图5-2,新的需求曲线和原本的供给曲线相交于一个新的市场均衡点d。新的均衡对应较低的租金和较少的公寓数量。是什么因素决定了租金和出租公寓数量变动的幅度呢?这个答案取决于需求和供给的价格弹性。

供给价格弹性

直观地看,在供给方面,如果房东对租金非常不敏感,那么需求的下降就不会促使他们供应更少。因此,需求的下降会通过整条需求曲线的移动来降低租金。然而,如果房东对租金非常敏感,那么在需求曲线下移时,均衡租金完全不发生变化。

图5-3(a)描绘的是供给极端刚性(无弹性)的情况。也就是说,房东对租金完全不敏感:无论价格怎样变化,他们都会供应相同数量的公寓。于是,当需求曲线移动时,房东的行

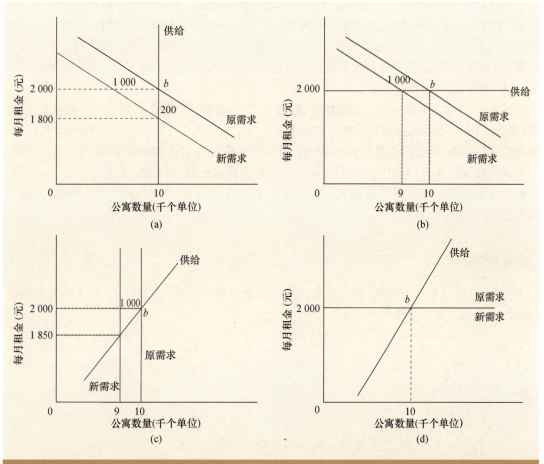

图5-3 需求与供给的价格弹性

为并不受到影响,他们仍然供应同样数量的公寓,那么均衡租金会随着需求曲线的移动而变化。因此,市场均衡租金会降到每月 1 800 元,并且均衡的出租公寓数量仍然是 10 000 个单位。

图 5-3(b)则展示了另一个极端,即供给极端弹性的情况。这意味着生产的边际成本是一个常数。当需求曲线的下降幅度为每月 200 元时,均衡租金是不会变的,而出租公寓的供给数量下降了 1 000 个单位,达到 9 000 个单位。

通过比较图 5-3(a)和图 5-3(b),我们可以看出供给价格弹性和需求变化的结果之间的关系。通常来说,供给越富有弹性,由于需求变化而引起的均衡价格的变化量会越小,但是均衡数量的变化就会越大。

需求价格弹性

直观来看,在需求方面,如果租户对于租金非常不敏感,那么需求的减少将导致公寓租赁数量的下降。但是,如果租户对租金非常敏感,那么需求的移动将不会改变均衡租金。

让我们来看看图 5-3(c),它描绘了需求极端刚性的情况。也就是说,租户对租金完全不敏感:无论租金是多少,他们都需要相同数量的公寓。相应地,当需求曲线移动时,租户会减少他们的租房数量,减少的幅度和需求曲线移动的幅度相同。在图 5-3(c)里,当需求曲线向左移动 1 000 个单位时,公寓租赁的均衡数量也会刚好下降 1 000 个单位,而均衡价格则下降到每月 1 850 元。

图 5-3(d)描述了另一个极端弹性的情况。这意味着租户对租金极端敏感。也就是说,需求的减少对于均衡点是没有影响的。在图 5-3(d)里,如果需求曲线向左移动 1 000 个单位,均衡点将维持不变,租金依然是每月 2 000 元,并且出租数量依然是 10 000 个单位。

通过比较图 5-3(c)和图 5-3(d),我们可以看出需求价格弹性和需求变化的结果之间的关系。通常来说,需求越富有弹性,由需求变化引起的均衡价格和均衡数量的变化量会越小。

> **进度检测 5C**
>
> 当市场需求曲线向左移动时,均衡价格在哪种情况下下降更多?(a)需求更具价格弹性;(b)供给更具价格弹性。

伦敦公寓出租市场:租金的变化

英国脱欧以及新冠疫情的暴发减少了人们对伦敦公寓的租赁需求。在短期内,公寓的供给是相当刚性的,特别是由于新冠疫情所实施的跨境旅行限制使得房东无法将房屋租给短期旅客。如果不能租出他们的公寓,房东就必须承担房贷、税费以及维修和维护费用。因此伦敦地区的租金大幅下降:该区域的平均月租金由2020年3月的1673英镑下降到12月的1556英镑。

Mariana Santos和她的一个朋友在海德公园附近租了一间两居室的公寓,租金为每月1680英镑。这个租金比新冠疫情暴发前降低了30%多。她开心地说道:"在9月,当我刚开始找房子时,我们以为自己只能负担得起偏远一些的房子,但是到了12月份,租金进一步降低,使得我们可以住在市中心区域。"

资料来源:Average rents London[EB/OL].[2022-09-14]. https://homelet. co. uk/homelet-rental-index/london? range = 24.

小案例

口罩市场:短期与长期

自2020年年初新冠疫情暴发以来,中国口罩市场曾一度出现供需失衡、价格急剧上涨的情况。Jan运营一家公关公司,有国际贸易相关人脉,于是他在疫情初发时,主动请缨为亲友在全球各地询购口罩。他还记得,疫情未公布时,一盒50片的医用口罩在香港的售价约为50元港币。但情况在农历新年前夕武汉宣布"封城"时瞬间改变。"一夜间,口罩成了战略物品,"Jan回忆道,"口罩售价骤升至100元一盒,甚至有钱都买不到。"在短期内,口罩价格的上升主要是由于口罩的供给具有很强的刚性,需求的骤升引起了价格的骤升。

在长期中,口罩的供给更具有弹性。随着疫情的蔓延,不少企业纷纷转型生产口罩,口罩产能逐步提高。2020年5月,中国国内疫情逐步得到控制,口罩的产能出现了供大于求的局面,价格出现下降。以50只装的医用口罩为例,其在天猫平台上卖89元,"6·18"促销期间立减16.5元,每个口罩的到手价仅为1.45元。到2020年7月,不同品牌的普通医用口罩的单只价格在0.5至1元左右,比2月、3月的高峰期便宜了90%甚至更多。

资料来源:肺炎疫情:口罩中间商、囤货者、生产商与政客的众生相[EB/OL].(2020-03-24)[2022-09-14]. https://www.bbc.com/zhongwen/simp/world-52013453;口罩价格比高峰期下跌90%,大族激光口罩机还能"舞"多久[EB/OL].(2020-07-24)[2022-09-14]. http://m. gxfin. com/article/finance/zq/ssgs/2020-07-24/5326771. html.

5.5 供给变动

我们刚才展示了,要理解需求变动的影响,考虑供给与需求之间的互动关系是必要的。

这个思路同样适用于供给变动的影响。为了充分理解最终结果，我们仍然有必要考虑需求方面的情况。

假设提供租赁公寓的成本下降（主要成本包括房贷、税费以及维修和维护费用），那么这将如何影响租金和公寓数量呢？

租赁公寓的供给曲线并不能明确地显示房东的成本。任何成本的变动都会引起供给曲线的移动。假设成本的减少会使供给曲线下移，下移幅度为每月200元。

参见图5-4，成本的降低改变了每个生产单位的边际成本，这使得整条供给曲线向下移动。另一种理解方式是成本的降低使得整条供给曲线向右移动。也就是说，在每一个可能的租金水平，房东都愿意出租更多的公寓单位。

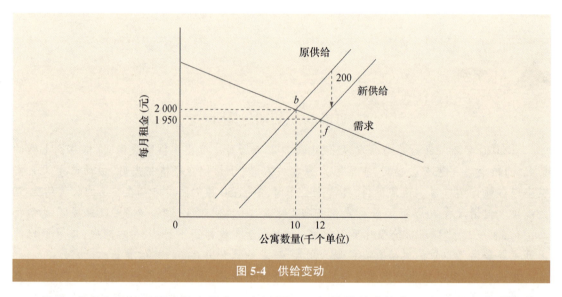

图5-4　供给变动

但是，成本变动并不影响公寓需求。参见图5-4，新的供给曲线与原来的需求曲线相交于一个新的均衡点 f。从供给层面看，租金为每月1 950元时，公寓供给量达到12 000个单位。从需求层面看，租金由原来的2 000元下降到1 950元，相应地，公寓需求量由10 000个单位增加到12 000个单位。因此，每月租金1 950元是一个新的市场均衡价格。

当供给曲线下移200元时，均衡租金只下降了50元。一般来说，供给曲线的变动会改变价格，但价格改变的幅度一般不会超过供给曲线移动的幅度。那么，什么会决定价格呢？这取决于需求和供给的价格弹性。

> **进度检测 5D**
>
> 在图5-4中，如果成本增加了200元，这将会如何影响市场均衡呢？

对法国产品的需求：鹅肝酱与黄油

法国的出口农产品包括鹅肝酱和黄油。法国产品的供给取决于欧元相对于其他国际货币的汇率，比如相对于美元的汇率。如果欧元升值，那么法国产品的供给曲线将上移。但是，如果欧元贬值，那么法国产品的供给曲线将会下移。

假设欧元增值10%导致法国鹅肝酱和黄油的供给曲线上移10%。这样的变化将如何影响世界市场上鹅肝酱和黄油的价格？

法国鹅肝酱的替代品很少，因此，其需求相对缺乏弹性，供给曲线的上移将导致鹅肝酱世界市场价格相对较大的升幅。和鹅肝酱相比，黄油属于相对同质的产品，法国黄油有很多替代品，所以需求相对富有弹性，因此，供给曲线的上移将导致黄油世界市场价格相对较小的升幅。

5.6 中介

供需模型的一个重要应用就是理解中介在最终产品和服务市场上所产生的影响。例如，以前，房东在找寻租客的时候会雇用房屋中介。而现在，房东可以直接在网络上发布广告来找寻租客。那么，这种非中介模式又是如何影响租金和出租公寓数量呢？

■ 买方价格和卖方价格

为了分析中介，有必要对通常的供需分析进行一下修改。我们必须把买方所支付的价格（买方价格）和卖方实际得到的价格（卖方价格）区分开来。卖方价格等于买方价格减去中介成本。

将这个方法应用到房屋租赁市场，假定房东本来应该支付给房地产中介 8% 的佣金。图 5-5(a) 展示了需求和供给曲线。该市场均衡点是点 b，其所对应的是每月 2 000 元以及 10 000 个单位的公寓。8%的佣金等于每月 160 元。因此，租客付每月 2 000 元（买方价格），而房东收到每月 2 000-160=1 840 元（卖方价格）。

现在假定房东从雇用中介转到直接上网做广告，这样就可以规避支付佣金。在图 5-5(a) 中，我们可以通过将供给曲线下移 160 元来代表这个变动（就像我们上面所分析的成本变动一样）。

在新的均衡点 f，租金为每月 1 960 元，公寓数量为 10 400 个单位。可以看出，非中介的结果就是租金更低且出租的公寓数量更多。租客付的租金更低(买方价格降低到 1 960 元)而房东收到更多的钱(卖方价格增加到 1 960 元)。

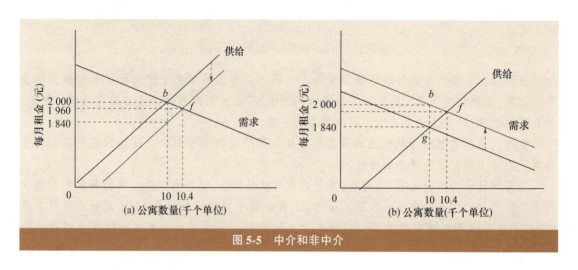

图 5-5　中介和非中介

归宿

以上我们假设房东要向房地产经纪人支付佣金,那么如果租客需要支付佣金呢?图 5-5(b)展示了该情形下的需求曲线与供给曲线。

市场均衡在点 g。在该点上,租客要支付 1 840 元给房东,支付 160 元给中介。所以,买方的价格为每月 1 840+160=2 000 元,而房东收到的价格为每月 1 840 元。因此,买卖双方的价格与房东支付佣金时买卖双方的价格是一样的。

下面,假定租客在网络上搜寻公寓来规避房产中介的费用。在图 5-5(b)中,我们向上移动需求曲线,移动幅度为 160 元(替代了供给曲线向下移动 160 元)。那么,均衡再一次落在了点 f 上。买方价格和卖方价格与房东节省佣金时的价格是一样的。

由供需变化所引起的买卖双方价格的变化叫作**归宿**(incidence)。总体上,归宿只取决于需求和供给的价格弹性。

归宿:由供需变化所引起的买卖双方价格的变化。

在这个例子中,虽然从卖方支付佣金变为买方支付佣金,但是归宿并不取决于交易的哪一方来支付佣金。归宿只取决于需求和供给的价格弹性。

进度检测 5E

在图 5-5(a)中,如果房东和租客各付一半的佣金,这种佣金方式会如何影响市场均衡呢?

小案例

阿里巴巴

阿里巴巴集团管理着庞大的B2C(企业对消费者)业务,其使命是"让天下没有难做的生意"。特别是对于那些没有生活在主要城市的消费者,阿里巴巴非常有效地解决了传统零售商和批发商带来的中介问题。截至2020年3月,阿里巴巴天猫平台上就有250 000个品牌与商家。商家需向阿里巴巴支付营销费用以及0.3%—5%的销售收入作为佣金,具体费用是由商品类别决定。

那么,哪一方获利更多呢?是消费者还是商家?这取决于需求和供给的价格弹性。对于需求价格弹性较大的产品,买方的价格下降较小,消费者从中获益较少。相反,如果产品的需求更具刚性,买方的价格下降较多,消费者从中获益较多。

延展问题:对商家而言,阿里巴巴所提供的平台如何帮助他们提升销售收入?

资料来源:阿里巴巴集团控股有限公司(Alibaba Group Holding Limited)2020年年报。

5.7 "看不见的手"

"看不见的手"是亚当·斯密在250年以前就已经提出的观点,在今天仍然未被动摇。在竞争市场中,所有的买方和卖方都在独立和自私地运作,而稀缺资源的利用却达到了经济效率,指引买卖大众的**"看不见的手"**(invisible hand)就是市场价格。"看不见的手"为达到经济效率提供了简单且实用的途径。

> **"看不见的手"**:即市场价格,它指引多个独立运作且自私的买方和卖方达到稀缺资源利用的经济效率。

我们应用亚当·斯密的观点来了解房屋租赁市场的租金。首先,我们先要定义**经济效率**(economic efficiency)。资源配置在达到以下三个条件时就实现了经济效率:

- 所有使用者达到相同的边际收益;
- 所有供应者以同样的边际成本运作;
- 边际收益等于边际成本。

> **经济效率**:所有使用者达到相同的边际收益;所有供应者达到相同的边际成本;边际收益等于边际成本。

一个具有经济效率的资源配置会最大化买方剩余和卖方剩余之和。如果资源的配置是有经济效率的,那么就没有办法重新配置资源以使一个人过得更好而不使另一个人过得更糟。

参见图5-1,市场均衡显示租金为每月2 000元、公寓出租数量为10 000个单位。第2章解释过,从需求方看,一个租客会租到一定数量的公寓。而在这个数量上,边际收益等于市场租金。事实上，每一个租客都是如此。在一个完全竞争的市场上，所有租客都面临相同的租金2 000元。因此他们各自的边际收益都是相同的。这就满足了经济效率的第一个条件。

那么房东呢？第4章解释过，从供给方看，一个房东会出租一定数量的公寓，在这个数量上，边际成本等于市场租金。在这个数量上，房东的利润会最大化。在一个完全竞争的市场上，所有房东都面临相同的租金2 000元。因此，为了实现自身利益最大化，每一个房东都会提供一定数量的公寓，并且在此数量上，所有房东的边际成本都是相同的。这就满足了经济效率的第二个条件。

因此，所有的租客都要平衡边际收益与租金，而所有的房东都要平衡边际成本与租金。但是，在市场均衡点上，所有租客和所有房东面临相同的租金。也就是说，边际收益和边际成本是相等的。这就是经济效率的第三个条件。因此，一个完全竞争市场满足经济效率的三个条件。

参见图5-1，abh 区域是买方剩余，而 hbc 区域是卖方剩余。买方剩余与卖方剩余的和是区域 abc。

■ 价格的两个作用

房屋租赁市场的例子展示了亚当·斯密的"看不见的手"的力量。市场价格指导多个独立运作且自私的买方和卖方达到经济效率。

市场价格在实现经济效率的过程中起着两个作用。第一，价格传递了所有的必要信息。它告诉买方要购买多少，告诉卖方应供给多少。

第二，价格促使每一个买方将其购买量调整至边际收益等于市场价格的水平。在此购买量之下，买方剩余达到最大化。类似地，价格也促使卖方将供给量调整至边际成本等于市场价格的水平。在此供给量之下，卖方的利润达到最大化。

> **市场（价格）体制**：自由变动的价格指引着资源配置的经济体制。

市场体制（market system）或**价格体制**（price system）描述了一种经济体制，在此种经济体制中，自由变动的价格指引着资源的配置。"价格体制"这个术语，明确了价格在市场体制中扮演的关键角色。"看不见的手"在实现经济效率的过程中扮演的角色是市场体制的理论基础。

> **进度检测 5F**
>
> 解释价格在市场体制中所起的两个作用。

■ 扭曲

一个关于"看不见的手"的推论是，在完全竞争的条件下，对市场价格的任何扭曲都会降低经济效率。这个扭曲可以是最高限价、最低限价、税收或者补贴。任何这样的扭曲都会造成经济效率的损失。

为了进一步说明,假定在一个公寓租赁市场上,政府将租金限制在每月最高 1 800 元。参见图 5-6,潜在租客需要 12 000 个单位公寓,但是房东只供给 9 500 个单位。这个市场均衡在点 j,在这个点上,超额需求为 2 500 个单位。

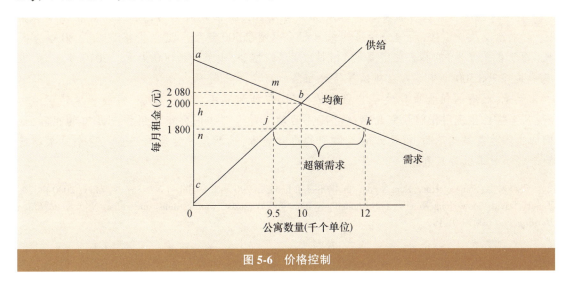

图 5-6　价格控制

租金控制确实减少了租金,但仅仅只是对那些很幸运的可以租到公寓的人。在均衡点上,供给 9 500 个单位公寓的边际成本等于租金,也就是每月 1 800 元。但是,第 9 500 个单位的公寓所对应的边际收益是更高的,也就是每月 2 080 元。因此,边际收益不等于边际成本。这违反了经济效率的一个条件。

应用买方剩余和卖方剩余的概念,我们可以数量化经济效率的损失。在图 5-6 中,买方剩余是梯形 $amjn$ 的面积,是介于需求曲线、价格线以及供给数量之间的区域。卖方剩余是三角形 njc 的面积,是介于价格线以及供给曲线之间的区域。买方剩余和卖方剩余的和是梯形 $amjc$ 的面积。

相反地,如果没有租金限制,市场均衡会在点 b,其相应的租金为每月 2 000 元,公寓数量为 10 000 个单位。那么,买方剩余和卖方剩余的总和即为三角形 abc 的面积。

对比实施和未实施租金控制的市场均衡,我们知道租金控制会降低买方剩余和卖方剩余的和,减少量为三角形 mbj 的面积。这个面积代表了市场价格扭曲时的经济效率损失。

只有在市场是完全竞争时,价格扭曲才会减少经济效率。如果市场在某种程度上是非完全竞争的,对市场价格的偏离或许是有效率的。第 13 章会阐述类似的情况。

进度检测 5G

在图 5-6 中,如果政府将租金控制在每月最高 1 900 元,指出经济效率的损失。

小案例

香港：将公共出租公寓作为储藏室

香港房屋委员会及房屋署为大约 45% 的香港居民提供政府补贴的公租房。在香港观塘区、深水埗以及沙田区，新的公租房的每月租金只有 2 500 港元。这个价格远低于 80 平方英尺（约 7.4 平方米）的私人住宅里的"棺材之家"的租金，也就是 5 000 港元。2019 年 1 月，香港一共有 268 500 个申请人在排队等待公租房。

但是，低廉的租金也导致了公租房的滥用，包括租客不住进公租房、将公租房转租给他人，甚至将公租房用作储藏室或者进行商业活动。对于那些把公租房用作储藏室的租客，他们的边际收益虽然不高，但是却高于他们的边际成本，也就是补贴后的租金。这个结果就是缺乏经济效率的资源利用。

资料来源：Some of Hong Kong's poor finally feel at home in 290 sq ft modules[N]. *Straits Times*, 2020-09-29; Vetter, David. How Hong Kong's public housing system works: Costs, waiting times and sales[N]. *South China Morning Post*, 2019-01-19.

知识要点

- 在均衡价格，需求量等于供给量，并且该价格不会改变。
- 如果市场价格超出均衡价格，将会产生超额供给，价格将会趋于下降。
- 如果市场价格低于均衡价格，将会产生超额需求，价格将会趋于上涨。
- 供给的变动对市场价格和产量的影响取决于供给和需求的价格弹性。
- 需求的变动对市场价格和产量的影响取决于供给和需求的价格弹性。
- 由市场变化所引起的归宿取决于供给和需求的价格弹性。
- 价格体制保证了资源配置的有效性。

复习题

1. 生鲜蔬菜市场在哪些方面符合完全竞争市场的要求？
2. 二手车市场在哪些方面符合完全竞争市场的要求？
3. 卖方必须持有政府牌照的要求将会如何影响行业竞争性？
4. 如果一个市场处于超额供给状态，价格将如何变化？
5. 如果一个市场处于超额需求状态，价格将如何变化？
6. 假设消费者排队购买世界杯足球赛的门票。这表示存在超额需求还是超额供给呢？
7. 假设公寓存在超额供给，那么消费者收入的降低会如何影响超额供给呢?
8. 解释为何寒冷天气对燃油价格的影响取决于供给的价格弹性。
9. 解释为何消费者收入增加对小汽车产量的影响取决于需求的价格弹性。
10. 解释为何工资增长对于餐饮业价格的影响取决于需求的价格弹性。
11. 考虑一个二手车市场,卖方需要支付一定的佣金。解释买方价格和卖方价格的差别。
12. 露娜餐厅需支付20%的餐费给第三方送餐平台来配送餐食。解释买方价格和卖方价格的差别。
13. 一条新的运输线路可以降低由德国到澳大利亚的汽车运输费用。哪一方会从中受益呢?是德国汽车制造商,还是澳大利亚的消费者?
14. 解释"看不见的手"是如何有经济效率地配置资源的。
15. 判断对错:任何对市场价格的扭曲都会降低经济效率。

讨论案例

1. 纽约市有100万个公寓受限于租金稳定政策。租金指导委员会规定了最近的租金变化幅度:每年上涨幅度不得超过2.5%。哥伦比亚商学院Stijn Van Nieuwerburgh教授估计,平均来讲,一个人若是幸运地租到这样一个公寓,相当于比市场价少付了7%,并且20年后会少付45%。
   (a) 讨论租金稳定政策是否会引起超额需求或超额供给。
   (b) 运用相关需求及供给曲线,描述出租公寓的市场均衡。
   (c) 解释为什么潜在租户会行贿以获取租金稳定的公寓。
   (d) 当人们转向在家工作时,这会如何影响(b)中的均衡呢?
2. 自2020年年初新冠疫情暴发以来,中国口罩市场曾一度出现供需失衡、价格急剧上涨的情况。Jan运营一家公关公司,有国际贸易相关人脉,于是他在疫情初发时,主动请缨为亲友在全球各地询购口罩。他还记得,疫情未公布时,一盒50片的医用口罩在香港的售价约为50元港币。但情况在农历新年前夕武汉宣布"封城"时瞬间改变。"一夜间,口罩成了战略物资,"Jan回忆道,"口罩售价骤升至100元一盒,甚至有钱都买不到。"
   (a) 讨论在中国口罩短期供给的价格弹性。
   (b) 运用适当的需求和供给曲线,解释新冠疫情的暴发对口罩市场短期均衡的影响。
   (c) 讨论在中国口罩长期供给的价格弹性。
   (d) 在问题(b)的图中,画出长期供给曲线,并讨论短期均衡和长期均衡的差别。
3. 苹果公司将iPhone手机外包给中国的制造商生产。截至2021年5月,人民币对美元的汇率为1元人民币兑换0.16美元。
   (a) 如果人民币升值,比如升值为1元人民币兑换0.18美元,这会如何影响iPhone手机供应到美国的成本?
   (b) 如果人民币对美元升值10%,下面哪一个选项可以更合理地解释为何美国的iPhone手机价格上涨少于

10%。(i) 批发商的成本只等于零售商成本的一部分。(ii) 美国iPhone手机的零售需求是缺乏弹性的。(iii) 美国iPhone手机的零售供给是缺乏弹性的。

4. 由于新冠疫情的暴发，英国政府敦促公司允许员工在家工作以减少外出。伦敦中央区的租金下降了约7%，由每月1 673英镑下降到每月1 556英镑。

   (a) 在家工作如何影响伦敦中央区公寓的需求？又如何影响伦敦郊区公寓的需求？

   (b) 外出限制如何影响少于一星期的短租公寓的需求？对比外出限制对伦敦中央区公寓房东和郊区公寓房东的影响。

   (c) 用(a)和(b)中的答案以及合适的需求、供给曲线，解释为什么租金的下降主要发生在伦敦中央区。

5. 伊拉克的库尔德斯坦地区估计拥有450亿桶原油储存。原油本是通过卡车经土耳其出口的。在2013年年底，该地区政府完成了一个直径为20英寸的连接伊拉克和土耳其主管道的通道。这个连接通道每日可以输送12.5万桶原油至土耳其港口Ceyhan。

   (a) 比较原油通过卡车运输和管道运输的固定成本以及边际成本。

   (b) 通过卡车与管道供给原油，哪种方式的沉没成本更大？

   (c) 画出从库尔德斯坦输送至土耳其的原油的短期供给曲线。在供给曲线上标出通过卡车和管道的供给。(提示：思考管道供给原油和卡车供给原油，哪个更缺乏价格弹性。)

   (d) 对库尔德斯坦地区原油的需求随着世界市场状况而波动，原油管道运输市场与卡车运输市场中，哪个市场的价格更不稳定？

6. 英国2019年《租客费用法案》(Tenant Fees Act)中禁止中介向租客收取佣金。政府解释说，这项法律要求房东支付佣金，这样会增加地产中介的积极性并提供更高的服务。

   (a) 考虑2019年之前的情况。假设租客支付每月100英镑的佣金而房东什么都不用付，并且假设市场均衡是每月租金为1 000英镑、20 000个租出的公寓单位。(i) 运用合适的需求和供给曲线描述均衡。(ii) 买方和卖方的价格分别是多少？

   (b) 现在假设新的规定开始实施。房东需要支付每月100英镑的佣金而租客什么都不用付。那么，这会如何影响该均衡？如何影响买方以及卖方的价格？

   (c) 如果公寓市场不是完全竞争的，那么该法律也许是合理的。在公寓租赁市场中，哪个假设是不符合完全竞争模型的？

7. 阿里巴巴集团管理着庞大的B2C(企业对消费者)业务，其使命是"让天下没有难做的生意"。2020年3月，天猫平台上就有250 000个品牌与商家。商家需向阿里巴巴支付营销费用以及不超过5%的销售收入作为佣金，具体费用依商品类别而定。

   (a) 在没有阿里巴巴以前，假定零售成本是零售价格的10%，零售价格是100元，每月可售出50 000件商品。(i) 运用合适的需求和供给曲线描述均衡。(ii) 买方和卖方的价格分别是多少？

   (b) 假定阿里巴巴将零售成本降低到零售价格的5%。这会如何影响均衡、买方和卖方价格？

(c) 低参与度产品是指经常购买且消费者不会花很多时间去考虑的产品。比较低参与度产品和其他产品。哪一个更具有需求弹性？

(d) 哪一类消费者会从阿里巴巴受益更多？是购买低参与度产品的消费者，还是购买其他产品的消费者？

8. 香港特区房屋委员会及房屋署为大约45%的香港居民提供政府补贴的公租房。在香港观塘区、深水涉以及沙田区，新的公租房的每月租金只有2 500港元。这个价格远低于80平方英尺（约7.4平方米）的私人住宅里的"棺材之家"的租金，也就是5 000港元。2019年1月，香港一共有268 500个申请人在排队等待公租房。

(a) 运用合适的需求和供给曲线，描述公租房市场的均衡。

(b) 考虑一户已经搬离公租房的家庭需要一间储藏室。（i）解释为什么他们会将公租房当作储藏室。（ii）对比将公租房作为储藏室的边际收益与边际成本。

(c) 如果房屋委员会及房屋署收取与市场价格相对应的租金，人们还会将公租房用作储藏室吗？

9. 为了支持当地农民，印度政府以最低支持价格购买大米作为国家储备粮。截至2021年4月，政府已经积累了5 000万吨大米。这超出了目标储备粮的3.5倍。普通大米的最低支持价格为每公斤18.68卢比。

(a) 假设没有政府的支持，大米的自由市场价格是每公斤15卢比。运用合适的需求和供给曲线描述该均衡。

(b) 在你的图中，表示出政府价格支持的效果。

(c) 超额供给如何依赖于需求和供给的价格弹性？

(d) 假设在政府的支持下，大米的市场价格是最低支持价格。对比以下两种情况的总剩余（即买方剩余和卖方剩余的和）：（i）自由市场均衡；（ii）在政府价格支持下的均衡。

第 2 篇

市场力

第6章 成本
第7章 垄断
第8章 定价策略
第9章 策略性思考

第 6 章
成　本

学习目标

- 理解机会成本的概念；
- 理解沉没成本的概念；
- 了解规模经济的概念；
- 了解范围经济的概念；
- 学会避免成本决策中的行为偏差。

6.1　引言

中国政府一直以来大力支持新能源汽车产业的发展。在政策和市场的双重支撑下，中国不断涌现出造车"新势力"。其中，市场份额占比较大的企业包括蔚来汽车（NIO）、理想汽车（Li Auto）、小鹏汽车（Xpeng）等。但是，这些制造商也面临一个棘手的问题——难以实现盈利！[①]

根据 2021 年第二季度的财报，蔚来汽车第二季度的营收达 84.48 亿元，与上年同期相比增长 127.2%，但是第二季度的运营亏损为 7.633 亿元。理想汽车在第二季度也处于净亏损

[①] 此讨论基于以下资料：小鹏汽车宣布武汉制造基地正式签约［EB/OL］.（2021-04-08）［2022-09-15］. https://finance.sina.com.cn/tech/2021-04-08/doc-ikmxzfmk5732980.shtml；中国平安证券.造车新势力研究系列–资本开支对比［R/OL］.（2020-09-08）［2022-09-15］. https://pdf.dfcfw.com/pdf/H3_AP202009081409414033_1.pdf?1599591774000.pdf；特斯拉 Q3 在华收入大增近八成　上海工厂低成本主推公司毛利率［EB/OL］.（2021-10-26）［2022-09-15］. https://finance.sina.com.cn/tech/2021-10-26/doc-iktzscyy1805477.shtml.

状态，亏损额达 2.36 亿元。而小鹏汽车成了"新势力"三强里的"亏损王"，第二季度净亏损近 12 亿元。

为什么三家造车"新势力"企业会难以盈利呢？造成亏损的原因无非是收入无法弥补成本。三家公司的研发费用和销售行政费用均维持在较高水平。以小鹏汽车为例，从 2018 年开始到 2020 年上半年，对应当时约 1.8 万辆的累计交付规模，小鹏汽车的总投入为 98 亿元人民币，平均单车投入约 54 万元。其中研发费用为 38 亿元，销售行政费用约 26 亿元。截至 2020 年上半年，公司在中国和美国共有 3 676 名员工，其中研发人员占 43%。

2021 年 4 月 8 日晚间，小鹏汽车官方宣布，其已与武汉经济技术开发区管理委员会正式签署"小鹏汽车武汉智能网联汽车制造基地及研发中心项目投资协议"。项目将建设产能 10 万辆的整车生产工厂。另外，据路透社 7 月的报道，小鹏汽车将在两年内推出一个新的产品平台，可以开发针对不同市场且不同尺寸的几款车型。

反观电动车行业的龙头老大特斯拉。其 2021 年第三季度财报显示，特斯拉该季度在中国区收入达 31.131 亿美元，同比大增 78.5%。文件显示，特斯拉第三季度汽车毛利率大幅提高，主要归功于上海工厂的生产成本下降。特斯拉于 2019 年年初在上海开工建设超级工厂，该工厂于 2020 年 1 月正式交付使用。上海工厂扩大了特斯拉的产能，使得 Model 3 和 Model Y 的单位平均成本显著下降。

为什么小鹏汽车要建设新的生产工厂来扩大产能呢？增加小鹏汽车的生产量对于其单位成本又有何影响？为什么小鹏汽车要推出可以开发不同尺寸、不同车型的新的产品平台呢？特斯拉为什么要在上海建设超级工厂？上海工厂又是如何降低 Model 3 和 Model Y 的生产成本的呢？

为了回答这些问题，我们引入一个框架来理解成本因素。首先，我们要区分经济成本和会计成本。在任何规划范围内，成本要么是沉没的，要么是可以避免的。沉没成本是已经承诺且无法避免的成本。会计成本不同于经济成本，包括沉没成本和被忽略的机会成本。

经济成本对于分析与生产量相关的成本十分有用。固定成本并不随着产量规模的变动而变动，而可变成本则相反。固定成本是规模经济的实质因素。如果在制造电动汽车的固定成本很高，则电动汽车制造商就可以通过提高生产量来降低单位成本。

另一种分析成本的方式是看成本是否会随着生产范围的变化而变化。联合成本并不随产品数量的变化而变动，因此成为范围经济的实质因素。联合成本可以用来解释为何小鹏汽车要推出一个新的产品平台以开发针对不同市场且不同尺寸的几款车型。这样做可以使其从关联车型的范围经济中获利。

6.2 经济成本

最容易获得成本信息的途径是会计报表。经济成本的概念和会计成本的概念相关但不同。具体来说，传统的会计成本无法揭示出有效商业决策的一些重要成本，而仅仅是展现出一些与有效商业决策无关的成本。

经济成本包括机会成本。机会成本就是放弃最佳备选方案并坚持现有的选择而产生的影响。由于坚持现在的选择,决策者不得不放弃最佳备选方案带来的利益。为了做出正确的决策,企业决策者必须考虑机会成本。

然而,经济成本并不包括沉没成本。沉没成本是无关于企业决策的,因为它们已经产生并且无法恢复。因此,在做商业决策时,管理者必须忽略沉没成本。

相应地,经济成本等于会计成本加上机会成本并减去沉没成本:

$$经济成本 = 会计成本 + 机会成本 - 沉没成本 \quad (6.1)$$

参见图 6-1,我们可以用两种方法来分析可避免的成本。第一种方法是看它们是如何随着生产量的变化而变化的(也就是从固定成本与可变成本两方面入手);另一种方法是看它们是如何随着生产范围的变化而变化的(也就是从联合成本与特定成本两方面入手)。下面,我们会详细介绍机会成本、沉没成本、固定成本、可变成本、联合成本以及特定成本的概念。

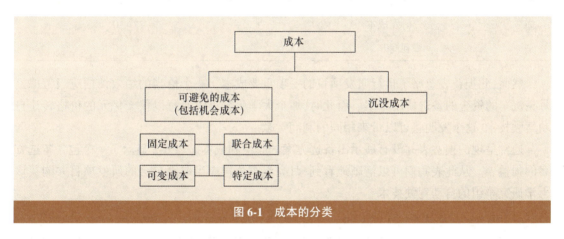

图 6-1 成本的分类

> **进度检测 6A**
>
> 解释会计成本与经济成本之间的差别。

6.3 机会成本

为了阐明机会成本这个概念,我们举一个例子。月亮汽车公司募集了 10 亿元的资金。公司考虑将这 10 亿元投入研发自动驾驶技术。预计这种新技术将产生 20 亿元的利润贡献(利润贡献是指营业收入减去可变成本的净值,未包含研发成本)。当前月亮汽车公司尚未着手开始此研发项目。

与此同时，一个大学的研究小组已经研发出一种类似的自动驾驶技术，并有意将此发明以 2 亿元的价格转让给月亮汽车公司。这个大学研究小组所研发出的自动驾驶技术与公司自行研发的自动驾驶技术相同，并预计同样可以产生 20 亿元的利润贡献。如果月亮汽车公司必须从自行研发或者购买大学研究小组的发明之间选择一种，它应当如何决策呢？

■ 备选方案

表 6-1 展示了研发项目的一个预计损益表。利润贡献为 20 亿元，而研发成本为 10 亿元。对于 10 亿元的投资，项目的预计利润为 10 亿元。所以投资的回报率是 10/10＝100%，这是一个相当高的回报率。

表 6-1　传统损益表（亿元）

利润贡献	20
研发成本	10
利润	10

然而，此损益表忽略了自行研发项目的一项重要成本。一个恰当的绩效评估应当考虑到月亮汽车的资金的备选使用方案。而此时，那个大学研究小组愿意以仅 2 亿元的价格转让自动驾驶技术，这个发明将可以带来相同的利润贡献。

通常呈现的损益表并没有展示出备选方案的收益和成本。表 6-2 显示了一个包含备选方案的损益表。从此表我们可以清晰地看到，月亮汽车公司应当取消自己的研发项目并购买该大学研究小组的自动驾驶技术。

表 6-2　体现备选项的损益表（亿元）

	自行研发	取消研发项目并购买新技术
利润贡献	20	20
研发成本	10	0
外部购买	0	2
利润	10	18

■ 辨别机会成本

> **机会成本**：放弃最佳备选方案所产生的影响。

如果施行其自有的研发方案，月亮汽车公司就放弃了购买大学研究小组的新技术的机会，而这个机会将为其带来 18 亿元的利润。执行当前方案的**机会成本**（opportunity cost）就是放弃最佳备选方案所产生的影响。在月亮汽车公司这个案例中,备选方案只有一个,而机会成本是18亿元。

我们可以用另一种方式来表述,通过运用机会成本的概念解释继续研发项目这一行为的成本和收益。根据等式(6.1),经济成本包含机会成本。表6-3展示了简化的损益表,包含了研发成本和机会成本。自行研发计划的(经济)利润仅为-8亿元,这就产生了损失。这样我们就很清楚地知道月亮汽车公司应该取消研发项目。

表 6-3 体现机会成本的损益表(亿元)

	自行研发
利润贡献	20
研发成本	10
机会成本	18
利润	-8

如上所述,我们有两种方法可以揭示相关成本:直接分析各种备选方案的收益或是运用机会成本的概念进行分析。在分析正确的情况下,两种方法得出的结论将是一致的。

在月亮汽车公司的例子中,只存在一种备选方案。当存在多种备选方案时,直接分析的方法依然适用。然而,机会成本的方法就会变得较为复杂:我们首先要确定哪一种方案是最优方案,然后计算出该方案的净收益,此净收益为现行决策的机会成本。

传统的会计成本核算仅仅专注于管理层所做决策的会计成本,而备选方案的成本和收入并没有被纳入考虑范围。因此,这种方法忽略了不包含在现金流中的相关成本。相关成本经常被忽略的原因之一是:备选方案及其机会成本会随着外界条件的变化而变化,因而,它们很难被度量和检验。会计成本核算方法只关注可以很容易被检验的成本,而忽略了机会成本。

> **进度检测 6B**
>
> 假设这个大学研究小组需要4亿元来研发自动驾驶技术,那么月亮汽车公司进行研发工作的机会成本是多少?正确的决策是什么?

 小案例

北大光华管理学院 MBA:成本分析

2023年,北大光华管理学院全日制MBA(工商管理硕士)项目的学费为两年18.8万元,总的费用还要包括住宿费、书本费和餐食费等。该学院发布的《2020届毕业生就业报告》显示,有32.3%的学员毕业后的年薪在15万元到40万元之间,有33.3%的学员毕业后的年薪在40万元到60万元之间。

但是，申请 MBA 项目的学员还应注意到机会成本。在北大进行全日制学习意味着该学生需要放弃两年的收入以及这两年里可能得到的职业发展。所以在考虑是否进行 MBA 全日制学习时，学员还应该考虑机会成本的大小。

延展问题：修读 MBA 的收益有哪些？成本有哪些？

资料来源：北京大学光华管理学院 2020 届毕业生就业报告［EB/OL］．［2022-09-14］．https://www.gsm.pku.edu.cn/cdc/2020jiuyebaogaozhongwenban.pdf；北京大学光华管理学院 2023 年工商管理硕士（MBA）专业学位研究生招生简章［EB/OL］．［2022-09-14］．https://www.gsm.pku.edu.cn/mba/zsxx/zsjz/dlxszsjz.htm．

 小案例

"鱼与熊掌不可兼得"：机会成本

"鱼与熊掌不可兼得"出自《孟子·鱼我所欲也》："鱼，我所欲也，熊掌，亦我所欲也；二者不可得兼，舍鱼而取熊掌者也。"本意不是说二者必然不可兼得，而是强调当不能兼得的时候，我们应当如何取舍。从机会成本的角度来看，放弃的鱼就是一个人选择熊掌的代价，而放弃的熊掌就是一个人选择鱼的代价。在面临多种选择时，无论一个人做何选择，它都会产生机会成本。

6.4 沉没成本

沉没成本：已经被承诺并不可避免的成本。

在第 4 章我们已经介绍了，**沉没成本**（sunk cost）是已经被承诺并不可避免的成本。既然沉没成本无法避免，那么它们就与商业决策无关并应被忽略。

要理解沉没成本这个概念以及忽略沉没成本的原因，让我们对月亮汽车公司的例子稍做修改。假设月亮汽车公司没有购买大学研究小组的自动驾驶技术，而是已经支出了 5 亿元用于新技术的自主研发。同时，这个大学研究小组已经将新技术卖给了另一家公司。该公司很快为其申请了专利并将很快开始销售。面对此种竞争形势，月亮汽车将新技术的预计利润贡献自 20 亿元调低到了 8 亿元。月亮汽车公司应当取消这项研发项目吗？

■ 备选方案

表 6-4 展示了此项研发项目的预计损益表。对于 10 亿元的研发成本可以得到 8 亿元的利润贡献，预计利润为 −2 亿元，即 10 亿元的投资将产生 2 亿元的亏损。显然，月亮汽车公司

应该取消此研发计划。

表 6-4 传统损益表(亿元)

利润贡献	8
研发成本	10
利润	−2

然而,传统损益表忽视了这种情况,即月亮汽车公司投入的部分研发成本已经发生。所以,对于是否继续该研发项目的合理评估应该考虑备选方案的利润状况。

表6-5同时列出了与备选方案相关的利润贡献和成本。如果月亮汽车公司继续该研发项目,则利润贡献将为8亿元。由于比研发成本10亿元低,月亮汽车公司将从此项目中损失2亿元。与之相比,如果月亮汽车公司取消该研发项目,利润贡献则为0。考虑到月亮汽车公司即使取消研发项目,那5亿元的研发成本也已经产生,则月亮汽车公司取消研发项目将会产生−5亿元的利润。所以,月亮汽车公司仍然应该继续研发项目,在继续研发项目的情况下公司的损失比取消研发项目要小。

表 6-5 体现备选项的损益表(亿元)

	继续研发	取消研发
利润贡献	8	0
研发成本	10	5
利润	−2	−5

■ 辨别沉没成本

即便放弃该研发项目,月亮汽车公司也不能完全收回其5亿元的研发成本。一些成本已经支出,成为沉没成本,因而应当在进行商业决策时被忽略。月亮汽车公司做出正确决策的另一种方法是运用等式(6.1)列出一个简单的损益表,其中忽略沉没成本而只包含可避免成本。

如表6-6所示,表中列出的仅有可避免成本而非所有的现金支出。总利润贡献为8亿元,可避免的研发成本仅为5亿元。如果月亮汽车公司继续该研发项目,它将得到3亿元的经济利润。因此,正确的决策是继续该研发项目。

表 6-6 忽略沉没成本的损益表(亿元)

	继续研发
利润贡献	8
研发成本	5
利润	3

■ 制定决策

我们已经介绍了两种处理沉没成本的方法：明确考虑备选方案，或者是从利润表中完全剔除沉没成本。在正确运用的情况下，两种方法均可以得出相同的商业决策。

在月亮汽车公司的案例中，只有一个备选方案。在存在多个备选方案的情况下，明确考虑备选方案的方法仍然适用，但剔除沉没成本的方法将变得复杂。哪些成本是沉没成本取决于当前备选方案的情况。所以，明确考虑备选方案这种方法更为简单易行。

传统的成本会计核算方法专注于管理层执行某个方案所产生的现金流。这些方法体现了现金流中包含的所有成本，包括沉没成本。要做出更有效率的商业决策，管理者不能仅仅关注传统会计报表中的成本，亦应当忽略沉没成本。

■ 承诺和计划展望期

沉没成本的大小与两个因素有关：过去的承诺和计划展望期。如上，当我们分析月亮汽车公司的决策时，它已经产生了 50% 的研发成本。在早一些的时间点上，研发成本中沉没成本的比例就会更小。如果月亮汽车公司能更早地知道竞争对手的信息，正确的决策就会是取消研发项目。

从该角度来说，在做出有可能成为沉没成本的承诺时，企业管理者应该更加小心。在第 9 章我们将会讨论管理者如何利用投资所产生的沉没成本来对竞争对手的行为产生影响。

> **进度检测 6C**
>
> 如果月亮汽车公司知道竞争对手的信息时已经投入了 10% 的资金在研发项目上，那么月亮汽车公司继续研发项目的成本是多少？正确的决策又是什么？

新东方关停学科类培训业务并捐 8 万套课桌椅给乡村学校

2021 年 10 月，新东方宣布将停止经营中国内地义务教育阶段学科类校外培训服务。关闭教培业务导致新东方退租了部分教室。可是，一些闲置的课桌无处安放。如果按废品卖掉，这些课桌根本不值什么钱，所以新东方便想到把这些崭新的课桌椅捐献给乡村学校，以避免浪费。于是全国各地的新东方分校都纷纷响应，为需要帮助的中小学提供了将近 8 万套的课桌椅。

虽然新东方关停了部分业务，但是一些成本已经发生，如购买课桌椅的费用。即便关停了业务，这些成本也无法再收回。这就是我们说的沉没成本。

延展问题：捐出课桌椅对新东方来讲是损失吗？为什么？

资料来源：俞敏洪：教培时代结束 新东方捐8万套课桌椅给乡村学校［EB/OL］.（2021-11-04）［2022-09-15］. https://edu.sina.cn/eduonline/2021-11-05/detail-iktzqtyu5567320.d.html.

6.5 规模经济

要做出有效率的商业决策，管理者必须识别所有相关成本，并理解这些成本如何随不同的商业规模而变化。

任何组织都会面对的一个基本问题是它应当以何种规模运行。大规模的生产意味着大量的市场营销活动和较低的定价政策。相对来说，小规模生产则专注于细分市场，并采取较高的定价政策。成本与生产规模或生产量之间存在着何种联系？（以下我们将生产规模和生产量当作同义词。）

■ 长期中的固定成本和可变成本

要解决这个问题，我们需要回顾一下第 4 章中介绍的固定成本和可变成本之间的区别。固定成本是不随生产量变化而变化的投入成本，它支持着多个单位的产品的生产。可变成本是随着生产量变化而变化的投入成本。两个概念的区别无论在短期还是长期内均存在。

为了阐明长期固定成本和长期可变成本之间的区别，我们还是以月亮汽车公司为例。假设月亮汽车公司已经研发出了自动驾驶技术并且计划应用该技术来生产自动驾驶车辆。表 6-7 展现了生产量多达每月 90 000 辆时，月亮汽车公司的各项成本。生产需要在劳动力和生产设施上有一些基本的成本。但是，产量的增加就需要更多的劳动力和生产设施。

表 6-7 自动驾驶车辆的生产成本

生产量（千辆）	劳动力（亿元）	零部件（亿元）	设备（亿元）	技术（亿元）	总和（亿元）
0	0.5	0	1.0	3.0	4.5
10	1.0	1.0	1.2	3.0	6.2
20	1.5	2.0	1.4	3.0	7.9
30	2.0	3.0	1.6	3.0	9.6
40	2.5	4.0	1.8	3.0	11.3
50	3.0	5.0	2.0	3.0	13.0
60	3.5	6.0	2.2	3.0	14.7
70	4.0	7.0	2.4	3.0	16.4
80	4.5	8.0	2.6	3.0	18.1
90	5.0	9.0	2.8	3.0	19.8

相反,在研发技术上的花费在各个生产量下都是相同的,也就是每月 3 亿元。如果月亮汽车公司想要多生产一辆汽车,它并不需要使用更多的技术,相同的技术可以支持任何产量的生产。(在生产技术上的花费主要是指维护和更新等费用,因此这不是一项沉没成本。)

表 6-8 将每一项成本都划分到相应的成本类别,也就是固定成本和可变成本。生产的固定成本是每月 4.5 亿元。大量的固定成本支出是所有科技企业的一个显著特点。随着生产量由 0 增加到每月 90 000 辆,可变成本也随之增加,从 0 增加到 15.3 亿元。

表 6-8 对固定成本和可变成本的分析

生产量 (千辆)	固定成本 (亿元)	可变成本 (亿元)	总成本 (亿元)	边际成本 (万元)	平均固定成本 (万元)	平均可变成本 (万元)	平均成本 (万元)
0	4.5	0	4.5				
10	4.5	1.7	6.2	1.7	4.50	1.70	6.20
20	4.5	3.4	7.9	1.7	2.25	1.70	3.95
30	4.5	5.1	9.6	1.7	1.50	1.70	3.20
40	4.5	6.8	11.3	1.7	1.13	1.70	2.83
50	4.5	8.5	13.0	1.7	0.90	1.70	2.60
60	4.5	10.2	14.7	1.7	0.75	1.70	2.45
70	4.5	11.9	16.4	1.7	0.64	1.70	2.34
80	4.5	13.6	18.1	1.7	0.56	1.70	2.26
90	4.5	15.3	19.8	1.7	0.50	1.70	2.20

■ 边际成本和平均成本

根据对固定成本和可变成本的分析,我们可以看出成本怎样随生产规模而变化。在第 4 章中,我们还介绍了边际成本和平均成本的概念。边际成本是指每增加一单位的产量而引起的总成本的增加量。平均成本(单位成本)是用总成本除以产品数量而得到的。

让我们一起来计算月亮汽车公司的边际成本和平均成本。根据表 6-8,最初的 10 000 辆车的边际成本为 6.2-4.5=1.7 亿元,或者每辆 1.7 亿/10 000=1.7 万元。实际上,在所有的生产量上,边际成本都为 1.7 万元。

用总成本除以产品数量,我们能够得到平均成本。当产量为每月 10 000 辆时,平均成本为 6.2 万元;当产量增加到每月 90 000 辆时,平均成本下降为 2.2 万元。

为了弄清楚为什么平均成本会随产量的增加而减少,让我们回顾一下以上提到的,平均成本是平均固定成本加上平均可变成本,同时平均固定成本也可以由固定成本除以产量得到。在产量较大的时候,固定成本将由更多单位的产品来分担,从而使平均固定成本下降。平均可变成本一直保持在 1.7 万元。因此,当产量增加时,平均成本将会减少。图 6-2 显示了边际成本、平均可变成本和平均成本随产量变化而变化的情况。边际成本曲线和平均可变成本曲线是两条重叠的水平的直线。平均成本曲线向下方倾斜。

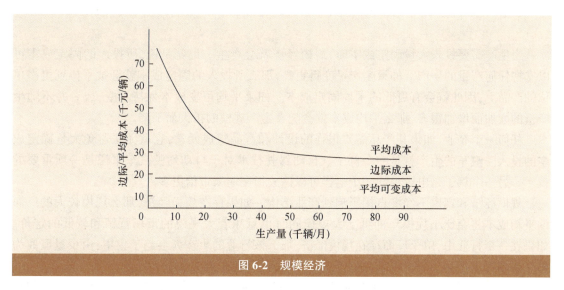

图 6-2　规模经济

如果一个企业呈现平均成本随产量增加而下降的趋势,则称之为规模经济(economies of scale)或规模报酬递增(increasing returns to scale)。在规模经济下,边际成本低于平均成本。由于每多生产一单位产品的边际成本低于它的平均成本,产品数量的任何增加都会使平均成本下降。因此,平均成本曲线是向下倾斜的。

> 规模经济(规模报酬递增):随着产量增加,平均成本趋于下降。

进度检测 6D

运用表 6-8 提供的数据,在图 6-2 中画出平均固定成本曲线。

■ 规模不经济

平均成本随产量扩大而增加的情况被称为规模不经济(diseconomies of scale)或规模报酬递减(decreasing returns to scale)。如果固定成本相对较少,而可变成本增加的比例大于生产规模扩大的比例,就会出现规模不经济。

> 规模不经济(规模报酬递减):随着产量增加,平均成本趋于上升。

平均成本是平均固定成本加平均可变成本。如果可变成本增加的比例大于产品规模扩大的比例,平均可变成本上升了。因此,达到某一规模后,平均可变成本的增加会超过平均固定成本的减少。这时,平均成本达到最小值。之后,平均成本会随产量的继续扩大而增加。

■ 策略指导

当生产需要投入大量固定成本时,规模经济就会产生。也就是说,所投入的固定成本可以支持任何产量的生产。如果生产量变得更高,那么所投入的固定成本就会被平摊到更多单位的产品上,因此就会有更低的平均固定成本。如果平均可变成本保持不变,或者并不随生产量的增加而增加很多,那么平均成本就会随着生产规模的扩大而下降。

任何一个企业,如果其产品需要很强的设计和产品组成元素,它就无法避免大量固定成本的投入。汽车的生产就是一个例子。自动驾驶技术对于自动驾驶汽车来说是一项重要的技术。另一个例子是电影。同一个电影可以播放很多遍来带给更多人欢乐。

规模经济和规模不经济直接影响到产业结构。如果存在规模经济,那么规模较大的厂商的平均成本将会比小规模厂商低。大规模同时也意味着大规模的市场营销和较低的定价。如果在一个行业中,单个厂商存在规模经济,那么该行业的生产就会趋于集中,由少量厂商为整个市场提供产品。一个极端的例子就是垄断,我们会在第 7 章中学习。

与此相反,如果一个行业中存在着规模不经济,那么厂商就应以较小的规模生产。与小规模生产相关的是细分市场和相对较高的价格。如果在一个行业中,供给厂商存在规模不经济,那么该行业的生产就会趋于分散。在第 5 章中提到过的完全竞争模型就是一个极端的例子。在这个例子中存在着很多厂商,没有任何一个厂商能够影响整个市场的需求。

造车新势力的棘手问题

在本章开篇,我们提到中国的新能源车制造商普遍面临一个棘手的问题,就是难以实现盈利。以小鹏汽车为例,从 2018 年开始到 2020 年上半年,对应当时 1.8 万辆的累计交付规模,小鹏总投入为 98 亿元人民币,平均单车投入约 54 万元。而小鹏汽车的价格一般都不超过平均单车成本。虽然有政府对新能源车的各项补贴,但小鹏汽车还是难以做到盈利。对于新能源车来说,研发费用占比相当大,这笔费用和汽车的产量并无直接关系。如果生产规模较小,那么每辆车所分摊的费用就会较大,平均生产成本就较高,盈利空间就变小了。所以,2021 年年初,小鹏汽车官方宣布,其将建设产能 10 万辆的整车生产工厂。当产能与产量提高时,新能源车的生产成本也会显著下降。

■ 沉没成本与固定成本

在公众和专业领域,"固定成本"这一术语常被用于两种不同的情况:一旦投入就不可避免的成本(正确的说法是沉没成本),以及不随生产量变化的投入成本(正确的说法是固定成本)。

根据图6-1,区分沉没成本和固定成本非常重要,因为这两个概念对于商业决策具有截然不同的指导意义。管理者们应当忽略沉没成本;相反,固定成本的存在可能产生规模经济,从而促使管理层决定以更大规模开展经营活动。两个概念存在混淆的原因是,大家都确信在短期内所有的固定成本都是沉没成本。

一些固定成本一旦发生即成为沉没成本。考虑月亮汽车公司的例子,它必须为研发自动驾驶技术付费,而这项设计可以用于生产任何数量的自动驾驶车辆。所以,研发成本是一项固定成本。而进一步来说,一旦它开始进行研发工作,此项成本就无法避免。所以,研发成本一旦产生即变为沉没成本。

然而,沉没成本并不是完全固定或能支持任何规模的生产量的。在完成自动驾驶技术的研发之后,生产商需要开始生产自动驾驶车辆,那么它就需要建一座工厂。工厂一旦建成就会产生沉没成本。如果自动驾驶车辆的需求足够高,生产商可能会考虑投资第二条生产线,这就需要扩建工厂,这同样也需要额外的投入。所以,制造自动驾驶车辆的成本并不是固定的,它的大小取决于生产规模。

并不是所有的固定成本都是沉没成本。比如,月亮汽车公司可以将它所研发出来的技术转让。那么这笔研发成本并不是全部沉没的,沉没的仅仅是在二次转让中仍然无法收回的那一部分成本。

 小案例

丰田子公司以5.5亿美元收购Lyft自动驾驶部门

一般来讲,公司在技术研发上的费用都是沉没成本,除非该技术可以被出售。美国网约车平台Lyft一直在增加它的研发资金,由2018年的3亿多美元(占收入的13.9%)增加到2020年的约9.09亿美元(占收入的38.4%)。部分研发资金用于对自动驾驶技术的研发。

2021年4月,丰田汽车和Lyft已经达成一致,Lyft的无人驾驶业务Level 5将被丰田旗下的"编织星球"(Woven Planet)公司以5.5亿美元收购。Lyft估计这项收购会使它们的研发费用每年减少约1亿美元。假定Lyft已经花费了3亿美元在研发自动驾驶技术上,那么丰田的收购价远高于Lyft的研发花费。

丰田对这次收购十分谨慎小心。它们会先付约2亿美元,剩余的3.5亿美元将在今后5年内支付。这种延付方式不仅推迟了丰田所需履行的购买承诺,而且推迟了沉没成本的产生。

资料来源:Hawkins, Andrew J. Toyota is buying Lyft's autonomous car division for $550 million[EB/OL]. (2021-04-26)[2022-09-15]. www.theverge.com/2021/4/26/22404406/toyota-lyft-autonomous-vehicle-acquisition-amount-deal.

6.6 范围经济

> **范围经济**：同时生产多种产品的总成本比分开生产它们的总成本低。

> **范围不经济**：同时生产多种产品的总成本比分开生产它们的总成本高。

除了规模，任何企业都会面临的另一个基本决策问题是，它应该提供多种不同的产品还是专注于一种产品。这个问题的答案很大程度上取决于成本和产品范围的关系。

如果同时生产两种产品的总成本比分开生产它们的总成本低，那么这两种产品间就存在**范围经济**（economies of scope）。相反，如果同时生产两种产品的总成本比分开生产它们的总成本高，那么这两种产品间就存在**范围不经济**（diseconomies of scope）。

■ 联合成本

让我们通过下面的例子来阐述生产范围是怎样影响生产成本的。假设月亮汽车公司的管理层正在考虑是投资自动驾驶技术在小汽车上还是卡车上，或者两种车型都可使用。表 6-9 中显示了生产成本。如果月亮汽车公司分别进行自动驾驶小汽车和自动驾驶卡车的研发，总成本将是 19 亿元。但是如果将这两个项目合成一个项目，总成本仅为 11 亿元。

表 6-9 联合/单项生产成本（亿元）

组织研发形式	成本
分别研发	
自动驾驶小汽车	10
自动驾驶卡车	9
联合研发	11

怎么解释这种成本上的差异呢？关键在于同一项自动驾驶技术既可以运用在小汽车上，也可以运用在卡车上。那么这种在两个车型上通用的技术的研发成本就是联合成本。

> **联合成本**：不随生产范围变化而变化的投入要素的成本。

> **特定成本**：那些针对某种特定产品的生产成本。

联合成本（joint cost）就是不随生产范围变化而变化的投入要素的成本。联合成本可以有效促进多种产品的生产。当联合成本较为显著时，范围经济就会较为显著。

特定成本（specific cost）是指那些针对某种特定产品的生产成本。参见表 6-9，在月亮汽车公司的例子里，假定联合成本是 8 亿元。那么，自动驾驶小汽车的特定成本是 2 亿元，而自动驾驶卡车的特定成本为 1 亿元。当把这些研发成本合并时，总成本就是 8+2+1=11 亿元。

■ 策略指导

当不同的商品需要大量共同的成本投入时,就会产生范围经济。共同成本投入可以是技术投入也可以是基础设施投入。当两种产品间存在范围经济时,共同生产它们可以降低成本。比如,mRNA 是一项能够激发免疫系统的技术。该技术可以应用在许多不同种类疫苗的研发上。因此,不同种类疫苗的生产就可实现范围经济。另一个例子是有线网络,它可以应用在宽带和有线电视上。这样联合提供宽带网络和有线电视服务的商家就能够以相对较低的成本提供服务。

当两种产品间存在范围经济时,企业就能以较低的生产成本同时生产两种产品。一般来说,一个企业生产两种产品会比只专注生产一种产品的成本更低。在存在范围经济的行业中,企业往往生产多种产品。

■ 范围不经济

如果联合生产两种不同产品的成本高于单独生产一种产品的成本,我们就说这两种产品间存在范围不经济。当不存在显著的联合成本,并且在同一地点生产一种产品会增加生产另一种产品的成本时,就出现了范围不经济。

当范围不经济起主导作用时,分开生产不同的产品就可以降低成本。因此,专业化厂商能以较低的成本胜过那些联合生产多种产品的竞争对手。在这样的情况下,管理者应该将目标定位在较窄的范围,集中生产一种产品。

> **进度检测 6E**
>
> 根据表 6-9,假设在联合研发的情况下,研发成本为 19 亿元,那么这种情况下是否存在范围经济?

小案例

小鹏汽车面向全球市场开发新车型

据路透社 2021 年 7 月报道,中国电动汽车生产商小鹏汽车董事长何小鹏接受采访时介绍,小鹏汽车将在两年内推出一个新的产品平台,该平台可以开发针对不同市场且不同尺寸的几款车型。

由于针对不同市场且不同尺寸的几款车型会使用同一产品平台,这样所产生的生产成本就会比为了制造不同车型而使用不同产品平台所产生的成本低。从这个角度来说,小鹏汽车将享有范围经济。

香港国泰航空

香港国泰航空(Cathay Pacific Airways)同时提供客运服务和货运服务。2020 年的新冠疫情对其客运服务和货运服务的影响是不同的。2019—2020 年,香港国泰航空的货运服务收入从 238 亿港元增长到 279 亿港元,增幅约为 17%;相反,客运服务收入从 740 亿港元降低到 120 亿港元,降幅约为 84%。

在香港国泰航空所运营的 239 架飞机中,除了 12 架纯粹的客运飞机,其他飞机均可在机体腹部载运货物。这体现了范围经济在客运服务和货运服务上的应用。2020 年,客运服务的减少降低了香港国泰航空机体腹部的载运量。即便如此,香港国泰航空的货运收入仍然增长了约 17%。

资料来源:香港国泰航空(Cathay Pacific Airlines)2020 年年报。

6.7 有限理性

管理者也是人,就像消费者一样,在决策中只具有有限的理性。在有关成本的决策中,管理者尤其容易受到维持现状偏见、沉没成本谬误以及被笔者称为"固定成本谬误"的影响。对那些在进行成本决策时深受这些偏见之害的管理者而言,本章的技术分析将尤其适用。

- **维持现状偏见**。人们倾向于保持现在的状况,这可能是由于懈怠。由于维持现状包含了沉没成本,维持现状偏见会加剧任何未能考虑机会成本的系统性失效。这导致更加坚持地维持现状而并不采取备选方案,尽管备选方案或许更加有益。考虑一个运营加油站的家庭。该加油站在当地的一个商业区,并且该家庭拥有加油站所在的土地。加油站的会计报表不会显示,如果在这块土地上建造办公大楼是否会产生更高的利润。因此这个家庭会继续从事现在的加油站生意,即维持现状。

- **沉没成本谬误**。人们对于沉没成本的一种反应就是增加使用和消费来平衡沉没成本。一个著名的例子是英法的超音速协和式飞机。这个项目早就被专业分析家认为是没有商机的,但英国和法国由于已经在协和式飞机项目上进行了很大的投资,便仍持续投入额外的资源。两国的行为恰恰证明了沉没成本谬误。人们用额外的支出来平衡沉没成本的倾向导致了投资过剩。

- **固定成本谬误**。固定成本谬误与沉没成本谬误相关联,但会导致相反的结果。固定成本谬误是指管理者普遍存在的把固定成本当作可变成本的倾向。这种倾向的产生可能是来源于长期收支平衡的条件,也就是说,总收入要覆盖总成本,这相当于平均收入要覆盖平均成本。固定成本谬误是设定一个目标生产量并且将固定成本分配到生产的每一单位产品上。从本质上讲,这样的分配会增加感知的可变成本,从而导致与利润最大化下的产量相比,生产不足。

> **进度检测 6F**
>
> 有限理性的管理者如何误解成本?

知识要点

- 要做出有效的商业决策,必须充分考虑备选方案,关注机会成本,忽略沉没成本。
- 机会成本就是放弃最佳备选方案所产生的影响。
- 沉没成本是无法挽回的,所以应谨慎投入此类成本。
- 规模经济源自固定成本,因为固定成本可以同时支持多个单位产品的生产。
- 在规模经济中,企业应当实现大规模生产,而产业将趋于集聚。
- 范围经济源自联合成本,因为联合成本可以支持多类产品的生产。
- 在范围经济中,企业应当生产多种产品。
- 管理人员在进行成本决策时应注意避免行为偏差。

复习题

1. 为什么会计成本核算方法不测量机会成本?
2. 在与一位潜在客户共进午餐时,销售员支付了餐费。对于该客户来说,为什么这次午餐不是免费的?
3. 郭氏家族在市中心拥有一座大楼并且在一层经营了一家百货商店。为什么郭氏家族要向百货商店里的店家收取租金?
4. 评论以下陈述:"大量退休员工的养老金支出导致我们的运营成本非常高。"
5. 评论以下现象:月亮汽车公司关闭了卡车制造部门。但是,一些和卡车制造相关的成本还是继续产生。
6. 参见表 6-1,沉没成本是否应该被分解为固定成本或可变成本,以及联合成本或特定成本?
7. 下面哪一种成本可以更好地测量多生产一单位产品所产生的成本?(a)平均成本;(b)平均固定成本;(c)平均可变成本。
8. 家庭医疗服务最主要的成本是人力资源成本。对于双倍数量的患者,一家诊所可能需要双倍数量的医生、护士和其他医务人员。此行业具有规模经济效应吗?
9. 判断正误:固定成本和沉没成本是相等的。
10. 解释联合成本和特定成本的差别。
11. 客运飞机可以载运货物。请解释航空业里的范围经济。
12. 阐述规模经济与范围经济之间的区别。
13. 会计报表里缺失对机会成本的估计。这会如何导致维持现状偏见?
14. 会计报表中报告沉没成本。这会如何导致沉没成本谬误?
15. 请评论以下陈述:"飞机上每个座位的平均成本为 200 元,我们不能将价格降到 200 元以下。"

讨论案例

1. 哈佛商学院估计 2022 年毕业的 MBA 学生的学习总成本为 213 636 美元。其中最大的一项花费为学费,每年 68 440 美元,也就是两年总共 136 880 美元。其学生毕业后的起薪中位数为 148 750 美元,而奖金为 30 000 美元。
   (a) 哈佛商学院并未提到参加 MBA 课程学习所产生的机会成本。这个机会成本是什么呢?
   (b) 考虑两个不同收入水平的人的机会成本。谁更有可能申请哈佛 MBA 项目?
   (c) 根据所报告的参加 MBA 课程学习的成本,解释个人在决策中会陷入哪种行为偏差:(i)沉没成本谬误;(ii)维持现状偏见;(iii)锚定效应。

2. 2020 年,LG 在全球智能手机市场上占 2% 的市场份额。LG 移动电话部门的运营损失为 8 410 亿韩元。在此前的五年里,该部门也发生了相似的损失。LG 决定关闭该部门。分析员 Ko Eui-young 预计关闭该部门会使 LG 的损失每年减少 5 500 亿韩元。然而,LG 会继续开发与移动性相关的技术来支持其他业务。
   (a) 用沉没成本的概念来解释 LG 会计报表报告的损失与分析员 Ko Eui-young 所估计的损失减少之间的差别。
   (b) 用联合成本的概念来解释 LG 会计报表报告的损失与分析员 Ko Eui-young 所估计的损失减少之间的差别。
   (c) 假定 LG 关闭所有业务,这将如何影响(a)中的沉没成本和(b)中的联合成本?

3. 在次贷危机发生时,美国汽车制造商克莱斯勒公司的销量受到了极大的冲击,而公司也于 2009 年 4 月陷入破产危机。随后公司将其品牌和其他资产出售给了 Fiat SpA 公司。表 6-10 列出了其各项资产的账面价值及预估的回收价值,包括土地、厂房及机器设备。
   (a) 下列哪个概念最好地描述了账面价值和预计回收价值之间的差值?(i)机会成本;(ii)沉没成本;(iii)联合成本。对你的回答做出合理解释。
   (b) 通过预计回收价值的最低和最高估计值,计算出平均回收价值。
   (c) 我们将账面价值与预计回收价值之间的差值除以账面价值的比率定义为"专用率"。计算出每项资产的专用率。
   (d) 解释沉没成本与专用率之间的关系。
   (e) 冲压器具是一种用于制造诸如车身等金属部件的重型工具。塑形器具是一种用于制造特殊汽车模型的工具。解释为何克莱斯勒的塑形器具比冲压器具具备更高的专用率。

表 6-10　克莱斯勒公司清算表(百万美元)

资产	账面价值	预计回收价值	
		最低估计值	最高估计值
组装工厂	2 205	110	220
冲压器具工厂	1 129	113	226
传动器具工厂	3 513	352	702
塑形器具工厂	1 337	—	67
设备、厂房等	487	5	24

4. 2007—2009 年的经济萧条对国际贸易造成了巨大的打击,油轮运输服务的需求以及油轮的日租用率都受到了巨大的影响。Nordic American Tanker Shipping 公司首席执行官 Herbjorn Hansson 指出:"大量负债的企业正处于艰难时期,如果每天赚 10 000 美元,而收支平衡点是每天 25 000 美元,则每天将损失 15 000 美元。"相反,Hansson 先生认为,由于没有负债,他的企业可以在困境中生存下去。即使每天赚 10 000 美元,他的企业依然可以盈利。

   (a) 假设一艘油轮的运营成本是每天 8 000 美元。同时,对于一艘由债务支撑运营的油轮,每天的利息成本是 17 000 美元。假设每天的营业收入为 10 000 美元,编制一份传统的利润表。

   (b) 负债邮轮的拥有者应该怎样做?

   (c) 编制像(a)一样的利润表,但假设该油轮是纯粹由股权融资的油轮,利息为零。油轮的拥有者应该怎么做?

   (c) 在讨论油轮拥有者通过债务融资的情况时,Hansson 犯了什么错误?

   (d) 负债油轮拥有者应该在什么营业收入水平下搁置油轮?

5. 考虑一架德国汉莎航空的飞机。在由法兰克福飞往纽约之前,这架飞机以及所有飞行人员还有充足时间去执行另一条航线。

   (a) 将下列各项成本进行划分,区分它们是非沉没成本还是沉没成本。如果是非沉没成本,应进行更进一步划分,即根据乘客的数量,区分是固定成本还是可变成本。(i) 飞机的租金;(ii) 飞机降落的费用;(iii) 飞行员以及空乘人员的薪水;(iv) 燃油;(v) 餐食。

   (b) 根据乘客的数量以及货物的数量对上述各项成本进行划分,区分它们是联合成本还是特定成本。

   (c) 当飞行时间不可以改变时,(a)中的成本划分会有什么改变?

6. 一直以来,电力的生产都在大规模的发电厂进行,其生产能力通常都为数百兆瓦。然而,当电力通过电缆传输时,电阻导致了电力损耗。输电路程越远,电力损耗越大。(提示:你可以假设用于画图的任何数据。)

   (a) 通过图形说明在不同生产规模下的平均发电成本(兆瓦时/月)。

   (b) 通过图形说明在不同输电路程下的平均输送成本。

   (c) 如果发电厂想要通过扩大发电规模来降低平均发电成本,它就需要扩大服务区,这样的计划将会如何影响平均输送成本?

7. 空中客车公司和波音公司是大型商用飞行器行业的主导企业。两家公司在生产商用客机、货机的同时也生产军用飞机。2011年2月，波音公司赢得了美国空军179架空中加油机的招标，总价值约350亿美元。这种加油机的设计是基于波音767宽体商用飞机的。

   (a) 波音将767商用飞机改造成了空中加油机，下列哪个概念最好地解释了这种行为？(i) 规模经济；(ii) 范围经济；(iii) 沉没成本谬误。请解释你的答案。

   (b) 在179架加油机的招标之后，美国空军将预计购买更多的加油机。运用恰当的成本相关理论解释波音公司赢得后续订单的优势。

   (c) 对下述论点做出评论："飞机生产商在研发方面投入的资金越多，为收回投资，其制定的产品价格将越高。"

8. 由大众汽车与福特汽车投资的 Argo AI 正在研发一种适用于小汽车和卡车的自动驾驶技术。2021年5月，它们披露了一项雷达发明，该雷达可以探测到前方400米的物体。Argo AI 联合创始人以及执行官 Bryan Salesky 对该项发明非常有信心："它将真正提升我们在高速公路上安全驾驶的能力，届时将可以扩展到整个市区。"

   (a) 考虑到未来自动驾驶技术的发展，对比下列两种情况下的研发成本：(i) 福特和大众分别进行研发工作；(ii) 福特和大众联合起来进行研发工作。

   (b) 评论这种情况是规模经济还是规模不经济；是范围经济还是范围不经济。

   (c) 福特和大众是否也应该将它们的自动驾驶汽车制造业务合并起来？

9. 参见表6-8中月亮汽车公司每月制造自动驾驶车的成本。假设月亮汽车公司正在以每月50 000辆车的规模生产。

   (a) 一个国外市场的汽车代理商此前从未和月亮汽车公司合作过，现在要买1 000辆车，那么月亮汽车公司应该接受的最低价格是多少呢？

   (b) 如果每个月的技术研发成本为4亿元，而不是之前的3亿元，那么新订单的最低价格应该是多少？讨论有可能影响到你答案的行为偏差。

   (c) 表6-8并未考虑到10亿元的自动驾驶技术的研发成本。应该考虑这个成本吗？讨论有可能影响到你答案的行为偏差。

第 7 章

垄 断

学习目标

- 了解获取市场力的方法；
- 确定一个拥有市场力的卖方达到利润最大化时的产量与销量；
- 了解如何根据需求与成本的变化来调整销量；
- 确定一个拥有市场力的卖方达到利润最大化时的广告和研发投入；
- 了解一个拥有市场力的卖方可以通过限量销售来提高利润；
- 确定一个拥有市场力的买方达到收益最大化时的购买量。

7.1 引言

2018 年上映的电影《我不是药神》赢得了不错的口碑和票房。这部电影改编自真实事件，故事的原型陆勇是一名慢性白血病患者，被称为"药侠""印度抗癌药代购第一人"。陆勇除了给自己购买印度仿制药品，还帮国内病友代购。他所代购的是治疗白血病的靶向药"格列卫"（Gleevec）。格列卫在中国国内当时的售价为 23 500 元一盒，而印度的仿制药仅几百元一盒，这使得不少患者铤而走险。2014 年，陆勇因涉嫌销售假药罪被起诉。与电影中的结局不同，最终检察机关决定撤诉结案。①

---

① 此讨论基于以下资料：解码"格列卫争议"[EB/OL].（2018-07-11）[2022-09-15]. https://www.sohu.com/a/240468785_267106；《我不是药神》今日上映 我国将如何切实减轻"救命药"费用[EB/OL].（2018-07-05）[2022-09-15]. http://www.xinhuanet.com/fortune/2018-07/11/c_1123108279.htm.

格列卫是由瑞士诺华公司研制出的人类第一个用于抗癌的分子靶向药物。在格列卫诞生之后，慢粒细胞白血病患者的五年生存率提高到了85%以上，且生存质量几乎和正常人无异。这款药从发现靶点到2001年获批上市，耗费50年。

格列卫上市后销售额逐年攀升，3年即突破10亿美元，此后继续保持增长，并在2011年达到巅峰46亿美元。在维持了4年的巅峰销售额后，2015年格列卫的专利保护全面到期。2016年开始，格列卫的销售额连续大幅下滑。2016年格列卫的全球销售额由2015年的46.58亿美元下降至33.23亿美元，同比下降约28.7%。受此影响，诺华公司全年净收入同比下降2%。2017年，格列卫的销售额进一步下降41.5%至19.43亿美元。格列卫的这种情况，在制药界被称为"专利悬崖"（patent cliff），指的是药物专利保护到期后，依靠专利保护获取销售额和利润的原研药厂业绩大幅下滑的现象。

那么，在专利期内，诺华公司应该如何定价、如何决定生产规模呢？在专利保护到期后，面对市场上的多种仿制药物，诺华公司应该如何定价、如何决定生产规模呢？

> **市场力**：买方或卖方拥有的影响市场形势的能力。
>
> **卖方垄断**：指市场上仅有一个卖方。
>
> **买方垄断**：指市场上仅有一个买方。

要解决这些问题，我们必须理解具有市场力的买卖双方为影响市场形势而采取的行动。买方或卖方能够影响市场形势被称为具有**市场力**（market power）。一个具有市场力的买方可以影响市场需求，特别是需求的价格和数量。一个具有市场力的卖方可以影响市场供给，特别是供给的价格和数量。

为简单起见，我们来看那些只有一个卖方或者一个买方的市场。如果一个市场上仅有一个卖方，则称为**卖方垄断**（monopoly）；如果一个市场上仅有一个买方，则称为**买方垄断**（monopsony）。

本章我们首先讨论市场力的来源。接下来，我们分析一个追求利润最大化的卖方垄断厂商如何确定它的价格及产量。这将使我们了解到一个卖方垄断厂商面对需求及成本的变化该如何调整价格及产量。使用同样的分析方法，我们可以了解到，在药品专利期内以及专利到期之后，诺华公司应该如何调整格列卫的产量和相对应的非专利药品的产量。其次，我们将讨论卖方垄断厂商应该投入多少广告费用以及研发费用，并解释竞争中的厂商如何通过限制竞争来获益。这些分析也解释了像诺华公司这样的制药商在广告和研发上应当如何投入。

最后，我们集中讨论买方垄断并分析买方垄断厂商如何通过设定价格及购买数量来实现其利润最大化。这些分析解释了格列卫专利权的过期将如何影响该药品的生产原料市场。

7.2 市场力的来源

市场力来源于两个方面：一个是竞争壁垒，另一个是需求或供给弹性。一个市场的垄断者要存续下去,就有可能想办法阻止竞争者们进入此市场开展业务。所以,市场力的来源之一是阻止竞争者进入的壁垒。

但是,即使是一个卖方垄断厂商,如果它无法影响需求要素,特别是无法提高价格的话,那么它仍然无法提高利润。类似地,一个买方垄断厂商在无法影响供给要素的情况下也不能提高利润。所以,市场力的另一个因素是需求和供给的弹性。

在这里,我们集中讨论卖方市场力,而买方市场力的产生条件是与之对称的。卖方可以通过以下四个方面为竞争创造壁垒并降低需求的价格弹性。

■ 产品细分

在第3章我们讨论了需求相对于价格呈刚性的直观因素。在这里我们对其中一个因素——产品细分加以阐述。产品细分对买方产生了吸引力,增加了需求,降低了需求的价格弹性,从而产生了市场力。

广义上,卖方可以从以下几个方面进行产品细分。一是产品功能;二是产品设计;三是产品的分销渠道,也就是消费者如何获取产品。最后一个产品细分方法是通过广告和促销对消费者进行持续性的影响。

■ 知识产权

产品细分在某种程度上是以创新为基础的。为了鼓励研发新产品或新工序,社会可以通过知识产权的方式授予发明者在一段时间内的专有权。发明者可以通过确立对其发明的知识产权来排除竞争者的参与,从而产生市场力。

知识产权包括专利权、版权、商标和商业秘密。

- 专利权赋予其所有者在一段时间内对一个产品的独家生产权利。诺华公司对于格列卫的专利权使其在一段时间内垄断了格列卫的生产。
- 版权赋予其所有者一段时间内对于出版内容的专有权。微软公司对于 Windows 操作系统和 Office 办公软件拥有版权,这形成了其对此软件的垄断。
- 商标赋予其所有者对产品或服务相关的特定词语或形象的专有权。商标是品牌推广、广告和营销的基础。诺华公司的格列卫商标与其专利权、微软公司的 Windows 商标与其版权互为补充。
- 商业秘密赋予其所有者某项不广为人知的信息的独有知情权,从而产生了商业优势。这里的"秘密"的含义超出了专利的范畴并延伸至诸如商业信息等领域,包括客户名录以及一些无法被注册为专利的技术信息(例如运算法则)。

■ 规模经济和范围经济

市场力的第三个因素是规模经济和范围经济。在存在规模经济和范围经济的行业里，现有生产者比潜在竞争者具有成本优势。通过建立显著的成本优势，现有生产者可以阻止外来者进入某个行业，从而获取市场力。

宽带网络与有线电视的捆绑供应解释了范围经济。两种服务均依赖于连接运营商与消费者的有线网络。由于范围经济的存在，同时开展两种业务的运营商将比只开展单项业务的运营商获得成本上的优势。

从长远来看，有线网络也能产生规模经济，因为它涉及巨大的固定成本和相对较低的可变成本。所以，宽带网络和有线电视产品注定会由一小部分企业主导，而它们往往同时提供两种服务。

■ 管制

最后，因为经济或者社会政策等各种因素，政府可能会决定限制竞争，甚至采取极端方式，仅仅允许一个供应商存于市场。获得政府牌照的供应商则可以从法律上规避竞争，从而获得市场力。

通过管制限制竞争的一个重要经济原因是大量固定成本的存在。举例来说，大多数政府在电力、天然气和水资源的输送行业限制竞争。这种措施可以避免建立输送网络等固定成本的重复投资。

政府也会由于社会原因而限制一些特定市场的竞争，例如体育业、大众传媒业、烟酒零售业以及赌博业。

> **进度检测 7A**
>
> 市场力的两个来源是什么？

 小案例

苹果公司：产品细分与创新

一些智能手机制造商生产功能性产品并通过宣传产品的功能和价格来进行营销。苹果公司则采用完全不同的策略。从第一台苹果电脑到最新版的 iPhone，苹果公司一直强调设计与功能并重，并且产品定价都高于市场上的其他竞争者。

不仅如此,苹果公司还率先通过在世界各地开设自己的零售店来将产品直接卖给消费者。通过广告以及研发新的产品,苹果不断巩固自己的品牌优势。2015 年,苹果公司公开了自己的广告费用——共 18 亿美元,占销售收入的 0.8%。2020 年,苹果公司花费了 187 亿美元在研发上,占销售收入的 7%。

资料来源:O'Reilly, Lara. Apple mysteriously stopped disclosing how much it spends on ads[EB/OL].(2016-11-24)[2022-09-15]. www.businessinsider.com/apple-stopped-disclosing-ad-spend-2016-11.

7.3 利润最大化

如果一个卖方取得了市场力,它将如何使用?本章假设卖方对每单位产量设定相同的价格。下一章将讨论价格差异化。在这里我们考虑生产规模和价格。假设金星制药公司对一种治疗骨髓癌的药品伽马 1 号拥有垄断力,则它面临两个最基本的商业决策问题。第一是是否参与:究竟是否应该生产这种药品?第二是参与规模(生产量和销售量)应为多少?应定价在哪一水平?

我们首先分析假设金星制药决定生产这种药品,其达到利润最大化时的销量和价格。然后,我们考虑金星制药是不是应该生产这种药品。

市场力的本质是卖方必须面临一条向下倾斜的需求曲线。垄断者金星制药面临着一条这样的需求曲线。不同于一个完全竞争环境下的卖方,垄断者要考虑市场价格如何影响销售。

在给定市场需求曲线的情况下,卖方垄断厂商有两种选择。其一是厂商设定一个价格,之后由市场来决定购买的数量。其二是厂商设定供给的数量,由市场来决定价格。假如卖方垄断厂商想同时确定价格和数量,则可能出现不一致。例如,在某一价位下,市场需求量会多于或少于垄断厂商设定的数量。用图形表示的话,这种不一致意味着垄断厂商选择了一种偏离需求曲线的价格数量组合。由此可知:垄断厂商可以设定价格或数量,但不能同时设定二者。

让我们来看看对于销量的决策。为简便起见,我们忽略库存,这样生产量等于销售量。所以,生产规模与销量是相等的。要分析利润最大化情况下的销量,我们需要知道金星制药的销量将如何影响其收入和成本。

■ 收入

首先,让我们考虑一下价格、销量和收入之间的关系。表 7-1 列出了伽马 1 号这种药品的需求情况。具体来说,第二列显示了在每种价格水平上,金星制药预备出售的产品数量。我们发现价格每下降 10 元,需求量将上升 20 万个单位。利用这些信息,我们能够计算出金星制药在每种价格水平上获得的总收入,也就是价格乘以销售量。从总收入出发,我们可以计算出边际收入,即多销售一个单位的产品所带来的总收入的变化。

表 7-1 垄断收入、成本与利润

价格(元)	销量(万)	总收入(万元)	边际收入(元)	总成本(万元)	边际成本(元)	利润(万元)
200	0	0		5 000	71	−5 000
190	20	3 800	190	6 420	71	−2 620
180	40	7 200	170	7 840	71	−640
170	60	10 200	150	9 260	71	940
160	80	12 800	130	10 680	71	2 120
150	100	15 000	110	12 100	71	2 900
140	120	16 800	90	13 520	71	3 280
136	128	17 408	76	14 088	71	3 320
135	130	17 550	71	14 230	71	3 320
134	132	17 688	69	14 372	71	3 316
130	140	18 200	64	14 940	71	3 260
120	160	19 200	50	16 360	71	2 840
110	180	19 800	30	17 780	71	2 020
100	200	20 000	10	19 200	71	800
90	220	19 800	−10	20 620	71	−820

边际内单位:指边际单位之前所销售的产品。

为了多销售产品,金星制药必须降低价格。所以,当销量每增加一个单位时,金星制药会从增加的单位产品(即边际产品)的销售中获得收入。但是对于**边际内单位**(inframarginal units)销售而言,由于其售价下降,销售收入将会减少。假设金星制药不想增加销售量,它并不需要降低售价,也就不会影响边际内单位的收入。

例如,参见表 7-1,为了将销售量从 20 万单位提高到 40 万单位,金星制药必须将价格从每单位 190 元减少到每单位 180 元。因此,金星制药从增加的销售中获得 180 元×200 000＝3 600 万元的收入。但是,对于那些原可以 190 元卖出的边际内单位而言,其损失为(190−180)元×200 000＝200 万元。因此,金星制药在增加的 20 万单位销售量上获得的总收入为 3 600−200＝3 400 万元,这意味着边际收入为每单位 170 元。

一般来说,多销售一单位产品的边际收入少于该单位产品的价格。像我们已经解释过的那样,边际收入指的是增加销量的价格减去边际内单位收入的减少。

价格和边际收入之间的差别取决于需求价格弹性。如果需求弹性较高,则供应商为了增加销售量并不需要大幅度降低价格,因此边际收入与价格非常接近。然而,如果需求是刚性的,为了提高销售量,供应商必须大幅度降低价格,因而边际收入会比价格低得多。

我们也应该强调,假如在边际内单位收入上的减少超过了边际单位上的价格,边际收入就会成为负值。参见表 7-1,假如金星制药将价格从 100 元降至 90 元,销售量将从 200 万单位上升到220万单位。然而,新增的20万单位产品的销售量所带来的总收入变化为-200万元,这就意味着边际收入为每单位-10元。

> **进度检测 7B**
>
> 如果需求是非常富有弹性的,价格与边际收入之间有什么差别?

成本

我们已经讨论了价格、销量和收入之间的关系。与利润相关的另一个因素是成本。表7-1也列示了金星制药的生产成本数据。该表仅报告了非沉没成本。根据生产量为零时的总成本,我们能够推断生产的固定成本为每年5 000万元。

生产规模的扩大导致总成本的增加。表7-1显示了金星制药的边际成本,即每多生产一个单位的产品时总成本的变化。总成本的变化源于可变成本的变化。边际成本在所有生产规模下均为每单位71元。

利润最大化时的规模

通过收入和成本的信息,我们可以计算出金星制药在每个销售量和售价下的利润。利润等于总收入减去总成本(包括固定成本和可变成本)。表7-1的最后一列显示了在每个销售量下的利润。比较这列数值,我们可知,金星制药的最大利润为3 320万元。在单价为135元和销量为130万单位时,公司可以获得这一最大利润。

利润最大化的生产规模(profit-maximizing scale of production)可以用另一种方式确认:边际收入等于边际成本时的生产规模。当价格为每单位135元时,金星制药的总销售量为130万单位,边际收入为每单位71元,并且边际成本也是每单位71元。因此,在利润最大化的生产规模上,边际收入等于边际成本。

> **利润最大化的生产规模**:边际收入等于边际成本时的生产规模。

这个例子说明了一个普遍原则:为了使利润最大化,垄断厂商应该在边际收入等于边际成本的规模上销售。这个原则适用于任何一个供应商,而不仅仅是垄断厂商。

现在让我们用图形来说明实现利润最大化的价格和销售量。图7-1显示了金星制药的需求曲线、边际收入曲线以及边际成本曲线。需求曲线显示了在每一个价格水平上,市场的购买量。同样,这条曲线也显示了在每一个市场购买量(横轴)下,市场将会付的最高价(纵轴)。

边际收入曲线显示了对应于每一个单位销售量(横轴)下的边际收入(纵轴)。我们已经解释过,对于每个单位销售量来说,边际收入小于价格。因此,在任何数量水平下,边际收入曲线都位于需求曲线的下方。边际收入曲线和边际成本曲线相交于数量为130万单位处。从需求曲线可知,使利润最大化的价格为135元。

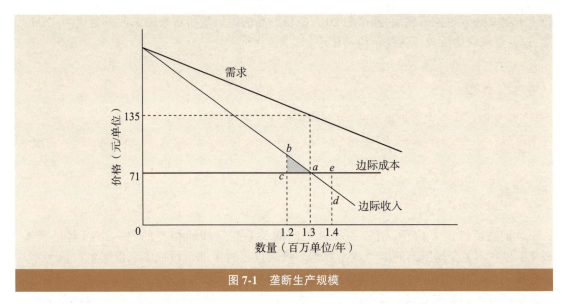

图 7-1 垄断生产规模

现在让我们来解释,为什么边际收入等于边际成本时的生产规模能够使得卖方利润最大化。假设金星制药的生产规模为 120 万单位,此时边际收入超过边际成本。如果金星制药将产量提高 10 万单位,公司收入的增长会大于成本的增长。事实上,阴影区域 bca 的面积为公司利润的增加值。

相反,假设金星制药的生产规模为 140 万单位,此时边际收入小于边际成本。如果金星制药将产量减少 10 万单位,公司收入的减少将小于成本的减少。因而,公司多增加的利润就等于三角形 ade 的面积。一般来说,厂商在边际收入等于边际成本的数量规模上生产就会达到利润最大化。

■ 盈亏分析

利润最大化:在总收入大于总成本的条件下持续生产;在边际收入等于边际成本的规模上生产。

关于参与的决策,金星制药是否应该生产伽马 1 号,我们已经分析了**利润最大化**下的生产规模或者销量,这是假定金星制药参与生产的条件下做出的推论。所以,只要在利润最大化条件下计算出的总收入大于总成本,金星制药就应该生产该药品。

参见表 7-1,在每年生成 130 万单位时,总收入是 1.755 亿元,而总成本为 1.423 亿元。所以,金星制药应该生产伽马 1 号。

■ 利润衡量

利润贡献:总收入减去可变成本。

边际利润:价格与边际成本的差值。

在本章的后面部分,我们会讨论具有市场力的卖方应在广告和研发上支出多少。那段讨论运用了衡量利润的两个方法。一个是**利润贡献**(profit contribution),等于总收入与可变成本的差值。另一个是**边际利润**(incremental margin),等于价格与边际成本的差值。此外,

边际利润率（incremental margin percentage）为边际利润（价格与边际成本的差值）与价格的比率。

> **边际利润率**：价格与边际成本的差值与价格的比率。

> **进度检测 7C**
>
> 假设在当前生产规模下，金星制药的边际收入低于边际成本，则公司管理层应当如何调整生产量？

 小案例

制药巨头与非专利制造商之间的较量

诸如安斯泰来（Astellas）等著名制药商为研制新药品投入了数十亿美元。研发成本是不随产量变动的固定成本，而且这些成本一旦产生，就可能成为沉没成本。在投入研发之前，安斯泰来所预期的利润必须是足够大的。2021年上半年，安斯泰来的收入为6 520亿日元。其毛利润为81%，同时它在研发上的花费是1 190亿日元，占其收入的18.3%。

诸如Biolyse等非专利药制造商则采取不同的策略。它们不进行新药的开发，而是在著名制药商产品专利过期之后进入市场。它们专注于开发疗效相同的非专利药。由于研发成本十分低廉，它们的固定成本也较少，因此在较低的边际利润下仍然能够盈利。这也能解释为什么格列卫正品药在中国售价为23 500元一盒，而印度的仿制药仅几百元一盒。这主要是因为印度仿制药药商的固定成本较低。

延展问题：为什么很多罕见病并没有特效药？

资料来源：安斯泰来公司（Astellas Inc.）2020年第二季度财务报告。

7.4 需求和成本的变化

具有市场力的卖方对需求和成本变化将如何做出反应？通常情况下，当需求或成本发生变化时，实现利润最大化的销量调整将取决于边际收入曲线和边际成本曲线。卖方应当调整销量，直到边际收入等于边际成本。

■ 需求变化

假设金星制药通过广告宣传大大增加了对伽马1号的需求。公司应该如何调整销量？

为了解决这个问题,图 7-2 展示了新的需求曲线,通过此曲线我们可以计算出新的边际收入曲线。

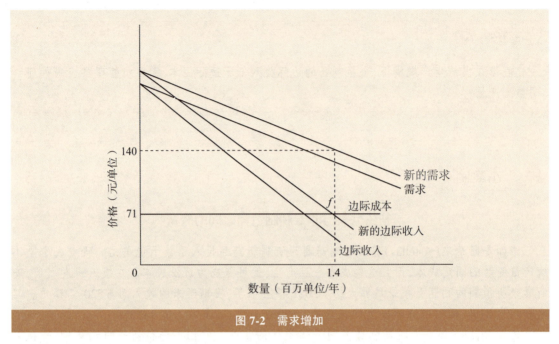

图 7-2　需求增加

边际收入曲线向右产生了显著移动。由于边际成本曲线保持不动,新的边际收入曲线与边际成本曲线的交点对应着更大的生产规模。具体来说,两条曲线相交于 140 万单位的生产规模上,新的利润最大化价格约为 140 元。

以上情况仅仅基于需求的变化。但是,要确定新的利润最大化的规模和价格,我们需要同时考虑新的边际收入和原始的边际成本。

边际成本变化

我们可以用相似的办法来理解具有市场力的卖方应该如何应对边际成本的变化。假设对于表 7-1 中的数据,边际成本在所有的产量下都下降了 20 元。金星制药应当对药品降价 20 元吗?

要解决这个问题,我们引入图 7-3,图中展示了金星制药的边际收入和新的边际成本。边际收入和新的边际成本曲线的相交点意味着更大的生产规模,这时产量为 162 万单位。而此时利润最大化时的价格降低为 121 元。

相对于原始的利润最大化(图 7-1),金星制药现在通过降价 14 元(比边际成本下降的幅度低)达到了新的利润最大化。虽然只有边际成本发生了变化,但是卖方必须考虑边际收入和新的边际成本来制定才可以实现利润最大化的销量和价格。

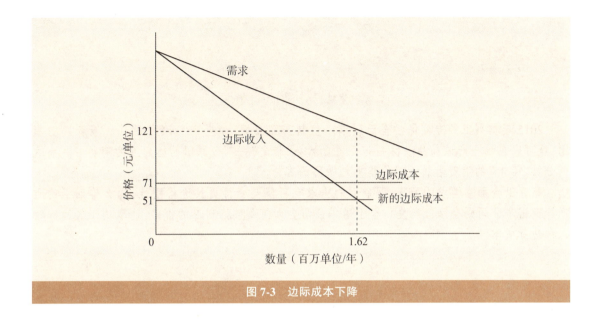

图 7-3　边际成本下降

固定成本变化

需要强调的是,卖方的利润最大化价格及生产规模,并不取决于固定成本的大小(只要固定成本加上可变成本小于总收入)。我们知道,具有市场力的卖方取得利润最大化时的生产规模是边际收入等于边际成本时的规模。固定成本的变化并不影响边际成本曲线,因而,固定成本并不影响利润最大化时的价格。

但是,假如固定成本非常巨大以至于总成本超过了总收入,那么厂商将宁愿停业。以金星制药为例,根据表 7-1,其利润最大化的规模为每年 130 万单位。在这个生产量,总收入为 1.755 亿元,而总可变成本为 14 230 万 - 5 000 万 = 9 230 万元。因此,总收入减去总可变成本为 17 550 万 - 9 230 万 = 8 320 万元。因此,如果固定成本超过 8 320 万元,该公司就该关闭。

利润最大化的价格和销量规模不取决于固定成本,这一普遍原理对于知识密集型产业(例如传媒业、出版业、制药业和软件业)至关重要。这些产业的主要特征是固定成本较高而可变成本较低。

> **进度检测 7D**
>
> 在图 7-3 中,如果在所有的生产规模下边际成本增长 20 元,金星制药应当如何调整销量与价格?

格列卫：与仿制药竞争

2015年格列卫的专利保护全面到期。仿制药品公司，如生产"昕维"的江苏豪森药业集团，就可以自由生产该药品。仿制药公司自然会"带走"一部分原研药格列卫的消费者。而这部分被"带走"的消费者属于对价格更加敏感的客户。

格列卫会面临需求的下降，而余下的需求有可能会变得更具价格刚性，那么格列卫的生产厂商诺华公司则会降低产量。至于诺华公司会如何调整格列卫的价格，这取决于其边际收入和边际成本。

爱立信与三星就专利纠纷达成和解

2021年5月，爱立信与三星已经就两家公司之间的全球专利许可达成了一项多年期协议，其中包括与所有蜂窝技术相关的专利。这份交叉许可协议涵盖了自2021年1月1日起的网络基础设施和手机销售，从而结束了双方数月的纠纷。

爱立信期望这项协议可以增加其知识产权收入，预计比第一季度的8亿瑞典克朗多出一倍，其中就包括从三星收到的前两个季度的知识产权费用。对三星来说，这项费用就是沉没成本。

这项协议对三星的另一个影响就是生产的边际成本取决于知识产权费用的结构。该费用一定程度上取决于网络基础设施和手机的销量，这就会增加边际成本，从而提升产品价格。

资料来源：Fletcher, Bevin. Ericsson and Samsung reach patent license deal, ending litigation[EB/OL]. (2021-05-07)[2022-09-15]. www.fiercewireless.com/financial/ericsson-and-samsung-reach-patent-license-deal-ending-litigation; Fletcher, Bevin. USITC to investigate Ericsson claims against Samsung for 4G[EB/OL]. (2021-02-18)[2022-09-15]. www.fiercewireless.com/wireless/usitc-to-investigate-ericsson-patent-claims-against-samsung-for-4g-5g-gear.

7.5 广告

任何一个具有市场力的卖方均有能力通过促销影响对其产品的需求。广告影响了需求曲线，通过使其变得更具刚性来影响市场需求。在对广告的分析中，为简单起见，我们假定价格是给定的。但是在实践中，我们需要同时考虑价格、广告和其他影响需求的因素，这一点非常重要。

利润最大化时的广告

通过向外推动需求曲线并使其变得更不具价格弹性，广告可以提升销量。销量的提升可以影响总收入以及可变成本。由此得出，广告的收益等于利润贡献的变化量。为了使利润最大化，金星制药应当增加广告支出，直到广告的边际收益等于边际成本。

利用边际利润率和需求广告弹性的概念，我们可以得出一个最优广告支出的简单原则。回忆一下第 3 章所述，需求的广告弹性是指在其他条件不变的情况下，如果供应商的广告支出增加 1%，需求变化的百分比。

广告销售率

当广告的边际收益等于边际成本时，**广告销售率**（advertising-sales ratio）（广告支出与销售收入的比率）等于边际利润率与需求的广告弹性的乘积。这为最优广告支出率提供了一条简单的准则。

> 利润最大化时的广告销售率：边际利润率与需求的广告弹性的乘积。

严格来说，这个准则计算了广告支出与销售收入的比率。因此，它应被称为广告销售收入率。然而，实践中，人们通常称之为广告销售率。

我们可以应用广告销售率这一概念来确定金星制药开发新药伽马 1 号的利润最大化的广告支出水平。回想表 7-1 中需求量和成本的数据，利润最大化时的价格为每单位 135 元，边际成本为 71 元。这意味着边际利润率为 (135−71)÷135≈0.474。假设在 135 元的价位上，需求广告弹性为 0.26，那么利润最大化时的广告销售率即为 0.474×0.26=12.3%。

在 135 元的价位上，伽马 1 号药品的收入为 135×130 万 = 17 550 万元。因而，其利润最大化时的广告支出为 0.123×17 550 万≈2 160 万元。

广告支出准则意味着，假如边际利润率较高，那么卖方的广告支出就应该相对较高。这是因为每 1 元的广告支出创造出的边际利润较高。因此，当边际利润率相对较高时，卖方应该增加广告支出。这意味着，当卖方提高价格或者边际成本下降时，他应该增加广告支出。相反，当卖方调低价格或边际成本上升时，他应该减少广告支出。

更进一步说，广告支出准则意味着，无论是需求广告弹性还是销售收入较高，卖方都应在广告上支出相对较多。从本质上讲，较高的需求广告弹性或销售收入意味着广告对购买者需求的影响相对较强。在这些情况下，多做广告是合理的。

> **进度检测 7E**
>
> 假设伽马 1 号的利润最大化生产量为 130 万单位。在这个生产量上，价格为每单位 135 元，边际成本为 71 元，需求广告弹性为 0.14，则金星制药应在广告上花费多少？

7.6 研发

具有市场力的卖方也许能够通过研发(R&D)影响其需求量。通常来说,研发驱动新产品的发明和已有产品的进步,在知识密集型企业中更为显著。

一个企业应当在研发方面投入多少?其基本原则与最优广告原则是相同的。研发的好处在于将需求曲线向外推动并使得需求曲线更缺乏价格弹性。这也将会增加销量以及边际利润。

> **研发弹性**:卖方的研发投入增加1%时,需求变化的百分比。

我们可以运用研发弹性的概念来制定一个简单的规则,用来判断利润最大化时的研发投入。需求的**研发弹性**(**R&D elasticity**)是研发投入增加1%时,需求变化的百分比。需求的研发弹性取决于两个因素:一个是研发在发明新产品或改进现存产品上的有效性;另一个是新产品或改进产品对于需求的影响。

> **利润最大化时的研发销售率**:边际利润率与需求的研发弹性的乘积。

利润最大化的原则是,**研发销售率**(**R&D-sales ratio**)(研发投入与销售收入的比率)等于边际利润率与需求的研发弹性的乘积。

通过这一原则,当边际利润率较高(价格较高或边际成本较低)时,卖方应增加研发投入相对于销售收入的比率。相反,当边际利润率较低(价格较低或边际成本较高)时,卖方应当降低研发投入相对于销售收入的比率。

此外,无论需求的研发弹性还是销售收入升高,卖方都应增加研发投入。无论需求的研发弹性还是销售收入降低,卖方都应减少研发投入。

> **进度检测 7F**
>
> 如果价格较高而边际成本较低,则企业应如何调整研发经费?

 小案例

大型制药厂商的研发与推广

大型制药厂商如诺华、安斯泰来以及辉瑞等都会投入重金研发新药。2020年,诺华的研发费用为89.8亿美元,占总收入的18.45%。安斯泰来的研发费用为2330亿日元,占总收入的18.6%。辉瑞的研发费用为94亿美元,占总收入的22.4%。

这些大型制药商也会在广告与推广上支付一定费用。诺华和安斯泰来并没有公布自己的广告费用。而辉瑞则在逐步地降低广告费用,从2018年到2020年,其广告费用占总收入的比率分别为6.6%、5.8%以及4.3%。

为什么辉瑞在降低广告费用呢？2019年和2020年,辉瑞将注意力从非处方药、非专利药品以及仿制药品转移到受专利保护的处方药上。对这些处方药品的需求取决于医生以及保险公司,他们对广告并不敏感。因此,这也就可以说明为什么辉瑞会降低广告费用。

资料来源：Pfizer, Inc. Form 10-K for year ended December 31, 2020 [R/OL]. [2022-09-15]. https://investors.pfizer.com/financials/annual-reports/default.aspx.

7.7 市场结构

卖方垄断市场,即仅有一个供应商的情况,是一系列市场结构中的一种极端情况。与之相对的另一种极端情况是完全竞争市场:在这个市场上有大量的卖方,每一个卖方的力量均很小,无法影响市场条件。通过卖方垄断市场和完全竞争市场的对比,我们可以理解产量与价格如何取决于市场的竞争性结构。

■ 竞争的影响

假设两个城市之间的货车运输服务不涉及固定成本,而边际成本一直为每磅运量0.3元。我们将货运行业在完全竞争条件和垄断条件下的产量和价格作一个比较。

首先,假设货运行业是完全竞争的。由于提供服务仅需要一个不变的边际成本0.3元,所有的货运供应商都乐意在每磅运量0.3元的价格上提供无限量的服务。因此,市场供给在每磅运量0.3元的价格上将呈现完全弹性。在市场需求一定的条件下,供给和需求在0.3元的价格上取得平衡。图7-4(a)给出了市场均衡。在0.3元的价格上,销量和产量相同,均为每年1 000万磅。在均衡点上,每家货运供应商得到零利润。

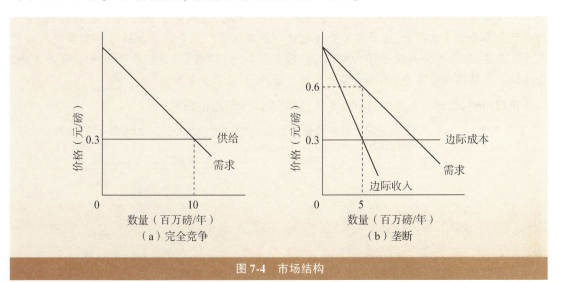

图 7-4 市场结构

然后,我们假设货运是在垄断条件下进行。垄断货运供应商将在边际收入与0.3元的边际成本相等的规模上生产。由于边际收入曲线位于需求曲线的下方,边际成本和边际收入相等时的产量少于每年1 000万磅。因此,垄断供应商将把价格定在0.3元之上。假设垄断价格为0.6元,销量是每年500万磅。图7-4(b)描述了垄断供应商的价格和销量。垄断供应商每年获利(0.6-0.3)×500万=150万元。

货运的例子说明了几个普遍的原理。首先,垄断商将会把产量限制在完全竞争的水平之下。通过这种办法,垄断供应商可以获得相对较高的价格,以获取更大的利润。相比之下,竞争使市场价格下降,最终趋近于长期平均成本,并由此导致更大的产量。此外,垄断供应商的利润超过了在完全竞争市场上所有供应商利润的总和。

> **进度检测 7G**
>
> 为什么垄断商会把产量限制在完全竞争的水平之下?

湖北恩施校服垄断案例

2016年湖北恩施土家族苗族自治州爆出该地区学校校服"价格贵、质量差"的新闻。根据调查,在恩施州经营校服业务的企业主要有两家,一家是湖北龙船调服饰有限公司,另一家是恩施州黔凯服饰有限公司,前者垄断了恩施州利川市的校服业务,后者垄断了恩施州其他县市的校服业务。

为什么这两家企业可以垄断该地区市场,而别的校服企业根本挤不进来呢?早在2008年,湖北省相关部门连发两文,规定对全省中小学食品、用品连锁服务企业进行省级资格审查和备案管理。其中校服企业就是上述两家。也就是说,这两家企业进入了省级目录,是政府认证的企业。不仅如此,这两家企业还通过一些其他手段来寻求和加强与各个学校的合作关系。最终,这两家公司就有了"令牌",可以直接找学校"谈"生意,最终形成了市场垄断。因为缺乏足够的市场竞争,该地区校服不仅价格贵,而且质量差。

延展问题:如何引入适当的市场竞争,同时又减少资源浪费呢?

资料来源:红头文件"开道"湖北恩施校服被层层吃"回扣"[EB/OL]. (2016-01-13) [2022-09-15]. http://news.jcrb.com/jxsw/201601/t20160113_1582377.html.

7.8 买方垄断

具有市场力的卖家将限制销量,从而达到提高价格、增加利润的目的。对于具有市场力的买方来说呢？它的商业决策与一个完全竞争市场环境下的买方有什么区别？为简单起见，我们讨论只有一个买方的情况，这种情况被称为买方垄断。因为卖方垄断和买方垄断有着很多可比性，我们在这里着重讨论其区别。

■ 收益与支出

假设药品伽马1号的主要成分之一是一种生长在印度尼西亚的草药。金星制药是这种草药的唯一购买者，因此产生了买方垄断。相反，很多种植者都生产这种草药。每一个种植者的规模都太小，不足以影响市场条件，因而这种草药的供给处于完全竞争状态。

既然这种草药是金星制药生产过程的重要原料，草药所带来的收益可以用总收入减去其他辅助原料的支出来计算。但草药必须从印度尼西亚种植者那里买到。金星制药的支出是草药的市场价格乘以购买数量。因此，金星制药从草药中获取的净收益应为总收益减去总支出。我们假设金星制药的目标是使其净收益最大化。

在何种购买量时金星制药能够实现净收益最大化？参见图7-5，金星制药的收益取决于其购买的数量。我们假设小规模购买时的边际收益很高，随着购买数量的增长，边际收益递减。

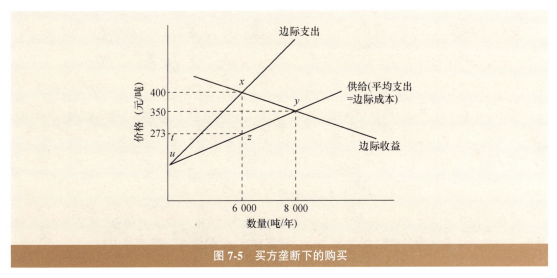

图7-5　买方垄断下的购买

在图7-5中，供给曲线显示了在每一个数量水平上竞争供应商愿意提供草药的价格水平。同时，供给曲线也表明了在每一个可能的购买数量水平上，垄断买方的平均支出。由于价格越高，吸引的供给数量越多，平均支出曲线将向上倾斜。

边际支出(marginal expenditure)即每增加一个单位的购买所导致的支出的变化量。由于平均支出曲线是向上倾斜的，因而边际支出曲线必然在平均支出曲线以上，并且更陡地向上倾斜。

> 边际支出：每增加一个单位的购买所导致的支出的变化量。

净收益最大化

> **净收益最大化**：边际收益等于边际支出规模时的购买。

我们现在可以提出如下原则：任何具有市场力的买方都可以通过在边际收益等于边际支出时的规模上购买，以实现**净收益最大化**（net benefit maximum）。

为了解释这一原则，我们假设金星制药处于边际收益超出边际支出的购买规模。那么当金星制药增加其购买数量时，公司收益的增长将高于支出的增长。因此，公司将得到更大的净收益。相反，如果边际收益小于边际支出，金星制药应该减少其购买数量。这样，公司收益的减少将小于其支出的减少。所以，当金星制药的采购量使边际收益与边际支出相等时，将取得最大净收益。

参见图 7-5，净收益最大化时的数量为每年 6 000 吨。在这个数量水平上，对应的购买价格为每吨 273 元。注意到每吨 273 元的价格小于买方的边际收益。

相反，若需求一方处于竞争状态，边际收益曲线则代表了市场需求，供需平衡点上的价格为每吨 350 元，平衡点上的数量为每年 8 000 吨。这表明了一个普遍的原则：买方垄断限制购买数量，以获取更低的价格，使其净收益高于完全竞争情况下的净收益。

> **进度检测 7H**
>
> 在图 7-5 中，将表示金星制药在草药上的总支出的部分涂上阴影。

 小案例

国家医疗保障局：药品价格谈判

中国国家医疗保障局（以下简称"国家医保局"）主要负责拟订医疗保险、生育保险、医疗救助等医疗保障制度的法律法规草案、政策、规划和标准，制定部门规章并组织实施。

国家医保局在 2021 年 12 月 3 日公布了 2021 年国家医保药品目录调整结果。本次调整共计 74 种药品新增进入目录，11 种药品被调出目录。从谈判情况看，67 种目录外独家药品谈判成功，平均降价 61.71%。

目录准入谈判已经成为引导药品降价的重要手段，"天价药"降为"平民价"才可以进医保。例如，70 万元一针、治疗脊髓性肌萎缩症的知名"天价药"诺西那生钠注射液，经过谈判后大幅降价。达雷妥尤单抗注射液等每年治疗费用超过 100 万元的"天价药"，经谈判全部降至 30 万元以下。

资料来源：国家医保药品目录新增 74 种药品［EB/OL］.（2021-12-03）［2022-09-15］. http://www.gov.cn/xinwen/2021-12/03/content_5655774.htm.

知识要点

- 可以通过限制竞争和使需求更不具价格弹性来取得市场力。
- 要实现利润最大化,在总收入大于总成本的情况下,应保持边际收入等于边际成本的生产规模。
- 当需求或成本变化时,企业调整产量至边际收入等于边际成本的规模。
- 要实现利润最大化,企业在广告上的投入应当保持如下水平:广告销售率等于边际利润率乘以需求的广告弹性。
- 要实现利润最大化,企业在研发上的投入应当保持如下水平:研发销售率等于边际利润率乘以需求的研发弹性。
- 拥有市场力的卖方通过限制销量来提高利润。
- 要实现净收益最大化,购买规模应保持在边际收益等于边际支出的水平上。

复习题

1. 用案例阐述产品细分如何有助于形成市场力。
2. 知识产权的主要形式有哪些?
3. 解释规模经济如何影响市场力。
4. 对有市场力的卖方来说,为什么边际收入低于或者等于价格?
5. 判断正误:有市场力的卖方可以制定价格让市场决定买卖数量,或者可以制定销售数量让市场确定价格,但是不能既制定价格又制定销售量。
6. 一家软件出版商给一个新的数据程序制定的价格使其边际收入大于边际成本。向该公司提供建议,告知其如何提高利润。
7. 当成本发生变化后考虑应如何调整价格时,为什么卖方既要考虑边际收入又要考虑边际成本?
8. 当需求发生变化后考虑应如何调整价格时,为什么卖方既要考虑边际收入又要考虑边际成本?
9. 一个新的智能手机的利润最大化价格是500元。在这个价格上,广告的需求弹性是0.01,销售量是每年50万单位。每单位的边际成本是100元。制造商该花多少钱在广告上?
10. 你的产品需求相对于广告变得更加具有刚性了。你应该如何调整广告支出?
11. 解释研发投入的利润最大化规则与销售收入的关系。
12. 对于一个医疗仪器,研发销售率大于边际利润率乘以需求的研发弹性。那么该生产商可以如何增加利润?
13. 比较完全竞争市场与垄断市场下的生产规模。
14. 判断正误:有市场力的买方限制自己的购买数量以降低市场价格。
15. 比较买方垄断和完全竞争情况下的购买数量和价格。

讨论案例

1. 福泰制药（Vertex Pharmaceuticals）公司制造了药品 Ivacaftor。它是唯一用来治疗两岁以下由一种基因突变引起的囊性纤维化疾病的药品。拜耳公司制造的阿司匹林是多种缓解感冒症状药物中的一种，它不含专利。
   (a) 谁拥有相对较多的市场力：福泰制药治疗囊性纤维化疾病的药物 Ivacaftor，还是拜耳公司缓解感冒的药物？解释你的答案。
   (b) 价格和边际收入之差与需求的价格弹性有什么关系？
   (c) 药品 Ivacaftor 是通过一种生物过程制造出来的。它的成本要比化学合成的阿司匹林更贵。这会如何影响 Ivacaftor 和阿司匹林的价格差呢？

2. 辉瑞和安斯泰来都在美国及世界其他地区销售一种治疗前列腺癌的药物 Xtandi。2018 年，Xtandi 在美国的价格为每个疗程 88 704 美元，而在英国的价格仅为每个疗程 36 288 美元。（提示：你可以假设任何必要数据来画下列图形。）
   (a) 假设生产 Xtandi 的边际成本为 4 400 美元，辉瑞需要设置价格来最大化在美国的利润，表示出利润的最大化销售量。
   (b) 在一个和图(a)相似的图形上，假设安斯泰来在英国设置该药品价格，表示出其利润最大值。
   (c) 比较该药物在美国和英国的需求曲线。哪一个的价格弹性更大？

3. 2021 年 5 月，爱立信与三星已经就两家公司之间的全球专利许可达成了一项多年期协议，其中包括与所有蜂窝技术相关的专利。这份交叉许可协议涵盖自 2021 年 1 月 1 日起的网络基础设施和手机销售，从而结束了双方数月的纠纷。爱立信期望这项协议可以使其知识产权收入翻倍。
   (a) 假设任意相关数据，描述出三星手机的需求曲线、成本曲线，以及利润最大值。
   (b) 按照该协议，三星需要向爱立信支付 2021 年 1 月至 5 月的费用。这会如何影响利润最大化的价格与产量？
   (c) 如果协议中规定了每个单位产品所应付的费用。这会如何影响利润最大化的价格与产量？

4. 中国是世界上最大的电动车制造商和购买方。中国政府预计电动车的销量将会在 2025 年占汽车总销量的 20%。2021 年 1 月，政府减少了对电动车的补助。里程为 300 公里到 400 公里的电动车补助从 16 200 元降到 13 000 元。里程为 400 公里以上的电动车补助从 22 500 元降到 18 000 元。
   (a) 深圳比亚迪是一家领先的电动车制造商，降低补助会如何影响比亚迪的需求？
   (b) 假设所必需的数据来画图，表示出降低补助会如何影响比亚迪的利润最大化价格和产量。
   (c) 用以上图形解释：(i) 比亚迪降低补助的归宿；(ii) 降低补助对比亚迪利润的影响。

5. 2019 年和 2020 年，辉瑞将注意力从非处方药、非专利药品以及仿制药品转移到受专利保护的处方药品上，并专注于生产和研发受专利保护的处方药品。
   (a) 解释为什么处方药的需求依赖于医生和保险公司？

(b) 比较以下两组的广告需求弹性：非处方药以及依赖于医生和保险公司的处方药。

(c) 比较以下两组的价格需求弹性：非专利药与专利药。

(d) 解释为什么在 2018 年至 2020 年间，辉瑞在逐步地降低广告费用，其广告费用占收入的比率分别为 6.6%、5.8% 以及 4.3%。

6. 在谷歌 2013 年第三季度电话会议中，分析师 Carlos Kirjner 指出："公司以外的人的看法是，谷歌在长期研发上的投入在今后两年内不会产生收益。"首席执行官 Larry Page 反驳说："我认为你高估了短期而低估了长期。"2013 年，谷歌的收入、毛利和研发费用分别为 598 亿美元、340 亿美元和 80 亿美元。

(a) 运用需求的研发弹性和边际利润率，解释利润最大化时的研发销售率的公式。

(b) 运用需求的研发弹性，解释分析师 Carlos Kirjner 和首席执行官 Larry Page 之间的讨论。

(c) 用毛利收入比率来估算边际利润率。假设需求的研发弹性是 0.2。计算每年谷歌利润最大化的研发支出。

(d) 比较你在 (c) 中的计算结果与谷歌实际的研发支出。

7. Go-Jek 和 Grab 是东南亚地区两大网约车及送货服务平台。早在 2018 年 Go-Jek 进入新加坡之前，优步（Uber）和 Grab 曾进行激烈的价格竞争。随后，优步决定退出东南亚市场。而 Go-Jek 和 Grab 则与优步协商欲购买其业务。

(a) 为什么 Go-Jek 和 Grab 比其他潜在购买者愿意花更多的钱来购买优步在东南亚的业务？用需求和成本来解释。

(b) 最终优步在东南亚的业务被卖给了 Grab。Grab 应该如何调整在新加坡市场的价格？

(c) 在优步退出新加坡之后，Go-Jek 进入了新加坡市场。用你在 (b) 中的答案来解释 Go-Jek 的决策。

8. 美国全体大学生体育协会（NCAA）在成员院校中管理着各类竞技体育项目。NCAA 限制成员院校为大学生运动员所付的费用（一般限制在这些运动员的教育总成本之下）并要求他们参加全日制的学习。2019 年 9 月，加利福尼亚实施了一项法律。该法律允许学生运动员雇用经纪人，并为使用他们的名字和形象等的费用进行谈判。

(a) NCAA 拥有什么市场力？NCAA 市场力的来源是什么？

(b) 加利福尼亚实施的这项法律会如何影响：(i) 学生运动员的收入；(ii) NCAA 院校的利润。

(c) 加利福尼亚实施的这项法律会如何影响职业运动联盟？

9. 有些汽车零件（例如电池和轮胎）容易损坏因而需要频繁更换。这些零件的供应商既把它们的产品作为原装设备卖给汽车制造商，又把它们的产品作为替换零件卖给车主。相反，气囊和点火装置系统的供应商主要把产品卖给汽车制造商。

(a) 评估汽车制造商对于电池和轮胎供应商的市场力，并与气囊和点火装置系统的供应商做比较。

(b) 对于像电池和轮胎这样的产品，你认为在原装市场上更贵一些还是在替换市场上更贵一些？

(c) 假设电池的供应是完全竞争的，用一个适当的图形解释汽车制造商如何决定汽车电池的购买价格与数量。

第 8 章
定价策略

> **学习目标**
>
> - 学会运用统一定价策略;
> - 了解价格歧视如何在统一定价策略之上产生了超额利润;
> - 理解完全价格歧视;
> - 学会运用直接细分市场的价格歧视;
> - 学会运用间接细分市场的价格歧视;
> - 了解如何在多项定价策略中做出选择。

8.1 引言

成立于 1946 年的国泰航空集团是香港第一家提供民航服务的航空公司。截至 2021 年 6 月 30 日,国泰航空集团持有 238 架飞机。①

国泰航空运营从香港直飞伦敦希思罗机场的 CX255 航班。该航班凌晨 1:00 从香港起飞,历时 13 小时 20 分钟到达伦敦。在笔者写作时,这趟航班在 2022 年 1 月 1 日的机票有几种不同价位。票价主要按经济舱和特选经济舱来划分。经济舱的机票又被分为"Core"和"Flex"。"Core"的票价为 3 952 港元,而"Flex"的票价为 8 422 港元。这两种机票的主要差别是如果乘客需要改变行程,"Core"机票持有人需额外支付 1 800 港元的手续费来改签,而"Flex"机票则是免改签手续费的。在特选经济舱里,也有两种不同票价可选。"Standard"的

---
① 此讨论基于国泰航空公司 2021 年中期报告以及国泰航空公司官方网站资料。

票价为 14 252 港元，而"Flex"的票价为 18 802 港元，主要差别也是在退改签手续费以及里程累计数方面。另外，如果比较不同日期的同一航班票价，也可以看到价格的不同。比如，在 2022 年 1 月 2 日，仅仅推后了一天，同一航班飞往伦敦的"Core"票价就升至 6 142 港元。

不仅如此，国泰航空还推出了学生优惠计划。比如，从北京、上海等地飞往旧金山或洛杉矶等地，学生可以享有不同的优惠政策：免费改签、专属行李额度、拒签退票、免费新冠保险以及 24 小时人工客服。

定价策略对于航空公司来说至关重要。不同的人对他们的行程有不同的支付意愿。另外，航空公司的运营涉及大量的固定成本以及相对较低的可变成本。因此，航空公司投入大量资金在预订和收入管理系统上来管理票价和座位。

在这一章，我们将前几章关于需求、弹性、成本和垄断的知识联系起来，分析一个有市场力的卖方如何制定价格以实现利润最大化。最核心的概念就是价格歧视，也就是针对不同细分市场设定不同的价格。

价格歧视解释了为什么国泰航空会提供经济舱与特选经济舱，以及为什么国泰航空对不同类型的票采取不同的改签政策。通过这样的区分，航空公司可以从那些可能在航班起飞当天进行改签的乘客中获得更多利润。

当卖方拥有足够的信息来直接区分不同的用户群时，它可以实施直接细分市场价格歧视。这解释了为什么国泰航空针对学生群体提供优惠政策。通过这样的价格歧视策略，它可以比设定统一定价获取更多的利润。

即便卖方缺乏足够信息，或者不具备对用户进行直接细分市场价格歧视的能力，它也有可能拥有一定的信息来实施间接细分市场价格歧视。比如，国泰航空还对不同日期的同一航班的机票设置不同价格。这样的策略可以区分出对价格更加敏感而对时间并不敏感的客户，从而提升利润。

任何具备市场力的产品制造商或服务提供商都可以运用本章所提出的方法来定价，从而更好地达到公司的目标，尤其是提高利润。非营利组织也可运用定价策略来促进销售并为更多人服务。

8.2 统一定价

每当管理层被问及他们为何不提高价格时，最常见的回答是"因为销售量将下降"。然而，这个答案并没有真正回答问题。除非需求是完全刚性的，否则，提高价格通常都会导致销量下降。真正的问题在于，价格的提升将如何影响卖方的利润。我们将会表明，真正的答案取决于需求价格弹性和边际成本。

在这里，我们从最简单的统一定价（uniform pricing）策略开始讨论，这种定价策略意味着卖方给每单位产品制定相同的价格。

> **统一定价**：卖方给每单位产品制定相同的价格。

■ 价格弹性

假设水星航空公司提供的航空服务包含一项不变的边际成本,这项成本为每位乘客80元。水星航空公司应对其服务设定什么价格?为简单起见,我们假设该服务对公司的利润贡献足以涵盖固定成本,从而公司可以持续经营。

回顾一下,第3章指出当需求富有弹性时,价格每上涨1%,引起的需求量的下降将大于1%;相反,当需求缺乏弹性时,价格每上涨1%,引起的需求量的下降将小于1%。一般来说,如果需求缺乏弹性,价格的上涨可以带来更高的利润。所以,一个面临刚性需求的卖方应当提高价格。

■ 利润最大化时的价格

> **利润最大化的价格**:在这一价格下,边际利润率等于需求价格弹性绝对值的倒数。

所以,只要需求缺乏弹性,卖方就应该提高价格。在价格弹性范围内,哪个价格能使卖方利润最大化?第7章已经利用边际收入等于边际成本这个规律解释了利润最大化时的销量和价格。图8-1表示了利润最大化时水星航空的销量和售价。

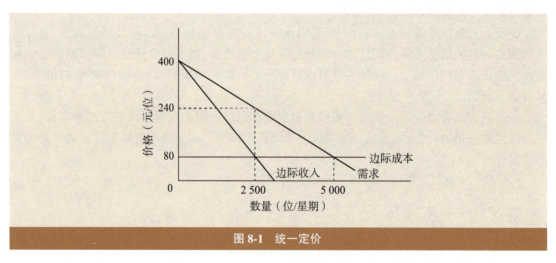

图8-1 统一定价

然而,管理层通常很难获得关于边际收入的信息。他们通常掌握更多有关需求价格弹性的信息。因此,掌握基于弹性的定价法将会更为方便。

一个与"边际收入等于边际成本"对等的规则是:边际利润率等于需求价格弹性绝对值的倒数。所以,卖方为获得利润最大化,应使定价服从于:

$$边际利润率 = -\frac{1}{需求的价格弹性} \tag{8.1}$$

需求的价格弹性是负,所以,定价等式右边的负号可以保证右边值为正。

我们来应用这条法则确定水星航空的价格。假设需求的价格弹性是-1.5。那么,水星航空为达到利润最大化,其边际利润率必须为 1/1.5 = 2/3。用 p 代表价格,边际成本为 80 元,根据法则,可得:

$$\frac{p - 80}{p} = \frac{2}{3} \tag{8.2}$$

求解这个方程,我们可以得出 $p = 240$。因此,使水星航空利润最大化的价格为 240 元(如图 8-1 所示,根据边际成本等于边际收入的规律求得销量及价格,我们将得出同样的价格)。在 240 元的价格水平上,需求量是每周 2 500 客位。因此,水星航空的总收入是每周 240×2 500 = 60 万元。水星航空的总成本为每周 80×2 500 = 20 万元。因此,其利润为每周 40 万元。

价格弹性将沿着需求曲线变动。更进一步说,边际成本将随着生产规模的变化而变化。因此,确定利润最大化的价格点时,需要以不同的价格一一测试,直至找到使边际利润率与价格弹性绝对值的倒数相等的点为止。

需求和成本的变动

定价法则表明了当需求价格弹性或边际成本变动时,卖方应如何调整价格。我们首先讨论需求价格弹性的变化。如果需求更富有弹性,那么,价格弹性将是一个更大的负值。因此,根据该法则,卖方应该寻找较低的边际利润率。

举例说明,假设在水星航空的案例中,价格弹性为 -2 而不是 -1.5。那么,使利润最大化的边际利润率应为 $1/2 = 50\%$。用 p 表示价格,我们得到 $(p-80)/p = 0.5$,可求得使利润最大化的价格为 160 元。

相反,如果需求弹性降低为 -1.33,那么,利润最大化的边际利润率将是 $1/1.33 = 75\%$。用 p 表示价格,我们将得到 $(p-80)/p = 0.75$,可求得使利润最大化的价格为 320 元。

接下来,让我们讨论卖方边际成本变化的情况。在原始案例中,价格弹性为 -1.5,边际成本为 80 元。假如边际成本减少至 60 元,水星航空应如何调整其价格?运用定价法则,使利润最大化的价格应该满足 $(p-60)/p = 1/1.5$,即 $p = 180$。请注意,尽管边际成本只下降了 20 元,但利润最大化的价格却下降了 60 元。

类似地,我们可以得出,如果边际成本提高,水星航空不应该等量地提高其价格。原因在于,卖方必须考虑价格变化对需求量的影响。

这些例子说明了在价格弹性或边际成本变动的情况下,卖方应同时考虑价格弹性和边际成本来调整其价格。特别需要强调的是,卖方对价格的调整量并不一定等于边际成本的变动量。

> **进度检测 8A**
>
> 在水星航空的案例里,假设需求价格弹性为 -2,边际成本为每客位 70 元,计算使利润最大化的价格。

■ 常见的错误认知

一个对于定价策略常见的错误认知是按照平均成本来定价。成本定价法会引起几个问题。当存在规模经济时,平均成本取决于生产规模。因此,使用成本定价法时,卖方必须假定一个产量。然而,该产量将随价格的变动而变动,这样成本定价法就陷入了一个无解的循环。

成本定价的另一个问题是它不能指导卖方应如何在平均成本上加价。对于不同的产品,卖方在平均成本之上的加价量应该相同还是不同?假设卖方想要设定最优加价幅度以得到最大利润,卖方还是需要重新考虑需求的价格弹性和边际成本。因此,成本加价法最终并不简单。

另一个常见的错误认知是,达到利润最大化的价格仅仅由弹性决定。为了解释正确的做法,我们来讨论很多酒店客房中都提供的小型酒吧的案例。这种小型酒吧具有市场力,特别是在凌晨的时候,到酒店外面去喝饮料很不方便甚至不安全。

假设喜力啤酒与可口可乐具有相同的需求价格弹性,酒店应该为这两种产品制定相同的价格吗?绝对不是。酒店应当为这两种产品设定相同的边际利润率。由于酒店的喜力啤酒的边际成本比可口可乐高,因此,酒店应该给喜力啤酒定更高的价格。

价格弹性:谁才是顾客?

将受损车辆送到汽车修理店时,车主首先要回答的问题是:"车辆有保险吗?"为什么修理店在意车主是否购买了车辆保险呢?

在汽车修理的案例中,需求方有两个:做出修车决定的车主和为此付款的保险公司。购买了车辆保险的车主对修理费用较不敏感。事实上,车主可能还会要求修理店用保险公司的钱修理其他一些明显的破损。

通常,当做出选购决定的人并非真正付费的人时,需求对于价格就不那么敏感了。汽车修理店了解并利用了这一点。然而,现实生活中,车主在某种程度上还是会考虑修理费用,因为他未来的保险费或续保费将取决于过往的理赔记录。

8.3 完全价格歧视

前一节介绍了统一定价的法则:卖方应该设定这样的价格,在此价位上,边际利润率等于需求价格弹性绝对值的倒数。然而,通过进一步的讨论,我们将说明统一定价策略并不能产生最大可能利润。这意味着我们应该寻找一种更优的定价策略。

■ 统一定价的缺陷

参见图 8-2，回顾之前提到过的，需求曲线也反映了不同购买者的边际收益。在每位乘客 240 元的价格水平上，边际买方从一次旅行中得到的收益与价格相等。对于所有的边际内买方，即 2 499 个买方来说，其收益都高于价格。每一个边际内买方都享有一些的买方剩余，买方剩余是图 8-2 中三角形 adb 的面积。

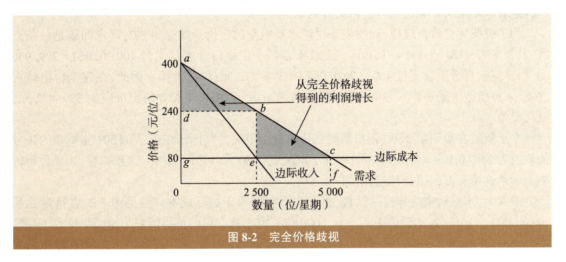

图 8-2 完全价格歧视

如果运用统一定价策略，边际内买方所付出的价格低于他们愿意付出的价格。这意味着，通过设计一种能获取部分买方剩余的定价方法，水星航空可以提高其利润。

统一定价的另一个缺陷在于它导致的销量未能达到经济效率。（回顾第 5 章，当一个产品的销量能够达到使边际成本等于边际收益时，则该产品的分配达到了经济效率。）

边际买方获得了 240 元的效益，而边际成本仅为 80 元。如果能将机票销售给边际收益超过边际成本的那些乘客，水星航空还会得到更多的利润。

> **进度检测 8B**
>
> 统一定价的两个缺陷是什么？

■ 价格歧视

理想情况下，水星航空应按不同的买方收益来出售每一张机票。参照图 8-2，这就好像沿着市场需求曲线的下沿出售机票。那么，水星航空从收益较高的乘客那里获得较高的边际利润，而从收益较低的乘客那里获得较低的边际利润。

价格歧视：对同样或类似产品的不同交易单位设定不同边际利润的定价策略。

完全价格歧视：每一单位产品的定价都等于买方的收益，并且销量使边际收益等于边际成本。

卖方对同样或类似产品的不同交易单位设定不同边际利润的定价策略被称为**价格歧视**（price discrimination）。价格歧视这个术语仅仅意味着设定不同价格而不含有任何负面的暗示。价格歧视也可以被称作"差别定价"。

完全价格歧视（complete price discrimination）是这样一种定价策略：每一单位产品的定价都等于买方的收益，并且销量使边际收益等于边际成本。这种策略之所以被叫作完全价格歧视，是因为它向每个买方收取的价格等于该买方愿意为此产品所支付的最高价格。因此，这种定价策略使买方无法获得任何买方剩余。

为了说明完全价格歧视，让我们来讨论水星航空的定价。参照图 8-2，需求曲线是一条直线，其斜率为 $-320 \div 5\,000 = -0.064$。这意味着第一位旅行者愿意支付 $400-0.064 = 399.936$ 元；第二位旅行者愿意支付 $400-(2 \times 0.064) = 399.872$ 元；以此类推。因此，在完全价格歧视之下，水星航空对第一位买方的定价应为 399.936 元，对第二位买方的定价应为 399.872 元，以此类推。

水星航空在卖到第 2 500 张机票时还应该继续下去。其原因在于，第 2 501 张机票的买方的收益为 $240-0.064 = 239.936$ 元，超过了水星航空 80 元的边际成本。这意味着，如果公司将机票卖给这位买方，其利润将会增加。

事实上，水星航空应该持续销售，直至边际收益等于边际成本。参见图 8-2，在销量达到每周 5 000 个座位时，达到该平衡。第 5 000 位买方愿意支付的价格恰好为 80 元，这也正是航空公司的边际成本。如果水星航空卖出的机票超过 5 000 张，那么，多卖出的机票将使其亏损。在完全价格歧视法则下，第 5 000 位买方是边际买方。

通过完全价格歧视，水星航空的总收入将是位于需求曲线下方、销量从 0 到 5 000 单位的 *ofca* 区域的面积，也就是每周 $(400+80) \div 2 \times 5\,000 = 120$ 万元。至于成本，航空公司的总成本为 *ofcg* 区域的面积，也就是每周 $80 \times 5\,000 = 40$ 万元。因此，运用完全价格歧视定价法，水星航空的利润将是每周 80 万元。

相比之下，在前一节中，我们用统一定价法表明水星航空的最大利润是 40 万元。因此，运用完全价格歧视法，水星航空所得的利润将高于统一定价法下所得的利润。

在完全价格歧视策略下，卖方销售的每一单位产品的定价都等于买方的收益，并且销量使得边际收益等于边际成本。完全价格歧视策略弥补了统一定价策略的两个缺陷。

- 通过将每件产品的价格设定为买方的收益，这种策略获取了所有的买方剩余。
- 这种策略提供了达到经济效率的销量。因此，它通过增加销量从而把握到所有能获取更多利润的机会。

在水星航空的案例中，首先，完全价格歧视帮助卖方从 2 499 位边际内买方中获取了比在统一定价下更高的价格。在图 8-2 中，利润的增加由阴影部分 *adb* 的面积表示。其次，通过使用完全价格歧视，水星航空多卖出了 2 500 个座位。在图 8-2 中，这些多卖出的座位带来的利润由阴影部分 *bec* 的面积表示。总的利润增加额为阴影部分 *adb* 与 *bec* 的面积之和。

■ 经济效率

我们鼓励卖方将完全价格歧视作为增加利润的一种策略。有趣的是,这种策略同时也达到了经济效率。从这个角度来看,利润最大化目标与实现经济效率的社会目标是一致的。

由于价格歧视可以达到经济效率,它对于非营利和政府组织,例如医院、学校和博物馆非常有用。通过价格歧视,它们能够为更多的人服务。例如,一个非营利组织可以通过向愿意支付更高价格的人收取高额费用,赚取额外收入来为贫困的顾客服务。

■ 信息与转售

在完全价格歧视下,卖方就每单位产品向不同的买方收取不同的价格。要实施完全价格歧视,卖方必须:

- 知道每个潜在买方的个人需求曲线。光知道个人需求曲线的价格弹性是不够的,卖方必须知道每个潜在买方的完整个人需求曲线。
- 有能力防止买方以一个较低的价格购买,然后以较高的价格转售给其他人。

显然,相对于实物产品,服务尤其是个人服务更难以被转售。举例来说,转售医疗服务比转售药品更难,转售税收筹划建议比转售税收管理软件更难。所以,价格歧视在服务行业更广泛地存在,特别是在个人服务领域十分常见。

> **进度检测 8C**
>
> 在图 8-2 中,完全价格歧视策略比统一定价策略产生的利润增加值为 adb 和 bec 两块区域的面积。计算这些区域代表的价值是多少。

 小案例

美容师真的需要知道你的职业吗?

价格歧视在美容服务业中很常见。美容师们对客人的服务都是独立的。美容服务的第一步通常是记录客户的基本资料。这往往包括常规性问题,例如客户的职业、家庭住址、健康状况,以及药物或化妆品敏感信息等。这些信息除了用于了解客户的皮肤和健康状况,对于衡量客户的支付能力和支付意愿也是十分有用的。

由于客户都是独立支付账单,美容师能够很轻易地对不同客户收取不同的费用,结果是与完全价格歧视非常接近,尽管其美容服务过程完全相同。

谷歌的竞价系统

2020年谷歌的收入为1686亿美元。这些收入主要来源于广告。广告投放者需要对谷歌搜索页以及其他网站的广告位进行竞价。谷歌会根据投放广告者所愿意付的最高价、广告对于消费者的相关性,以及预期的影响力来分配广告位。

谷歌的这种广告竞价系统十分接近完全价格歧视。每个广告投放者对每个广告位的竞价都是不同的。这些价格取决于竞标之间的竞争。

资料来源:Google Ads Help. The ad auction[EB/OL].[2022-09-14]. https://support.google.com/google-ads/answer/1704431/the-ad-auction; Google Ads Help. About adjusting your keyword bids[EB/OL].[2022-09-14]. https://support.google.com/google-ads/answer/2472712?hl=en.

中国移动:获取买方剩余

中国移动在香港提供移动通信服务。2021年6月,中国移动提供了一系列24个月的手机通信套餐。该系列套餐中包括了无限语音通话。价格最低的套餐为流量10GB,每月168港币。下一个价位的套餐为流量30GB,每月198港币。更高价位的套餐为流量100GB,每月298港币。

这些通信套餐运用了价格歧视这一策略。这一定价策略可以通过收取固定费用来实现获取买方剩余以及具有经济效率的消费。通过不同的通信套餐,中国移动的目标在于对不同数据需求的客户收取不同的价格来获取买方剩余。

资料来源:China Mobile. 5G service plan[EB/OL].[2022-09-14]. https://eshop.hk.chinamobile.com/en/rateplanonly/rateplanonly-detail.html?categoryId=5g.

8.4 直接细分市场价格歧视

> **细分市场**:在一个较大市场上具有明显共性的一小群买方。

为了实现完全价格歧视,卖方必须知道每个潜在买方的完整个人需求曲线。如果卖方没有这么充分的信息呢?当卖方缺乏足够的信息而不能对每个买方设定不同的价格时,卖方仍可以对不同细分市场中的买方实施价格歧视。细分市场(segment)是在一个较大市场上具有明显共性的一小群买方。

同质细分市场

假设水星航空服务成年人和学生的边际成本都为 80 元。那么,水星航空可以根据是否持有学生证将市场划分为两部分。我们把给每一个细分市场制定不同边际利润率的定价策略称为**直接细分市场价格歧视**(**direct segment price discrimination**)。

> 直接细分市场价格歧视:卖方针对每一个细分市场制定不同的边际利润率。

在水星航空的例子中,存在两个细分市场:成年人和学生。假设所有的成年人愿意为机票支付 360 元,而所有的学生愿意为此支付的价格仅为 90 元。两个细分市场群体愿意支付的价格都超过了水星航空的边际成本 80 元。

因此,水星航空应当将成年人的票价设定为 360 元,而将学生的票价设定为 90 元。水星航空从每位成年人乘客中所获取的边际利润为 360-80=280 元;而从每位学生乘客中所获取的边际利润为 90-80=10 元。

在这个简单的例子中,水星航空可以通过直接细分市场来实施完全价格歧视。然而,我们下面将要讨论,如果每个细分市场中的买方不同质并且水星航空缺乏信息来区分每个小的细分市场,那么直接细分市场价格歧视就不能达到完全价格歧视。

不同质细分市场

如果成年乘客愿意为机票支付的价格并不相同,而且学生愿意为机票所支付的价格也不相同,那么,利润最大化的定价策略就取决于水星航空是否能够在成年人与学生细分市场内部将买方区分出来,并阻止细分市场内部的转售行为。

如果水星航空没有足够的信息,或是它无法做到阻止细分市场内部的转售行为,那么它在成年人及学生的细分市场上有两种定价策略。第一种是在两个细分市场内实施统一定价。第二种是在两个细分市场内实施间接细分市场价格歧视。我们在此集中讨论细分市场内的统一定价,在之后章节中讨论细分市场内的间接价格歧视。

在每个细分市场之内,利用统一定价法则,在该价格水平上,每个细分市场内的边际利润率应等于该细分市场需求价格弹性绝对值的倒数。

假设成年人和学生的需求如图 8-3 所示。先考虑成年人的需求情况。假设利润最大化时的价格为 a。通过一系列的测试,我们发现,在 a 的价格水平上,需求的价格弹性为 -1.5。因此,水星航空设定价格 a 使得边际利润率为 $1 \div 1.5 = 67\%$。也就是说,$(a-80) \div a = 0.67$。因此,成年人票价应为 $a = 240$ 元。在这个价格水平上,需求量为每星期 2 500 位。

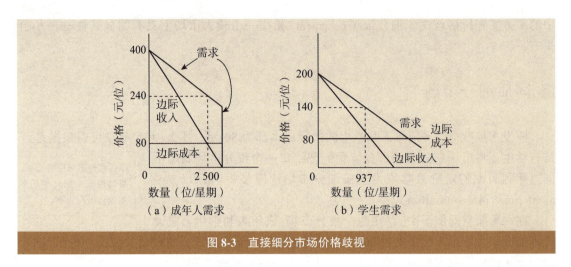

图 8-3 直接细分市场价格歧视

接下来,我们讨论学生乘客的需求状况。学生乘客获得的边际收益较低。因此他们的需求曲线比成年乘客的低。假设使利润最大化的价格为 s。通过一系列的测试,我们发现,在 s 的价格水平上,需求的价格弹性为 $-7/3$。因此,水星航空应将学生乘客票价设定为 s,使得边际利润率为 $3/7$。也就是说,$(s-80)/s=3/7$。因此,学生乘客票价应为 $s=140$ 元。在这个价格水平上,需求量为每星期 937 位。

在这个例子里,成年乘客的需求弹性较小。因此,水星航空应该在正常成年乘客票价上设定一个相对较高的边际利润率。公司在成年乘客细分市场中得到的利润贡献为 $(240-80)\times 2\,500=40$ 万元。另外,它从学生乘客细分市场上得到的利润贡献是 $(140-80)\times 937=5.622$ 万元。因此,采用直接细分市场价格歧视的利润为每周 45.622 万元。相比之下,采用统一定价法的利润为每周 40 万元。

通常,运用直接细分市场价格歧视的策略,卖方在需求弹性较高的细分市场上,应该制定获得相对较低边际利润率的价格;而在需求弹性较低的细分市场上,应该制定获得相对较高边际利润率的价格。

■ 实施

为了实施直接细分市场价格歧视,卖方必须能够识别并利用一些固有的买方特征来细分市场。这些特征必须是固定的。否则,一个买方可能会转入另一个细分市场以享用较低的价格。

对电影和主题公园的需求随买方一些特征(诸如收入、职业和年龄等)的变化而变化。电影院和主题公园不能直接观察出顾客的收入,但它们可以检查顾客的年龄,以及他(她)是不是学生。

年龄特征可以用来实施直接细分市场价格歧视。它很容易识别,而且不可改变。一位中年人不可能购买老年人的票。所以,电影院和主题公园可以从老年人和学生顾客中获取其较低的边际收入。假设为每位顾客提供服务的边际成本是相同的,那么结果是对老年人和学生设定的票价低于中年人的票价。

直接细分市场价格歧视的另一个条件是卖方必须有能力防止买方以一个较低的价格购买,然后以较高的价格转售给其他人。电影院在它们的票上注明"不可转让"。只要影院可以阻止电影票的转售行为,那么它们就可以在学生和成年人之间实行价格歧视。

> **进度检测 8D**
>
> 在图 8-3 中,假定边际成本是 100 元。在图上表示出新的对于成年人和学生的定价。

 小案例

新加坡国立大学医院的价格歧视策略

新加坡国立大学医院是一所附属于新加坡国立大学的高等医疗及教学机构。和其他的公立医院一样,新加坡国立大学医院对新加坡人和外国人收取不同的医疗费。

新加坡公民和永久居民可以享受补贴诊疗费率。根据主治医生的级别,第一次诊疗的费用从 38 新元至 56 新元不等。而外国人必须支付未受补贴的个人诊疗费,从 109.14 新元到 145.52 新元不等。

 小案例

英国《金融时报》的价格歧视策略

一份商业报纸是可以运用区域的不同来进行价格歧视的。没有人会因为低价而购买一份旧报纸。2021 年 6 月,英国《金融时报》(*Financial Times*)的工作日纸质版在澳大利亚的售价为 7 澳元(约合 5.43 美元),在日本的售价为 650 日元(约合 5.94 美元),而在新加坡的售价为 5.8 新币(约合 4.39 美元)。

资料来源:英国《金融时报》官方网站(https://www.ft.com)。

 小案例

喜马拉雅的价格歧视策略

喜马拉雅(Himalaya)是一款有声书平台,旨在为全球华人提供随时、随地、随心的听书体验。成为会员后,即可畅听平台上10 000条以上的会员内容。喜马拉雅App分为境内版与境外版。境内用户只能下载并使用境内版,而境外用户只能下载并使用境外版。这两个版本的内容差异不大,但是两个版本的会员费是不同的。2021年年末,境内版的年会员优惠后价格为108元(约合16.95美元),而境外版的年会员优惠后价格为59.99美元。第一次注册的境外会员还可享受更多优惠。

延展问题: 喜马拉雅对境外会员和境内会员收取不同的会员费,这会有效提升公司的收入吗?

资料来源:喜马拉雅官方网站(https://www.himalaya.com/)。

8.5 间接细分市场价格歧视

对于直接细分市场价格歧视,卖方必须能够利用买方的固有特性来对市场进行细分,每个细分市场有不同的需求曲线。卖方可能知道存在不同需求曲线的细分市场,但却找不到用以细分市场的固定特征。在这种情况下,卖方可运用另一种策略实施价格歧视,即使用间接的方法。

假设水星航空的业务涵盖商务旅行和休闲旅行两个细分市场。每个细分市场是同质的。从表8-1我们可知,商务旅客旅行的收益是501元,而休闲旅客旅行的收益是201元。

表8-1 航空市场的间接细分市场价格歧视

	收益(元)		价格(元)	边际成本(元)	边际利润(元)
	商务旅客	休闲旅客			
不受限制机票	501	201	500	80	420
受限制机票	101	181	180	80	100

在理想的状况下,水星航空可以实行直接细分市场价格歧视,对商务旅客收取500元的票价,而对休闲旅客收取200元的票价。但它如何区分商务旅客和休闲旅客呢?如果航空公司的登机手续办理柜台要求每位旅客说明旅行的目的,那么每位旅客的回答可能都是度假。或者,水星航空的雇员可以通过辨别旅行者是穿着商务套装还是休闲装来实行区分,但是假设商务旅客也穿着休闲装呢?因此,我们可以考虑用一种间接的方法来实行价格歧视。

■ 构建选择

现在让我们来讨论另一种价格歧视:使用间接的办法来区分商务旅行者和一般旅行者。考虑一下旅行者的详细旅行计划。像小华和小明这样的度假者会提前订票,相比之下,商务旅行者可能会根据工作需求及时调整日程计划。所以,商务旅行者和一般旅行者对航班预订改签费的敏感程度不一样。

水星航空可以提供两种机票：一种机票更加昂贵，但是改签不受限制且不需任何费用；另一种机票更加便宜，但是改签受限。如表 8-1 所示，受限制的机票对于商务旅客的收益为 101 元，对于休闲旅客则是 181 元。对于两种旅客来说，使用不受限制的机票均能够比受限制的机票获得更高的收益。但是商务旅客从不受限制的机票中获益相对较多，而从受限制的机票中获益相对较少。

例如，假设水星航空将不受限制机票的价格定为 500 元，将受限制机票的价格定为 180 元。那么商务旅客将如何选择？他们将不会购买受限制的机票，因为价格超过了他们的收益。他们将购买不受限制的机票，从而得到 501−500=1 元的买方剩余。对于休闲旅客来说，他们将不会购买不受限制的机票，因为价格超出了他们的收益。他们将购买受限制的机票，从而得到 181−180=1 元的买方剩余。表 8-1 展示了航空公司从每位旅客那里得到的利润贡献。

水星航空面临着两个细分市场：商务旅客和休闲旅客，他们各自拥有不同的需求曲线。然而航空公司不能直接区分细分市场。所以，它利用商务旅客和休闲旅客对于改签费用不同的敏感度，构建了不受限制机票和受限制机票之间的选择。我们将这种通过向买家构建不同选择，从而在不同细分市场获得不同边际利润的定价策略称为**间接细分市场价格歧视**（indirect segment price discrimination）。

> **间接细分市场价格歧视**：向买方构建不同的选择，从而在不同细分市场获得不同的边际利润的定价策略。

间接细分市场价格歧视运用产品属性在不同的细分市场上实施价格歧视。实际上，产品属性是买方属性的替代。为了确定利润最大化的价格，卖方必须考虑到具有不同属性的买方如何能够在不同的选择中替换。因此，卖方不能独立地为某一产品定价。相反，它必须同时为所有的产品定价。

■ 实施

要实施间接细分市场价格歧视，卖方必须控制一些变量，不同细分市场上的买方对这些变量的敏感程度不同。卖方能够运用这些变量来构建一系列的选择，以在不同细分市场上实施价格歧视。

由于间接细分市场价格歧视允许买方从一系列产品中做出选择，很明显卖方无法限制买方对产品的选择。间接细分市场价格歧视的另一个必要条件是买方无法规避价格歧视的差别变量。例如，假设水星航空允许受限制机票的乘客免费改签航班，那么一部分商务旅客就可能从购买不受限制机票转为购买受限制机票。这种转变将会破坏细分市场价格歧视。所以在实践中，航空公司通常都严格执行受限制机票的改签规定。

> **进度检测 8E**
>
> 根据表 8-1，假定商务旅客从受限制机票中得到的收益是 401 元，而休闲旅客从受限制机票中得到的收益为 101 元，计算商务旅客与休闲旅客分别从不受限制机票和受限制机票中得到的买方剩余。水星航空能够实施间接细分市场价格歧视吗？

 小案例

国泰航空：经济舱还是特选经济舱？

价格歧视广泛存在于航空运输业。航空公司严格谨慎地实施机票实名制（事实上，由于机场安全措施的不断强化，政府在此措施中起了重要推动作用）。所以，旅客不能将机票转售给他人。

机票的价格因日期、时间、改签次数和改签费用等政策的不同而不同。对于2022年1月1日香港飞往伦敦希思罗机场的CX255航班，国泰航空提供了四种价格的机票。票价主要按经济舱和特选经济舱来划分。经济舱的机票被分为"Core"和"Flex"。"Core"的票价为3 952港元，而"Flex"的票价为8 422港元。两种机票的主要差别是如果乘客需要改签，"Core"机票持有人需额外支付1 800港元的手续费，而"Flex"机票是免手续费的。在特选经济舱里，也有两种不同票价可选。"Standard"的票价为14 252港元，而"Flex"的票价为18 802港元。两种机票的主要差别也是在退改签的手续费上。

票价越高的机票享有的灵活性也就越大。特选经济舱"Flex"级别的机票不仅更加舒适宽敞，还可以全额退票；经济舱"Core"机票不允许退票，但在支付费用的条件下允许在航班起飞前进行改签。显然，更具灵活性的机票针对的是对价格不敏感的商务旅客，而限制性机票针对的是休闲旅客。

 小案例

宜家：自取还是送货上门？

宜家（IKEA）是一家跨国家具零售企业。它的产品通过实体店和网站在世界各地进行销售。在中国，宜家网站为顾客提供两种配送选择：自取或送货上门。自取货物当然是不收费的，但是送货上门会按货物重量以及尺寸收取一定的送货费用。比如，在笔者写作时，对于大件货品，在宜家商场所在城市的市内送货上门，宜家对每单小于50 kg的物品收取89元的运费。

选择自取还是送货上门主要是看消费者的时间成本。对于收入较高（也愿意付更多钱）的人群来说，他们更愿意选择送货上门。

资料来源：宜家官方网站（https://www.ikea.cn/）。

8.6 选择定价策略

一般来说,完全价格歧视策略能够带来最大的利润。然而,这也要求卖方掌握最多的信息。利润次高的定价策略是直接细分市场价格歧视策略。在此策略下,卖方通过买方的一些固定特性来细分市场。卖方必须能够确定每一个细分市场,并防止一个细分市场的买方购买另一个细分市场的产品。

再次,就是间接细分市场价格歧视策略,它通过产品属性而不是买方属性来实施。这种策略的利润更低,因为对商品属性的设计可能会降低买方的收益,并且细分市场会产生更高的成本。

最后,利润最低的定价策略是统一定价法。这种定价方法没有实施任何价格歧视,但它实施起来最简单,所需的信息量也最少。表 8-2 从利润和需要的信息两方面比较了各种定价策略。

表 8-2 定价政策:利润率和信息

利润率	政策	所需信息和管理
最低 ↕ 最高	统一定价 间接细分市场价格歧视 直接细分市场价格歧视 完全价格歧视	最低 ↕ 最高

■ 科技

信息技术特别是互联网的迅速发展,对价格歧视造成了深远并相互冲突的影响。信息技术对价格歧视起着促进和阻碍两方面的作用。

消费者对于互联网使用的爆炸性增长使营销者能够获取更多有关消费者偏好的详细信息。另外,信息计算和存储空间成本的下降有效降低了存储、分析和运用消费者信息的成本。因此,卖方可以更好地针对特定细分市场设计产品。此外,技术还有助于实现产品的差异化,以针对不同的客户群体。

例如,航空公司和超市运用信息技术来管理消费者忠诚计划项目,它们追踪顾客的消费记录并对特定的会员群体提供特别优惠。在线拍卖系统让卖方针对不同个体消费者的消费意愿对价格进行微调。有了计算机化的生产过程和线上运输系统,生产商可以轻松设计一个产品的多个版本,针对不同细分市场进行销售。

另一方面,计算能力和存储空间成本的下降同样促进了消费搜索服务的增长。由于持续从互联网上搜集信息,这些服务可以帮助消费者对产品和价格进行比较,从而规避价格歧视,得到最好的方案。

惠普的墨盒：区域定价

惠普（HP）的打印墨盒在不同地区的价格是不同的。在笔者编写本书时，HP62型号的墨盒在英国的价格为17.99英镑（约合25.07美元），在新加坡的价格为28新元（约合20.86美元），而在美国的价格为18.99美元。

造成价格不同的其中一个原因是消费税。如果惠普承担了所有的消费税，那么其墨盒在英国的价格将为20.89美元，在新加坡的价格将为19.5美元。由此可见，去掉消费税的影响后，墨盒在不同地区的价格还是不同的。所以，价格反映出不同程度的价格歧视。

墨盒虽然小而轻，但是它却相当昂贵。如果可以对墨盒进行套利活动，那显然是有利可图的。一些技术可以帮助公司以最低的成本进行价格歧视。惠普对喷墨打印机进行编码并且严格限制了其所能使用的墨盒。这样一来，惠普就成功实现直接细分市场歧视。

资料来源：How do I change the region of my HP printer？[EB/OL].[2022-09-14]. www.stinkyinkshop.co.uk/articles/how-do-i-change-my-hp-printer-region.

价格歧视还是价格欺骗：大数据下的"杀熟"

大数据"杀熟"是指互联网销售平台利用消费者的消费数据，就相同的产品对不同用户给出不同的价格。所谓"杀熟"，正是指平台获取了消费者的消费数据，进而对特定消费者的偏好、消费意愿、支付能力等有了较为充分的了解，对其更加熟悉，从而得以向其收取比其他人更高的价格。

有人曾晒出一条微博称，自己经常通过某旅行服务平台订购某个特定酒店的房间，价格常年在380元到400元左右。偶然的一次，他通过前台了解到，该酒店淡季的价格在300元上下，他用朋友的账号查询后发现，房价果然是300元；但用自己的账号去查，房价还是380元。相同的酒店，对于老客户，价格却要高出一大截！他怀疑，自己是被旅行服务平台"杀熟"了。

从经济学的角度来看，大数据"杀熟"或者"个性化定价"也被视为一种价格歧视，也就是企业根据每一个买者对产品的购买意愿（而不是根据产品的成本）来制定产品价格的方法。

有意思的是，这种方式引起了很多消费者的反感，使其感觉自己被欺骗了。2021年8月20日，十三届全国人大常委会第三十次会议表决通过了《中华人民共和国个人信息保护法》，自2021年11月1日起施行。同《反垄断法》对价格歧视的规制不同，这些法律规定或者草案在不要求平台企业具有市场支配地位的情况下，禁止平台利用大数据对消费者实施差别待遇。

延展问题： 在合理合法的范围内，如何利用大数据进行价格歧视？

资料来源："大数据杀熟"是一种价格歧视，该如何规制？［EB/OL］.（2021-08-20）［2022-09-15］. https://www.thepaper.cn/newsDetail_forward_14133437；平台价格歧视："杀熟"为什么如此遭人厌呢？［EB/OL］.（2018-08-20）［2022-09-15］. https://www.huxiu.com/article/258358.html.

■ 市场侵蚀

当买方从购买高边际利润率的产品转向购买低边际利润率的产品时，就产生了**市场侵蚀**（**cannibalization**）。市场侵蚀的一些例子包括商务旅行者购买了受限制机票、高收入的消费者使用了折扣券，以及富裕的家庭购买了很普通的轿车而不是豪华型轿车。

> **市场侵蚀：** 买方从购买高边际利润率的产品转向购买低边际利润率的产品。

市场侵蚀的根本原因是卖方不能直接区分市场，因此需要依靠构建产品选择来间接细分市场。当区分变量不能完全将买方区分出来时，就会发生市场侵蚀。

有几种办法能够缓解市场侵蚀。一种办法是通过产品设计，将更高边际利润率的产品进行升级，使其更吸引人，这样，发生市场侵蚀的可能性就会降低。将边际利润率低的产品进行降级，使其变得更不吸引人，这样，发生市场侵蚀的可能性也会降低。

要缓解市场侵蚀，产品设计甚至可以包含一些用来区分市场的变量。例如，航空公司可以对受限制机票设置一系列的条件，包括最短及最长停留时间、转机限制，以及取消或变更航程的处罚等。每一种条件都可以减少受限制机票侵蚀不受限制机票市场的可能性。

最后，市场侵蚀可以通过控制可获得性来缓解。将低边际利润率产品设置为很难获得，将使其变得缺乏吸引力。例如，航空公司会限制每个航班中低价机票的客位数。

> **进度检测 8F**
>
> 解释技术可以如何用于支持价格歧视策略。

 小案例

中国移动：消除市场侵蚀

中国移动在香港地区提供多个通信套餐。该系列套餐包括了无限语音通话。价格最低的套餐为流量 10GB，每月 168 港元。下一个价位的套餐为流量 30GB，每月 198 港元。

图 8.4 描述了小安和小麦的移动通信需求曲线。假定小安买了 10GB 的套餐。她会消费 10GB 并且她的总收益为面积 $0ba$，也就是 $1/2 \times 36$ 港元 $\times 10 = 180$ 港元。她的买方剩余就是

180 港元-168 港元 = 12 港元。因此，她会买这个套餐。

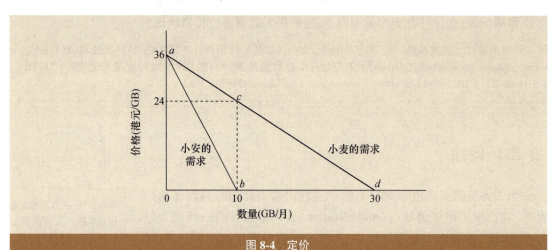

图 8-4 定价

那么小麦呢？假定小麦也购买 10GB 的套餐。那么，她会消费 10GB 并且她的总收益为面积 $0bca$，也就是 $1/2×(24$ 港元 $+36$ 港元 $)×10=300$ 港元。她的买方剩余为 300 港元-168 港元 $=132$ 港元。

假定小麦购买了 30GB 的套餐。那么，她会消费 30GB 并且她的总收益为面积 $0da$，也就是 $1/2×36$ 港元 $×30=540$ 港元。她的买方剩余为 540 港元-198 港元 $=342$ 港元。这超过了 10GB 所带来的卖方剩余。因此小麦会选择 30GB 的套餐。

当设计 10GB 的套餐时，中国移动必须考虑这个套餐是否会对那些本来会使用 30GB 套餐的用户造成市场侵蚀。这就意味着它应该提高小流量套餐的价格或降低其数据量，或者降低大流量套餐的价格或增加其流量。

知识要点

- 在统一定价策略下要实现利润最大化，必须将价格设定在边际利润率等于需求价格弹性绝对值的倒数的水平上。
- 价格歧视可以通过获取买方剩余和提供更接近经济效率的销量来增加利润。
- 完全价格歧视对产品的每一单位收取不同的价格。
- 直接细分市场价格歧视对每个细分市场分别设定不同价格以获得不同的边际利润。
- 间接细分市场价格歧视为买家构建不同的选择以在每个细分市场获得不同的边际利润。
- 如果用利润率来对定价策略排序，则从高到低分别是：完全价格歧视策略、直接细分市场价格歧视策略、间接细分市场价格歧视策略、统一定价策略。

复习题

1. 很多超市出售名牌和自有品牌的产品。假设一家超市认定其自有品牌的可乐的需求弹性低于可口可乐的需求弹性。它是否应该给自有品牌的可乐制定更高的价格?
2. 考虑一个 LED 灯泡生产商。边际生产成本为每只灯泡 2 元,需求的价格弹性为 -1.25。在统一定价策略下,使得利润最大化的价格为多少?
3. 火星轮胎公司通过一种创新的生产方法使其轮胎的边际成本从 50 元降低到 40 元。它应该给每个轮胎降价 10 元吗?
4. 图书出版商定价时采用页数乘以每页的标准价格。评论这种定价策略。
5. 与统一定价相比,完全价格歧视是如何提高利润的?
6. 实施完全价格歧视的必要条件是什么?
7. 举出一个直接细分市场价格歧视的例子。讨论此案例是否符合这种价格歧视的条件。
8. 判断正误:直接细分市场价格歧视会比完全价格歧视产生较少的利润。
9. 一个奢侈品在中国的价格要比在法国的价格高。这是一种什么定价策略?
10. 举出一个间接细分市场价格歧视的例子。讨论此案例是否符合这种价格歧视的条件。
11. 一般来说,租车服务公司的油价要远远高于附近的加油站的油价。解释一下这样的定价策略是如何对那些自己付费租车和他人付费租车的客户实行间接细分市场价格歧视的。
12. 假设时间成本较高的一类消费者不太可能使用优惠券。那么日用品制造商如何通过优惠券来实行价格歧视?
13. 按照信息的需求来对不同定价策略进行排名。
14. 信息技术对卖方实施价格歧视有何影响?
15. 什么是市场侵蚀?

讨论案例

1. 2014 年 11 月,摩根士丹利、花旗集团、德意志银行、摩根大通组织了对阿里巴巴为期 3 年的 3 亿美元的贷款。此项贷款的利率是在伦敦银行同业拆借利率(LIBOR)的基础上加了 0.52 个百分点。银行从活期存款、储蓄存款、定期存款以及银行同业市场中筹集资金。然而,银行间市场的利率通常要高于储蓄利率。
   (a) 伦敦银行同业拆借利率反映了银行资金的平均成本还是边际成本?
   (b) 对于定价来说,哪项因素是相关因素:平均成本还是边际成本?
   (c) 用边际利润率和需求的价格弹性的概念来解释银行的定价策略。
2. 在国外,一些私立医院的医生通常都会向病人询问一些个人问题,如职业、单位、家庭住址、医疗保险类型等。
   (a) 下列哪些因素能够对医疗服务中价格歧视的范围造成影响?(i)医生对病人进行单独诊疗,将医疗服务从一个病人转向另一个病人是不可能的;(ii)病人的特征,诸如职业、家庭住址等是比较固定的。
(b) 解释一下,为什么相对于统一定价,医生能够在实施价格歧视时对更多的病人进行诊疗。
(c) 讨论(b)中的答案是如何依赖于固定成本的规模的。

3. 迪拜电力水务局(DEWA)提供水电供应服务。在编写本书时,居民及商业用电的价格范围是,在 2 000 千瓦时以下时为 23 菲尔/千瓦时,在 6 001 千瓦时及其以上为 38 菲尔/千瓦时。工业用电的价格范围是,在 10 000 千瓦时以下为 23 菲尔/千瓦时,在 10 001 千瓦时以上为 38 菲尔/千瓦时。所有客户还要再多付一个燃油附加费 5 菲尔/千瓦时。
(a) DEWA 采用的是什么价格歧视?
(b) 讨论对这个价格歧视的挑战是什么?
(c) DEWA 可以对客户的厂房进行技术性访查,这有助于解决(b)问题中的挑战吗?请解释你的答案。
(d) 讨论下列哪些可以说明价格随消费的增加而增加:(i) 服务每个客户的固定成本;(ii) 生产电力的成本;(iii) 鼓励节能。

4. 2019 年 10 月,特斯拉(Tesla)在上海开了一家工厂,主要是用来组装 Model 3 和 Model Y。一年以后,特斯拉将 Model 3 在中国的价格下调了约 8%,达到 249 900 元(约合 36 805 美元)。在美国,制造商建议的零售价为 39 990 美元。
(a) 对比中国和美国的价格,特斯拉采用了什么样的价格歧视策略?
(b) 假定在中国的制造边际成本低于美国的。使用合适的需求和成本曲线分别说明这两个市场的利润最大化价格和产量。
(c) 在设定 Model 3 在美国的价格时,为什么特斯拉要考虑同款车型在中国的价格?

5. 亨氏集团在番茄酱市场占主导地位。番茄酱市场中的需求一部分来自零售市场,而另一部分来自机构市场。机构市场采购量非常大并且通常有专人负责采购。而零售市场则通过像超市和杂货铺这样的销售渠道将番茄酱销售给消费者。
(a) 解释为什么机构对番茄酱的需求的价格弹性要高于零售渠道需求的价格弹性。亨氏集团如何才能实施价格歧视?
(b) 如果亨氏集团通过批发商同时向机构用户和零售渠道供货,解释一下批发商有可能怎样破坏直接细分市场价格歧视?
(c) 对于(b)中提到的问题,瓶装番茄酱和袋装番茄酱有何区别?
(d) 为什么亨氏集团会在销售给饭馆的番茄酱上标记"不可用于零售"字样?

6. 北京故宫博物院是位于中国北京紫禁城之内的博物馆。2021 年 12 月,其门票价格信息如下:(i) 每年 4 月 1 日至 10 月 31 日为旺季,门票 60 元/人;(ii) 每年 11 月 1 日至次年 3 月 31 日为淡季,门票 40 元/人;(iii) 珍宝馆参观门票:10 元/人;(iv) 钟表馆参观门票:10 元/人。另外,18 周岁以上学生,本科(含本科)以下学历(不含成人教育和研究生),凭学生证或学校介绍信,可购学生票,淡旺季均为 20 元/人。未满18 周岁的中国公民免费参观。60 岁以上(含 60 岁)老人凭有效身份证件,门票半价优惠,即旺季 30 元/人;淡季 20 元/人。
(a) 解释故宫博物院是如何进行直接细分市场价格歧视的。讨论这些价格是否满足直接细分市场价格歧视的条件。

(b) 解释故宫博物院是如何进行间接细分市场价格歧视的。讨论这些价格是否满足间接细分市场价格歧视的条件。

(c) 考虑到允许进入故宫的边际成本是拥挤程度,评论"未满 18 周岁的中国公民免费参观"这一价格策略。

7. 2021 年 6 月,英国《金融时报》的工作日纸质版在澳大利亚的售价为 7 澳元(约合 5.43 美元),在日本的售价为 650 日元(约合 5.94 美元),而在新加坡的售价为 5.8 新币(约合 4.39 美元)。另外,《金融时报》对新的订阅纸质版的用户在前三个月会有 30%的折扣,从第四个月起自动恢复到订阅原价。

(a) 解释《金融时报》是如何进行直接细分价格歧视的。讨论这种价格策略是否满足直接细分市场价格歧视的条件。

(b) 假定在新加坡以及日本的印刷边际成本是相同的。使用合适的需求与成本曲线,分别说明这两个市场利润最大化的价格以及产量。

(c) 该订阅价格策略是如何利用消费者的行为偏差的?

(d) 就《金融时报》电子版的订阅而言,讨论对不同地区采用不同定价的挑战。

(e) 本地定制版本是如何解决(d)中的问题的?

8. 2020 年,新加坡国立大学的学生 Li Zi En 和 Julian Wright 教授开展了一项关于快递送餐平台的田野实验。对于相同的订单,iPhone 使用者比 Android 使用者多付了 0.12 新元(或 6%)的快递费。那些通过谷歌或者脸书进行注册的用户比那些用电邮注册的用户多付了 0.38—0.44 新元的快递费。

(a) 为什么该平台对 iPhone 使用者收取更高的费用?

(b) 解释该平台是如何实施价格歧视的?

(c) 科技在该价格歧视的案例中起到了什么样的作用?

(d) 如果隐私保护规则不允许收集关于消费者智能手机品牌的信息,这会如何影响该平台呢?

9. 澳洲航空公司(简称"澳航")通过自己的电话中心以及网站售卖机票。与此同时,它也通过旅行代理商和线上中间商来售卖机票。一般来说,通过自己的电话中心以及网站售卖机票的成本是最低的,而通过旅行代理商销售的成本最高。比如,澳航的一种便宜机票,Red e-Deal,只能在线购买。(资料来源:澳洲航空公司官方网站及 2019—2020 年年报。)

(a) 科技会如何影响航空公司的价格歧视能力?

(b) 考虑澳航的预订成本以及旅行者的需求弹性,解释为什么澳航的 Red e-Deal 只能在线购买?

(c) 2021 年 6 月 16 日,由墨尔本飞往悉尼的航班 QF422 提供两种价位的机票:一种是 Flex 机票,售价为 522 澳元;另一种是 Red e-Deal,售价为 383 澳元。解释这两种机票定价上的差别。

(d) 解释为什么澳航限制 Red e-Deal 票的数量?

第 9 章

策略性思考

学习目标

- 了解策略性局势；
- 在同时行动的局势中运用策略形式的博弈；
- 在竞争的局势中运用随机策略；
- 区分零和博弈与正和博弈；
- 在序列行动的局势中运用扩展形式的博弈；
- 制定策略性行动及条件策略性行动（包括威胁与承诺）；

9.1 引言

空客和波音一直以来分别以 A320 家族和 737 家族主导窄体中型喷气式商用飞机市场。但是，自 2000 年以来，新的竞争对手就开始不断涌现。实际上，在 2011 年 6 月的巴黎航展上，波音民用飞机集团总裁 Jim Albaugh 便已承认："波音与空客双寡头垄断的日子将要结束了。"①

总部位于加拿大的庞巴迪（Bombardier），长久以来就以生产 120 个座位以下的区域型飞机为主。自 2008 年开始，因为它拿到德国汉莎航空（Deutsche Lufthansa）60 架飞机的大订单，

---

① 此讨论基于以下资料：Airbus and Boeing call end to 'duopoly'[N]. Financial Times, 2011-06-21；Rothman, Andrea, and Susanna Ray. Airbus-Boeing duopoly resists narrow-body upstarts at Paris Air Show[N]. Bloomberg, 2011-06-23；Tortoriello, Richard. Aerospace & defense[R]. Standard & Poor's Industry Surveys, 2011-02-10.

庞巴迪开始研发更大型的可容纳 100—149 个座位的 C 系列飞机。截至 2014 年 9 月，庞巴迪共有 203 架飞机的订单。

中国商飞，全名中国商用飞机有限责任公司，是一家研制大型商用飞机的国有企业。2006 年，中国商飞推出了一款型号为 C919 的飞机。这款飞机所对标的正是波音 737 系列以及空客 A320 系列。2010 年 11 月，中国商飞宣称公司已接到 100 架飞机订单，其中大部分来自中国三大运营商，包括中国航空公司、南方航空公司、中国东方航空公司。截至 2014 年，中国商飞的订单已超过 400 架，并且这些订单来自 16 个不同的客户。

巴西航空工业公司（Embraer，简称"巴航工业"）是另一家区域型飞机制造商。它在圣保罗和纽约证券交易所上市。巴航工业对于制造大型飞机一直犹豫不决。在 2011 年 6 月的巴黎航展上，巴航工业的 CEO Frederico Curado 先生表示："与波音和空客进行针锋相对的竞争是非常艰难的，不仅仅是因为它们的规模，还因为它们现有的产品线和工业生产能力。"

中国商飞和巴航工业间不同的控股度将如何影响两家制造商的决策？为什么飞机制造商大力宣传新的订单，尤其是还在研发中的新机型的订单？

空客、波音、庞巴迪、中国商飞及巴航工业之间的局势是策略性的。**策略性局势**（strategic situation）是指当各方在做出决策时会考虑到彼此间的互动作用。空客和波音互相密切地提防对方，同时也关注庞巴迪、中国商飞以及巴航工业的计划；反之亦然。**策略**（strategy）是指在策略性局势下的行动计划。

> **策略性局势**：各方在做出决策时会考虑到彼此间的互动作用。

> **策略**：在策略性局势下的行动计划。

本章我们将讨论如何进行策略决策的思考，从备选策略中做出选择，以及做出更有效的策略决策。本章的讨论基于一系列指导策略思考的准则，即博弈论（game theory）。

博弈论的第一条准则是策略形式的博弈模型。此模型适用于所有参与者同时进行策略决策的局势。中国商飞和巴航工业可以运用博弈策略来决定是否生产中型喷气飞机。

博弈论的第二条准则是扩展形式的博弈模型。此模型适用于参与者序列采取行动的局势。运用策略形式的博弈，巴航工业可以了解到，中国商飞通过获得政府支持以及承诺的 400 架飞机订单可建立先发优势。即使巴航工业进入市场，中国商飞也更有可能生产新飞机。

博弈论的思想和准则在很多情况下可以为策略决策提供有效的指导。公司的财务主管可以在融资、合并和收购中运用博弈论。工会将博弈论用于与企业进行工资谈判。当然，博弈论对任何拥有市场力的企业在分析竞争策略时都非常有用。

进度检测 9A

钢钉市场几乎是一个完全竞争的市场。你的公司现在需要决定是否制造钢钉。解释这个决策为什么不是策略决策。

9.2 纳什均衡

为了介绍所有参与者同时进行策略决策的局势，考虑以下例子。木星油料（以下简称"木星"）和月亮燃料（以下简称"月亮"）是两个相邻的加油站。两个加油站独立决定各自的价格。木星应该保持现在的价格还是降价？月亮应该怎么做呢？

木星和月亮的局势显然是策略性的。消费者对价格很敏感，会转向价格较低的加油站加油。木星的销量和利润取决于月亮的价格。同样，月亮的销量和利润取决于木星的价格。木星应该如何决策？

让我们用以下方式说明木星的处境。木星有两个策略可供选择——保持原价或降低价格。同木星一样，月亮也可在这两个策略中做选择。因此，现在存在四种可能的结果：木星和月亮都保持原价；木星保持原价，月亮降价；木星降价，月亮保持原价；木星和月亮都降价。

接下来，我们将这些信息列在表9-1中。我们将木星的备选策略横向排列，将月亮的备选策略纵向排列。行与列形成四个格子，每个格子代表四种可能结果之一。在每个格子中，第一项是木星每天的利润，而第二项为月亮每天的利润。例如，在木星和月亮都保持原价时，我们用"木星：1 000"来表示木星的利润为1 000元，用"月亮：1 000"表示月亮的利润为1 000元。同理，在木星降价、月亮保持原价时，用"木星：1 300"来表示木星的利润为1 300元，用"月亮：700"表示月亮的利润为700元。表9-1被称为**策略形式的博弈**（game in strategic form）。当所有参与者必须同时进行策略决策时，这是一种非常有用的分析方法。

> **策略形式的博弈**：在表中用行描述一方的策略，用列描述另一方的策略，策略的结果写在相应格子里。

表9-1 加油站：价格战

		月亮	
		保持原价	降价
木星	保持原价	木星：1 000 月亮：1 000	木星：700 月亮：1 300
	降价	木星：1 300 月亮：700	木星：800 月亮：800

让我们用策略形式的博弈来考虑木星应如何行动。首先，站在月亮的位置来看，如果木星保持原价，那么，月亮如果保持原价，其利润为1 000元；月亮如果降价，其利润为1 300元。所以，月亮倾向于降价。现在，如果木星降价，那么月亮如果保持原价，其利润为700元；月亮如果降价，其利润为800元。因此，月亮倾向于降价。

综上，不论木星如何行动，月亮都应选择降价。对于月亮而言，保持原价策略是降价策略的劣策略。不管另一方的选择如何，其结果都比另外一种策略差的策略叫作**劣策略**（dominated strategy）。采取一个劣策略是没有意义的。

> **劣策略**：在任何情况下其结果都比另外一种策略差的策略。

对于月亮来说，保持原价是一个劣策略。因此，木星能推测出月亮将降价。类似地，站在木星的角度上考虑，很明显可以看出，保持原价是劣策略。因此，木星也会选择降价。

上述情形被称为囚徒困境。两个卖方都知道，如果保持原价，它们的利润将会上升。然而，达成这一协议的阻碍是，每一个卖方都在独立行动，并决定降价。最终的结果是，两个加油站的利润都减少了。

■ 定义

木星降价、月亮降价这组策略显然是两个加油站所要选择的策略。另外，在这组策略下，局势是稳定的。即使月亮知道木星将会降价，月亮的最佳策略还是降价，因此它将不改变策略。同样地，即使木星知道月亮将会降价，木星仍然会选择降价。

在策略形式的博弈下，**纳什均衡**（Nash equilibrium）是如下的一组策略：只要其他各方选择它们的纳什均衡策略，每一方都会倾向于选择它自身的纳什均衡策略。在纳什均衡中，没有一方会通过单方面改变自己的策略来得到更多的收益。在上述加油站的例子中，木星和月亮都降价是一个纳什均衡。

> **纳什均衡**：只要其他各方选择它们的纳什均衡策略，每一方都会倾向于选择它自身的纳什均衡策略。

如何证明纳什均衡是博弈多方合理行动的策略？如果其余每一方都选择自己的纳什均衡策略，那么纳什均衡策略则是稳定的，每一方都会偏好选择自己的纳什均衡策略。也就是说，在纳什均衡中，没有单独一方可以通过改变自己的策略来得到更多的收益。

在很多典型的策略性局势下，纳什均衡策略是最合理也是最明显的行动策略。依此类推，我们有充分理由相信，在其他一些并不直观的情形下，博弈多方也应该依照纳什均衡策略采取行动。

■ 求解均衡——正规方法

各方将如何求解策略形式的博弈下的纳什均衡？通常纳什均衡的求解方法是：首先，排除劣策略；接着，依次检查所有剩余的策略。

加油站之间的竞争甚易求解。我们首先排除劣策略：对于木星来说，保持原价是劣策略；对于月亮来说，保持原价也是劣策略。因此，每一个加油站只剩下降价的策略。所以，这一定是纳什均衡。

考虑另外一个例子来说明纳什均衡。假定两个飞机制造商——卢纳和索利斯——正在相互竞争研发新的中型喷气式飞机。市场研究显示市场仅对一个新型飞机有充足的需求。表9-2以策略形式呈现了这场博弈。每一个制造商都有两个策略：生产或者不生产。每一个格子显示了卢纳和索利斯的利润。

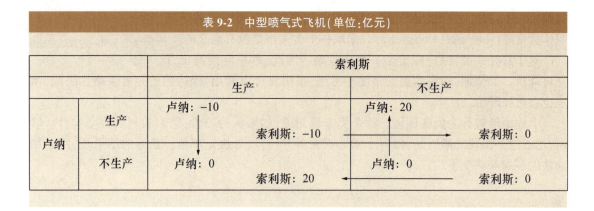

表 9-2　中型喷气式飞机(单位：亿元)

回忆求解纳什均衡的方法：首先，排除劣策略；接着，依次检查剩下的策略。首先，从卢纳的角度考虑，如果卢纳选择生产，那么索利斯如果生产，则卢纳会亏损 10 亿元；如果索利斯不生产，则卢纳会赚取 20 亿元。如果卢纳选择不生产，那么索利斯如果生产，则卢纳不会赚到任何钱；如果索利斯不生产，卢纳也不会赚到任何钱。因此对于卢纳而言，它是没有劣策略的。

相似地，我们可以站在索利斯的角度考虑它的情况，它也是没有任何劣策略的。观察这些策略，我们发现了两个均衡。一个是卢纳生产，索利斯不生产。而另一个是卢纳不生产而索利斯生产。因此，在这个博弈中，结果是不确定的。

■ 求解均衡——非正规方法

一种简单的、非正规的求解纳什均衡的方法是在格子之间画箭头。假设卢纳生产，那么索利斯应该从左上角的格子"索利斯：-10"向右上角的格子"索利斯：0"画一个箭头(这个箭头意味着索利斯倾向于不生产)。接下来，假设卢纳不生产，那么索利斯应该从右下角的格子"索利斯：0"向左下角的格子"索利斯：20"画一个箭头(这个箭头意味着索利斯倾向于生产)。

现在假设索利斯生产，那么卢纳应该从左上角的格子"卢纳：-10"向左下角的格子"卢纳：0"画一个箭头(这个箭头代表了卢纳倾向于不生产)。最后，假设索利斯不生产，那么卢纳应该从右下角的格子"卢纳：0"向右上角的格子"卢纳：20"画一个箭头(这个箭头代表了卢纳倾向于生产)。

使用箭头法，我们能很轻易地看出一个策略是不是劣策略。只要箭头都从一个策略相应的行或者列中指向另外一个策略，它就是劣策略。表 9-2 中没有劣策略。

箭头法也很容易用来识别一个纳什均衡。如果一个格子中，所有的箭头都是指入的，那么格中所标记的策略就是一个纳什均衡。通过使用箭头法，可以发现，上述例子中有两个纳什均衡。一个是卢纳生产，索利斯不生产。而另一个是卢纳不生产而索利斯生产。

■ 非均衡策略

我们已经解释了怎样用纳什均衡的概念来分析一个策略性的局势。假定博弈的一方选择纳什均衡,那么博弈的每一方的最佳选择都是自身的纳什均衡策略。但是,如果某一方不遵从它的纳什均衡策略呢?那么其他方会发现,背离其纳什均衡策略也许会带来更好的结果。

然而,如果替代纳什均衡的策略是一个劣策略,那么,即使其他博弈方不遵从纳什均衡策略,纳什策略仍更有利。

> **进度检测 9B**
>
> 在表 9-1 中,使用箭头法来求解纳什均衡。

9.3 随机策略

当各方策略性地行动时,他们选择纳什均衡策略是合理的。然而,在一些情况中,并不存在我们一直讨论的这种类型的纳什均衡。

我们以表 9-3 中两个竞争的加油站来说明这个问题。我们将基本情况变化一下。木星有一部分忠诚的消费者,因此当月亮降价时,木星保持原价将赚取更多。

表 9-3 加油站:价格战(修改版)

		月亮	
		保持原价	降价
木星	保持原价	木星:900 月亮:900	木星:1 000 月亮:800
	降价	木星:1 300 月亮:500	木星:600 月亮:600

通过在表 9-3 中运用箭头法,我们发现纯策略中没有纳什均衡,即没有一个格子是箭头全部指入的。**纯策略(pure strategy)** 是指没有随机性的策略。在表 9-3 中,木星有两个纯策略:保持原价或者降价;而月亮也有两个纯策略:保持原价或者降价。

纯策略:没有随机性的策略。

虽然纯策略中没有纳什均衡,但木星和月亮有另外一种行动的方法。基本上,木星不想让月亮知道或预测出它的价格。木星能让月亮不知道其定价的一个方法是,在保持原价和降价之间随机选择。如果木星随机变换它的选择,木星自身也不能预测它的定价。那么,月亮当然也不知道木星的定价。同样,如果月亮随机变换它的定价,木星将无法猜测或了解月亮的定价。

随机策略：根据特定的概率选择每个纯策略。

在**随机策略**（randomized strategy）下，一方为每个可供选择的纯策略确定一个概率，并且依据概率随机地采用一个纯策略。各项策略的备选概率加起来必须等于1。

■ 随机策略中的纳什均衡

假设木星采用下列随机策略：以 1/2 的概率保持原价；以 1/2 的概率降价。为实现这一策略，木星的管理者在硬币的一面标上"原价"，在另一面标上"降价"，然后把硬币交给店面经理。木星随后命令经理投掷硬币，并根据硬币朝上的那面确定价格。

倘若木星选择了这个随机策略，月亮应该如何应对？参见表 9-3，让我们计算月亮保持原价这一策略的预期结果。如果木星保持原价，月亮的利润为 900 元；如果木星降价，月亮的利润是 500 元。因此，月亮保持原价的预期利润为 (900×1/2)+(500×1/2)= 700 元。同理，我们可以计算，如果月亮降价，其预期利润为 (800×1/2)+(600×1/2)= 700 元。

月亮应该怎样做出决定？既然它从两个纯策略中得到的预期利润是一样的，那么它对二者是没有倾向的。因此，它将不介意在二者之间随机选择。具体来说，假设月亮以 1/2 的概率保持原价。那么，我们必须考虑木星将会如何行动。如果木星保持原价，它的预期利润为 (900×1/2)+(1 000×1/2)= 950 元。同理，如果木星降价，它的预期利润为 (1 300×1/2)+(600×1/2)= 950 元。因此，给定月亮的策略后，木星在保持原价和降价之间没有倾向。

随机策略中的纳什均衡同纯策略的纳什均衡一样：假设其他博弈方选择它们的纳什均衡策略，每一方的最佳策略是它自身的纳什均衡策略。下面的随机策略构成了上述两个加油站的纳什均衡：木星以 1/2 的概率保持原价；月亮以 1/2 的概率保持原价（见本章附录）。

■ 随机选择的优势

假设木星采用了以 1/2 的概率保持原价的纳什均衡策略。进一步假设月亮通过间谍知道了木星的策略。月亮将如何利用这些信息呢？答案是：它不能够利用。正如我们先前所计算的那样，不论月亮是否保持原价，它的预期利润都是 700 元。通常，当一方采取纳什均衡策略时，其他方将无法从获知其决策信息中获益。

随机在竞争的环境中用处很大。随机的收益来自不可预测性。为了实施随机策略，木星必须要用投掷硬币的方式来决定它的定价策略。木星不能在定价策略上做出任何有意识的决策。如果它有意识地选择定价策略，月亮也许能够猜到或了解木星的决策，从而采取相应的行动。

进度检测 9C

参照表 9-3，假设木星以 2/5 的概率保持原价。在下列条件下，计算月亮的预期收益：(a) 月亮保持原价；(b) 月亮降价。

 小案例

超市定价:高还是低?

巨人和昇菘是新加坡的两家大型连锁超市。2021年5月21日,昇菘超市将金凤梨牌大米的价格降到12.5新元,该促销为期四周。2021年6月3日,巨人超市将金鹰牌大米的价格降到12.9新元,该促销为期一周。

超市希望通过高定价从其忠诚消费者那里获取买方剩余,而又希望通过低定价来吸引价格敏感的消费者。超市在这两个相反的定价策略中犹豫不决。这一困境在如今激烈的竞争环境下显得更加突出。如果超市的竞争者降价幅度更大,那么超市的降价策略并不能带来利润的上升。

解决方案:随机的价格折扣。实际上,城市广告上面琳琅满目的特价信息看起来就像是随机的折扣。通过随机的价格折扣,超市可以吸引价格敏感的顾客,同时可以防止竞争对手实施更大幅度的降价策略。

 小案例

"内卷"还是"躺平"?

"内卷"与"躺平"是当下中国"90后"甚至"00后"们常常挂在嘴边的词。一个指向"过度竞争",一个代表"退出竞争"。

27岁的孙珂来自中国东部一座小城,家境优渥。与数千万初入社会的年轻人一样,他想要通过自己的努力,在大城市买房买车,站稳脚跟。2018年年底,从学校毕业后不久,孙珂和朋友在上海一座大学附近开了一家销售串串的食品店,两人共投资65万元人民币。但是,他很快便意识到,市场的饱和与竞争的激烈超出他的预期。为了竞争在外卖平台的排名,提高曝光度,他们只能尽量压低商品价格。标价50元人民币的一个订单,减去各种活动折扣后,顾客可能只需要付25元,而商家要支付活动折扣价格、外卖配送价格以及平台服务费。他表示"所有新商家为了活下来都在倒贴钱做生意,一个新店要做成功真的就像登天一样难。哪怕每天早上六七点起床,凌晨三四点回家,生意仍然没有起色。"

在学校,内卷现象也非常明显。有学生向媒体抱怨:一篇论文作业的字数要求本是5 000字左右,但是为了获得更好的成绩,许多人选择写到8 000到10 000字甚至更多。到最后,可能获得最高档成绩的学生比例没有发生改变,但几乎每个人上交的作业都已经大大超出了老师的要求。

无论是做生意还是做学术,如果大家都选择"躺平",也就是退出这些竞争,那么大家的生

活都会比较容易。但是如果大家都选择"内卷",那么最后的结果就是所有人都因为过度竞争而过得异常辛苦。但是"躺平"并非一个纳什均衡策略。因为一旦一个人选择"躺平",那么其他人的最优策略则是"内卷"。因此所有人都选择"躺平"是一个不稳定的结果,无法成为稳定的纳什均衡。

延展问题:对于"内卷"和"躺平",你会如何选择?为什么?

资料来源:"内卷"与"躺平"之间挣扎的中国年轻人[EB/OL].(2021-06-02)[2022-10-12]. https://www.bbc.com/zhongwen/simp/chinese-news-57304453.

9.4 竞争或协调

零和博弈:只有当另一方的情况变得更糟时,一方的情况才能变得更好。

正和博弈:一方可以在不使另一方的情况变得更糟的同时变得更好。

策略性局势根据结果可区分为**零和博弈**(zero-sum game)与**正和博弈**(positive-sum game)。**零和博弈**(zero-sum game)(纯竞争)是指只有当另一方的情况变得更糟时,一方的情况才能变得更好。如果在策略形式的博弈中每格的各方结果加起来为同一个数(无论是正数、负数还是零),那么一方只有在另一方的情况变得更糟的情况下才能变得更好。因此,这样一种策略性局势也被称为零和博弈。零和博弈象征极端的竞争:没有方法使每一方都变得更好。

正和博弈(positive-sum game)(协调)是指一方可以在不使另一方的情况变得更糟的同时变得更好。正和博弈存在某种成分的协调的因素。比如说,在加油站的价格战中,正如表9-1所描述的那样,木星和月亮对保持原价达成一致的意见,因为这样比两家都降价可获得更多的利润。然而,对木星和月亮来说,最大的挑战是协议的实施。因为如果独立行动,每家加油站都会降价。

一些局势同时包括竞争和协调。比如,在中型喷气式飞机的竞赛中,两个制造商的总利润并不是一个常数。当一个不生产而另一个生产时,其总利润是最大值。这个竞赛就是一个正和博弈。虽然该竞争包括协调因素,但也有竞争因素。如果它们都选取不同的策略,则两家制造商将会变得更好。但是其中一家(选择生产的制造商)会比另一家得到相对多的收益。因此,该博弈中既有一些竞争因素(谁来生产),也有一些协调因素(两者选择不同的策略)。

> **进度检测 9D**
>
> 检验一下修改条件后的加油站价格战(见表9-3)是否为零和博弈。

罗杰·费德勒:温布尔顿网球公开赛

网球公开赛是一个零和博弈。每一场比赛都有一个胜者和一个败者。赢得八次温布尔顿冠军的罗杰·费德勒(Roger Federer)主要是通过策略而非力量而赢得比赛的。

费德勒的发球只给了对手极少的时间做准备。他转身开始准备发球时,总是随机采用发球策略。美国职业网球运动员安迪·罗迪克(Andy Roddick)表示:"我从来无法判断费德勒的发球。"

资料来源:Roger Federer serve analysis[EB/OL].(2020-08-16)[2022-10-12]. https://thetennisbros.com/tennis-tips/roger-federer-serve-analysis/.

麻将:零和博弈

麻将是一种中国的棋牌类游戏,一般需要四人参与。麻将有很多种组合方式,除了一些运气成分,也侧重技巧和策略的运用。中国各地的麻将规则有很大不同,有些地方允许一次游戏中有两个玩家同时赢。但在很多其他地区,每一次的游戏中只会有一个玩家赢。赢得游戏的玩家可以从其他玩家手里获得一些钱。也就是说,赢得游戏玩家的收益等于其他所有输掉游戏玩家的损失之和。那么,在每一次游戏中,所有人的总收益之和其实为零。这就是一个零和博弈。

9.5 序列

到目前为止,我们都在集中讨论博弈各方同时行动的局势。如果各方是依次行动的呢?为了分析各方依次行动的策略性局势,我们使用**扩展形式的博弈**(game in extensive form)。扩展形式的博弈明确表示行动的次序和相应的结果。它由节点和分支组成:节点表示一方必须做出行动选择的点,而由节点引出的分支代表了在此节点可能的选择。

> **扩展形式的博弈**:明确表示行动的次序和相应的结果。

让我们把这种扩展形式的博弈应用到中型喷气式飞机上。假设索利斯可以先于卢纳决定是否进行生产。图9-1中,在最左边的第一个节点A,索利斯必须在生产(上面的分支)和不生产（下面的分支）之间做出选择。卢纳接下来行动。如果索利斯选择生产，那么卢纳将在节点 B，且必须在生产与不生产中做出决定。如果索利斯选择不生产，那么卢纳将在节点 C，且必须在生产与不生产中做出决定。

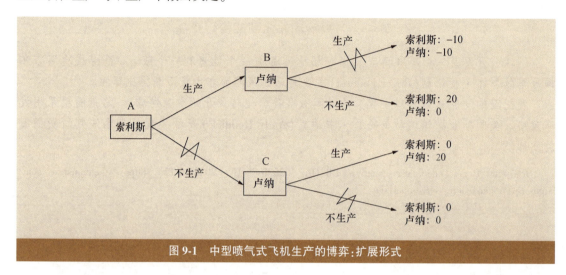

图 9-1　中型喷气式飞机生产的博弈：扩展形式

卢纳的选择依赖于索利斯的选择。在每条分支的末端，我们分别标出索利斯和卢纳的利润。如果索利斯选择生产并且卢纳也选择生产，那么索利斯和卢纳都会损失 10 亿元。如果索利斯生产而卢纳不生产，则索利斯会赚 20 亿元而卢纳则为 0 元。如果索利斯不生产而卢纳生产，则索利斯的利润为 0 元而卢纳的利润为 20 亿元。最后，如果两方都不生产，则两方的利润均为 0 元。

■ 逆序归纳法

> 逆序归纳法：从最后的节点入手，由后向前一直推导至初始节点。

两家生产商应该如何行动？我们用**逆序归纳法**（backward induction）来求解扩展形式的博弈，即从最后的节点入手，由后向前一直推导至初始节点。

我们可以用这种方法来找出两家生产商的最优策略。图 9-1 中有两个终节点，B 和 C。在节点 B，卢纳生产时的损失为 10 亿元，不生产时为 0 元。很显然，在节点 B，卢纳不会选择生产。因此，我们清除生产的那一个分支。现在考虑节点 C。在这里，卢纳生产的收益为 20 亿元，而不生产时则为 0 元。它将会选择生产。因此，我们清除掉不生产的分支。

确定了卢纳将在它的两个可能的节点 B 和 C 的行动后，我们逆序考虑初始节点 A。在节点 A，如果索利斯选择生产，它能预见卢纳将不会选择生产，所以索利斯将会赚取 20 亿元。另一方面，如果索利斯选取不生产，它能预见卢纳将会生产，所以索利斯将会赚取 0 元。因此，索利斯应该选择生产，而卢纳则不会生产。

均衡策略

在扩展形式的博弈中,一方的**均衡策略**(equilibrium strategy)由它最佳的行动序列组成,序列中的每个行动都在对应的节点上决定。在上述博弈中,如果索利斯能首先行动,那么索利斯的均衡策略是生产,而卢纳的均衡策略是不生产。

> **均衡策略**:最佳的行动序列,序列中的每个行动都在对应的节点上决定。

那么,如果卢纳先一步行动呢?扩展形式的博弈将和图 9-1 一样,不同之处在于卢纳会在节点 A 做决定,而索利斯会在节点 B 或 C 做决定。那么卢纳的均衡策略是生产,而索利斯的均衡策略为不生产。

实践中,扩展形式的博弈中的均衡策略与策略形式的博弈中的纳什均衡策略有什么不同?在这个例子中,当两个生产商同时行动时,那么就有两个纯策略的纳什均衡及一个随机策略的纳什均衡。但是当两个生产商依次行动时,只有一个均衡。在上述的博弈中,扩展形式的均衡也是对应的策略形式的纳什均衡之一。然而,在其他的局势下,扩展形式的均衡可能不是对应的策略形式的纳什均衡。

因此,当分析策略性局势时,仔细考虑各方行动的次序是非常重要的:同时行动和依次行动的均衡可能是不一样的。

先发优势

在上述案例中,首先做出选择的生产商会获得较多的利润。当索利斯先行动时,它的均衡策略为生产,而卢纳的均衡策略则为不生产。而当卢纳先行动时,它的均衡策略为生产,而索利斯的均衡策略为不生产。在这种情况下,首先行动的一方占有优势。

如果一方通过比另一方首先行动而占有优势,此类策略性局势即存在**先发优势**(first mover advantage)。为了识别一策略性局势是否存在先发优势,我们需要分析扩展形式的博弈。

> **先发优势**:首先行动的一方占有优势。

> **进度检测 9E**
>
> 在加油站价格战(表 9-1)中,首先采取行动的一方会有先发优势吗?为什么?

 小案例

中国商飞:先发优势

在新式中型喷气式飞机市场中,中国商飞得到中国政府的大力资助。中国商飞已经开展了积极的营销活动吸取客户。如果这能够使巴航工业确信中国商飞将进行生产,那么可能导致巴航工业不进入该市场。中国商飞面临的竞争对手将减少一个。

在公司策略中,先发优势这一概念是非常重要的。但是,它并不能应用在所有的情况中。比如,为了推出一个新的产品类别——无人驾驶汽车,这个领域的先发企业必须投入大量的资金在基础设施和客户教育上,而其他企业则可以从先发企业的投资中得到益处,以较低的成本引入它们的新产品。

9.6 策略性行动

中型喷气式飞机生产商的竞争是先发优势的策略性局势。每一个生产商都想首先行动并选择生产。

假设索利斯先行动,但是卢纳将新飞机的研发外包并支付一笔不可退还的费用——15亿元。图9-2显示了扩展形式的博弈(由图9-1修改)。

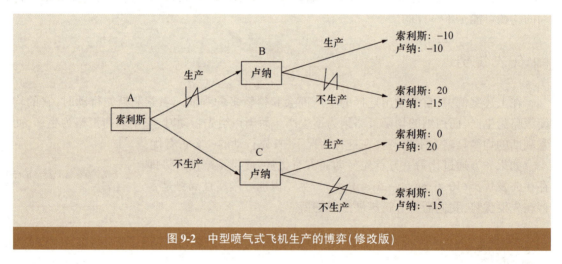

图9-2 中型喷气式飞机生产的博弈(修改版)

用逆序归纳法分析,从最后的节点入手。在节点B,如果卢纳选择生产,它将损失10亿元,如果它不生产,它将损失得更多,15亿元。所以,它会生产。在节点C,卢纳将会生产。因此,在节点A,通过预期未来行动,索利斯将推论,无论它生产与否,卢纳都会选择生产。因此,索利斯选择不生产,这样它将会有更小的损失。

所以,在均衡点,索利斯将不会生产也不会赚取任何利润,而卢纳则会生产并赚取20亿元。通过将新飞机的研发外包以及支付研发成本,卢纳消除了索利斯的先发优势。

卢纳这种使用沉没成本的策略是一种策略性行动。**策略性行动**(**strategic move**)是一种以有利于己的方式影响其他各方的信念或行为的行动。为了能影响他方,策略性行动必须是可信的。

> **策略性行动**:以有利于己的方式影响其他各方的信念或行为的行动。

空客 vs 波音：策略性行动

截至 2017 年，空客的产品线包括了 150 座到 240 座的飞机。同年，空客购买了庞巴迪 C 系列飞机一半的股份，并将其产品扩展到 100 座到 150 座的小型飞机。

2018 年 7 月，空客将其 C 系列的品牌重塑为 A220，并接到来自 JetBlue 的 60 架飞机的订单。JetBlue 的巴航 190 系列飞机将被新飞机所替代，并建设一个全空客飞机的飞行梯队。因为有了 A220，空客填补了小型飞机的空白，而且避免了竞争对手与 JetBlue 合作并具有进一步向其销售大型飞机的可能性。

同时，波音同意以 42 亿美元购买巴航商业飞机 80% 的股份。该购买计划将会使波音的产品线扩展至区域型喷气式飞机以及增加动力引擎的来源。

但是，由于波音 737Max 的两起坠机事件以及新冠疫情的影响，波音舍弃了该计划。除了受到金融层面的限制，另一个原因是策略性的。庞巴迪将它的区域型喷气式飞机部门售卖给日本的三菱重工而不是空客。

资料来源：作者根据相关新闻报道整理。

战争中的策略性行动：摧毁船只

公元前 207 年，项羽带领着较弱的军队，在巨鹿攻击秦朝的军队。项羽亲率全军渡过漳河，并下令将炊具打破，将船只凿沉，每人只带三天的干粮。

1519 年，西班牙征服者埃尔南·科尔特斯（Hernán Cortés）带领着一小支探险队从古巴前往墨西哥入侵阿兹特克帝国。在维拉克鲁斯州登陆后，一些队友尝试着逃回古巴。科尔特斯命令他的木匠拆除船只并使用木材和金属向陆地探险。

通过减少撤退的方法，项羽和科尔特斯都成功地劝服（或者迫使）他们的士兵更努力地战斗。两位将军都获得了胜利，尽管他们的军力远远比不上对手。项羽消灭了秦朝军队，而科尔特斯征服了墨西哥。

资料来源：Del Castillo, Bernal Diaz. The Discovery and Conquest of Mexico, 1517-1521[M]. New York：Harper & Brothers, 1928：168-169.

9.7 条件策略性行动

对于卢纳这种外包新飞机研发的行为有一个更准确的名字是无条件策略性行动(unconditional strategic move)。因为行动的一方不依赖于任何条件就会采取行动。无条件的策略性行动通常在任何时候都有成本。

> **条件策略性行动**:在特定条件下,以有利于己的方式影响其他各方的信念或行为的行动。

相对地,条件策略性行动(conditional strategic move)是在特定条件下,以有利于己的方式影响其他各方的信念或行为的行动。

条件策略性行动能比无条件策略性行动更有效率地控制成本。条件策略性行动有两种类型:承诺(带来利益)与威胁(施加成本)。

■ 承诺

> **承诺**:在特定条件下,以有利于其他各方的方式来影响其他各方的信念或行为的一些行动,从而给自己带来利益。

承诺(promise)是指在特定条件下,以有利于其他各方的方式来影响其他各方的信念或行为的一些行动,从而给自己带来利益。

为了加以说明,假定在中型喷气式飞机的竞争中,政府承诺对卢纳研发新飞机所产生的损失进行110%的补贴。

图9-3描述了该扩展形式的博弈。相对于原始博弈,唯一的变化在节点B。如果索利斯和卢纳都选择生产,那么卢纳会损失10亿元但是会收到政府11亿元的补贴,也就是说卢纳还会赚到1亿元。因此,在节点B,卢纳就会生产。

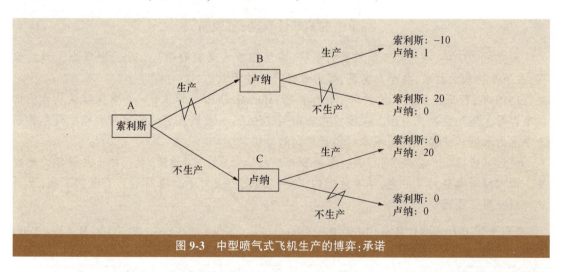

图9-3 中型喷气式飞机生产的博弈:承诺

在节点A,向前看的话,索利斯可以预见到如果它生产,那么卢纳也会生产,这样索利斯就会产生损失。因此,索利斯会选择不生产。这样的话,政府的承诺会使索利斯的先发优势无效。在新的均衡中,索利斯不生产而卢纳生产,那么卢纳会赚取20亿元,而政府实际上并不需要如承诺所说的支付任何费用。

■ 威胁

威胁（threat）是指在特定条件下，以对其他各方施加成本的方式来影响其他各方的信念或行为的一些行动，从而给自己带来利益。威胁是谈判中经常使用的技巧。为了说明，假定政府威胁卢纳，如果它不研发新飞机，那么它将被罚款 20 亿元。

> 威胁：在特定条件下，以对其他各方施加成本的方式来影响其他各方的信念或行为的一些行动，从而给自己带来利益。

图 9-4 表示该扩展形式的博弈。相对于原始博弈，如果卢纳不生产，它的后果会发生改变。在节点 B，如果卢纳不生产，它会损失 20 亿元，所以卢纳会选择生产。在节点 C，如果卢纳不生产，它将会损失 20 亿元，所以卢纳将选择生产。

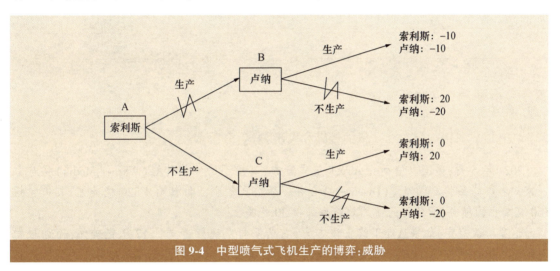

图 9-4 中型喷气式飞机生产的博弈：威胁

在节点 A，向前看，索利斯可以预见到如果它生产，那么卢纳也会生产，这样索利斯就会产生损失。因此，索利斯会选择不生产。因此，政府的威胁也使得索利斯的先发优势无效。在新的均衡中，索利斯不生产而卢纳生产，那么卢纳会赚取 20 亿元，而政府则不必实行威胁。

> **进度检测 9F**
>
> 假定政府威胁如果卢纳不研发新的飞机，那么它将被罚款 5 亿元，那么新的均衡是什么呢？

 小案例

巴航工业:空客和波音的担心

在 2011 年 6 月的巴黎航展上,巴航工业并没有决定是否要加入中型喷气式飞机的生产,来与空客 A320 家族和波音 737 家族展开较量。巴航工业的 CEO Frederico Curado 先生表示:"与波音和空客进行针尖对麦芒的竞争是非常艰难的,不仅仅是因为它们的规模,还因为其现有的产品线和工业生产能力……它们反应敏锐,可以迅速席卷市场。"

空客和波音能够以相对低的成本研发新的模型。这是因为它可以从现有的模型中利用范围经济来降低成本。实际上,空客和波音都提高了它们现有机型的生产量。Curado 先生可能认为生产量的增加是一个威胁。因此,他担心"过度拥挤的市场"。

 小案例

华纳传媒和发现频道:分手费

2021 年 5 月,美国电信巨头 AT&T 正式宣布,其旗下的华纳传媒(Warner Media)将与另一家知名媒体品牌发现频道(Discovery)合并。新公司的企业价值为 1 320 亿美元,其中包括 560 亿美元的债务,所估计的协同效益为每年 30 亿美元。

这项协议规定,如果 AT&T 终止该方案,它必须向发现频道支付 17.7 亿美元,而如果发现频道终止这项方案,它必须向 AT&T 支付 7.2 亿美元。这些终止费用是对潜在的其他竞标方的威胁。如果有另一家公司试图收购发现频道,那么它就需要支付 7.2 亿美元给 AT&T。

资料来源:作者根据相关新闻报道整理。

知识要点

- 策略性局势是指当各方在做出决策时会考虑到彼此间的互动作用。
- 永不使用劣策略。
- 在要同时行动的局势中,当其他各方选择它们的纳什均衡策略时,每一方都会倾向于选择它自己的纳什均衡策略。
- 处于竞争局势中,随机策略可能有帮助。
- 零和博弈象征极端的竞争:只有当另一方的情况变得更糟时,一方的情况才能变得更好。
- 在序列行动的局势中,应该从最后的节点入手,由后向前一直推导至初始节点分析。

- 可以利用策略性行动来以有利于己的方式影响其他方的信念或行为。策略性行动必须可信才有效。

- 如有可能,利用条件策略,如威胁或承诺,因为它们比无条件策略性行动更加节约成本。

复习题

1. 在下列局势中,卖方的策略性行动重要吗?
   (a) 完全竞争;
   (b) 垄断。
2. 解释为什么你不应该采取一个劣策略。
3. 为什么你应该采取纳什均衡策略?
4. 如果其他各方没有策略性行动(比如,它们采取非均衡策略),你应该跟随它们的策略吗?
5. 解释随机策略的意义。
6. 一些右撇子的拳击手也会训练自己用左手进攻。下列哪一个策略更为有效?
   (a) 每三次右手拳后使用一次左手拳;
   (b) 主要用右手进行攻击,随机地使用左手。
7. 解释下列两组名词之间的联系:
   (a) 零和博弈及竞争;
   (b) 正和博弈及协调。
8. 在某一策略形式的博弈中,两名参与者在每个格子中的结果之和为 -10。这是个零和博弈吗?
9. 在分析一个策略情形时,为什么我们应该考虑采取行动的时间点?
10. 分析扩展形式的博弈时,从初始节点开始推理会出现什么错误?
11. 什么是先发优势?你如何识别它?
12. 为什么条件策略性行动比无条件策略性行动更好?
13. 假设银行向储蓄用户提供了存款保险,储蓄用户将从银行自有基金中获得赔偿。为什么这是不可信的?
14. 在讨价还价的过程中,一个普遍的战术是"离场"。这个行为是可信的吗?
15. 放高利贷者不能使用法律制度来讨债。这可以解释为什么他们会使用暴力来讨债吗?

讨论案例

1. 乔月和任礼偷了一辆车并被警察逮捕了。但侦探万春没有充分的证据证明他们偷窃。万春将乔月和任礼安置在两个独立的房间中,并给每人提供一个选择:"如果另一个疑犯不认罪,而你认罪,我们将会给你 1 000 元的奖金。"两个疑犯知道如果他们都不认罪,他们将会被释放。如果一方认罪而另一方不认罪,那么认罪的疑犯将得到 1 000 元的奖金,而另一个疑犯将被监禁一年。如果两个人都认罪,则都将被监禁一年。
   (a) 构建一个策略形式的博弈来分析乔月和任礼认罪与否的选择。
   (b) 解出这个博弈的均衡。
   (c) 比较乔月和任礼的局势与表 9-1 中的加油站价格战。

2. (美国)全国大学生体育协会(NCAA)限制大学向田径队学生支付薪酬的水平。假设 NCAA 中只有两所学校：Ivy 和 State。每一方都有两个选择：依据 NCAA 的规定向田径队学生支付薪酬，或者超额支付。如果 Ivy 和 State 都遵守 NCAA 的薪酬标准，每个学校将获得 3 000 万美元的利润。如果有一所学校遵守，而另一所学校超额支付，则超额支付的学校将吸引更多好的运动员，获得 5 000 万美元的利润，遵守标准的学校将只获得 1 000 万美元的利润。如果两所学校都超额支付，双方的成本都将增加但并不能获得更好的运动员，因此两所学校各自的利润为 2 000 万美元。

    (a) 构建一个策略形式的博弈来分析 Ivy 和 State 的选择。解出纳什均衡。
    (b) 假设在政府的支持下，NCAA 可以惩罚超额支付薪酬的学校。这将如何影响纳什均衡？
    (c) 以下哪一个概念能最好地描述 NCAA 对运动员薪酬的限制？(i) 垄断；(ii) 买方垄断；(iii) 规模经济；(iv) 范围经济。请解释你的答案。

3. 巨人和昇菘是新加坡的两家大型连锁超市。2021 年 5 月 21 日，昇菘超市将金凤梨牌大米的价格降到 12.5 新元，该促销为期四周。2021 年 6 月 3 日，巨人超市将金鹰牌大米的价格降到 12.9 新元，该促销为期一周。

    (a) 构建一个策略形式的博弈来分析下列情形。每家超市在维持原价和降低价格中做选择。如果两者都维持原价，每家都会赚取 30 000 新元。如果一家降价而另一家维持原价，它们会分别赚取 35 000 新元以及 25 000 新元。如果两者都降低价格，每家都会赚取 20 000 新元。
    (b) 这是一个零和博弈还是正和博弈？
    (c) 找出纯策略中的纳什均衡(若存在的话)。
    (d) 论证下列随机策略是一个纳什均衡：每个超市维持价格的概率为 1/2。

4. 2012 年 5 月 19 日，欧洲联赛冠军杯决赛(德国拜仁慕尼黑对阵英国切尔西)是由点球大战决胜负。拜仁门将诺伊尔为拜仁主罚第三球，而切尔西门将彼得·切赫负责防守。

    (a) 按如下情况构建一个策略形式的博弈。诺伊尔必须选择踢向左、中、右。切赫必须选择防守左、中、右。如果诺伊尔射进，拜仁得 1 分而切尔西输 1 分。如果切赫成功扑救，则双方都得 0 分。
    (b) 这是一个零和博弈还是正和博弈？
    (c) 找出纯策略中的纳什均衡(若存在的话)。
    (d) 论证以下随机策略是否为纳什均衡：每个球员选择左、中、右的概率都是 1/3。

5. 在纳斯达克上市的 51job 在中国提供人力资源服务。2020 年，其收入、服务成本以及运营成本分别为 36.9 亿元、12.6 亿元和 15.6 亿元。其运营收入为 8.67 亿元。该公司以股权形式融资 124 亿元并且无债券融资。2021 年 5 月，CEO 甄荣辉以及两家私募公司想以每股 79.05 美元，或者比上一个退市价高出 29% 的价格，回购 51job 的股票。该公司共有 6 710 万股在市场流通。

    (a) 构建一个扩展形式的博弈来描述下列情形。首先，这些私募公司决定是否收购 51job，并以 10% 的利率将该公司债务资本化为 90 亿元人民币。然后，管理层需要选择继续正常运营或将运营成本削减 X 元。假设收入和服务成本不变,净收入等于运营收入减去利息支出。

(b) 假设如果该私募公司收购了 51job,并且公司的净收入是负值,而管理团队被裁掉。解释管理团队应该削减多少的运营成本。

(c) 解释杠杆收购作为一个策略性行动会如何削减成本。

6. 保加利亚政府将其货币列弗(lev)与欧元挂钩,汇率为 1.95583 列弗兑 1 欧元。保加利亚中央银行承诺用此汇率兑换欧元和列弗。2021 年 5 月,中央银行发行了面值为 22.1 亿列弗的货币,而保加利亚的外币储蓄达到 54.2 亿列弗。如果其他条件相同,保加利亚的居民更愿意使用列弗而非欧元,因为它在本地使用更为方便。

(a) 构建一个具有以下节点的扩展形式的博弈:在第一个节点,个人选择是否将列弗兑换为欧元;在接下来的节点,中央银行选择是否提供足够的配给,以满足所有的兑换需求。

(b) 2021 年 5 月,个人是否会选择将列弗兑换为欧元?

(c) 假设中央银行将流通中的货币增至 600 亿列弗。解释一下,个人将列弗兑换为欧元的决定将如何取决于其他人的决定。

7. 2021 年 6 月,墨西哥水泥制造商 Cemex 计划发行混合美元债券。此时,该制造商的评级是低于投资级别的。此债券的利率将在 5.25 年后提升 0.25%,而在 15 年后提升 0.75%。但是,如果 Cemex 评级重回投资级别,那么第二次利率提升将会被推迟 5 年。

(a) 构建一个扩展式博弈。从第 6 年开始,Cemex 必须在两个计划中进行选择,直到第 10 年。比较安全的计划是每年增加利润贡献 500 万美元。风险较高的计划可能会以 1/2 的概率每年增加 2 000 万美元的利润贡献,但该计划也会使每年利率支出增加 375 万美元。(提示:如果 Cemex 选择风险较高的计划,标示出一个节点和两个分支,这两个分支分别代表增加利润贡献和不增加利润贡献。)

(b) 计算每一个可能的结果所产生的利润变化。

(c) 解释 Cemex 会如何在两个计划中进行选择。

(d) 第二次利率提升有可能会被延期。解释这个有条件的策略性行动会如何激励 Cemex 来避免风险。

8. 2021 年 5 月,美国电信巨头 AT&T 正式宣布,其旗下的华纳传媒将与另一家知名媒体品牌发现频道合并。新公司的企业价值为 1 320 亿美元,其中包括 560 亿美元的债务,所估计的协同效益为每年 30 亿美元。这项协议规定,如果发现频道终止这项方案,它必须向 AT&T 支付 7.2 亿美元。

(a) 构建一个扩展形式的博弈。起初,发现频道决定是否应该同意支付 7.2 亿美元的终止费。然后,一个潜在的竞标方决定是否应该竞标收购发现频道。如果它参与竞标,它能赚取的利润贡献为 P 美元,但是会导致 5 000 万美元的成本支出以及支付终止费给 AT&T。写出每个结果对应的竞标方的利润。

(b) 比较下列两种情况中竞标方参与竞标期望得到的最低利润贡献:发现频道同意终止费以及不同意终止费。

(c) 考虑到竞标,发现频道的股东应该要更高的终止费还是更低的终止费。

9. 早在 2010 年,中国商飞和巴航工业就已经进入或准备要进入窄体喷气式飞机市场。假定表 9-2 代表了它们的策略以及它们同时行动时的利润(表中的卢纳和索利斯分别用中国商飞和巴航工业替代)。

(a) 用合适的扩展形式的博弈显示出,该局势是一个有先发优势的局势。

(b) 假设中国政府向中国商飞保证,如果中国商飞发展和生产新机型,那么在此过程中所遭受的任何损失都将得到 120% 的偿付。这将怎样影响(a)问题中的均衡?

(c) 中国政府应该为这一保证做多少预算?

附录

求解随机策略中的纳什均衡

本章介绍了随机性的概念,并展现了它的应用,尤其是在竞争的环境中。有两种方法可以用来解出随机策略中的纳什均衡——图形法和代数法。让我们运用这两种方法来解决修改后的加油站局势,如表 9-3 所示。

■ 图形法

在图 9A-1 中,横轴表示木星保持原价的概率,而纵轴表示月亮的预期利润。我们在图中画两条线。一条线表示月亮保持原价时的利润,其大小取决于木星保持原价的概率。在表 9-3 中,如果木星保持原价的概率为 1(一定保持原价),那么月亮保持原价将获得 900 元的利润。然而,如果木星保持原价的概率为 0(一定降价),那么月亮保持原价将获得 500 元的利润。

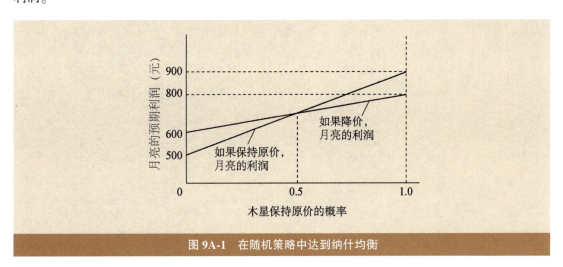

图 9A-1 在随机策略中达到纳什均衡

另一条线表示当月亮降价时的利润,其大小取决于木星保持原价的概率。在表 9-3 中,如果木星保持原价的概率为 1(一定保持原价),那么月亮降价将获得 800 元的利润。然而,如果木星保持原价的概率为 0(一定降价),那么月亮降价将获得 600 元的利润。

两条线相交于一点。在该点上,无论月亮保持原价还是降价,它的利润都相同。这一点表示木星的纳什均衡的概率,结果为 1/2。

我们可以用一个相似的图形来确定月亮的纳什均衡的概率,结果也是 1/2。

■ 代数法

另一种找出纳什均衡概率的方法是代数法。在均衡处,木星和月亮都一定要随机化。假设木星以 q 的概率保持原价,由于月亮需要随机化,它一定在两个纯策略(即保持原价和降价)之间没有倾向性。这就是说,月亮从两个纯策略中所得到的利润一定是相同的。

为计算出月亮保持原价的预期利润,我们参见表 9-3。当木星以 q 的概率保持原价时,月亮的利润为 900 元;而当木星以 $(1-q)$ 的概率降价时,月亮的利润为 500 元。因此,月亮保持原价的预期利润为 $900q+500(1-q)=500+400q$。

同样,我们可以计算出月亮降价的预期利润为 $800q+600(1-q)=600+200q$。在随机策略均衡点上,月亮从保持原价和降价这两个策略中所得利润必须相等。这就说明 $500+400q=600+200q$,即 $q=1/2$。

类似地,我们可以得出月亮的纳什均衡策略。假设月亮以概率 p 保持原价。木星要想在两个纯策略中没有倾向,它保持原价和降价所得的预期利润必须相同。这就说明 $900p+1\,000(1-p)=1\,300p+600(1-p)$,即 $p=1/2$。

第3篇

不完全市场

第10章　外部性

第11章　信息不对称

第12章　激励与组织

第13章　管制

第 10 章

外部性

> **学习目标**
>
> - 理解正外部性和负外部性；
> - 理解作为基准的经济效率，以及通过解决外部性问题提高利润；
> - 了解如何解决外部性问题和克服相应的障碍；
> - 理解网络效应，了解怎样管理具有网络效应的需求；
> - 理解公共品；
> - 理解如何商业化供给公共品。

10.1 引言

小榄新都会坐落在广东省中山市小榄镇，包括 77 700 平方米的可出租区域以及 626 个停车位。在编写此书时，大信商业信托正在管理该商业中心，它主要负责商业中心的维护和维修，以及广告和促销。

2016 年 6 月，小榄新都会的可出租区域被全部租出。此时，一共有 136 家商户入驻该商业中心，并且贡献了每月 778 万元的毛租金收益。据预测，该商业中心可以每年吸引 2 230 万访客。商业中心有 17 882 平方米用作大润发超市，其月租金是每平方米 34.8 元。相比之下，其他租户的月租金则是每平方米 119.6 元，也就是大润发超市的 3.44 倍。大多数租户付固定租金而其租金每年会增长6%或10%,或者按零售商销售收入的百分比来计算。①

为什么小榄新都会向大润发超市收取比其他商店更低的租金?为什么该商业中心要进行广告和促销?为什么租金会按零售商销售收入的百分比来计算?

> **外部性**:收益或成本由一方直接传递给其他方。

我们可以利用外部性和公共品的概念来回答这些问题。当一方直接(而不通过市场)将收益或成本传递给其他方时,**外部性**(externality)就会产生。大润发超市给其他的店带来了正外部性。享有盛名的大润发超市可以被看作核心租客。通过带来新的消费者,大润发超市将给其他商店带来直接的收益。如果不对核心租客进行一定的补贴,那么外部性就会使经济效率降低。因此,商业中心都会向核心租客收取较低的租金,以此吸引顾客光临其他的商店。

> **公共品**:一个人对某种物品消费量的增加不会减少可供其他人消费的数量。

最后我们介绍公共品的概念。如果一个人对某种物品消费量的增加不会减少可供其他人消费的数量,则该物品是**公共品**(public goods)。

对于购物商场的租户来说,商场为吸引更多购物者而花在广告和促销上的支出就是公共品。广告和促销吸引来的购物者将给所有租户带来好处。与此同时,购物商场也会通过按百分比计算的销售收入租金来获得更多租金收入。

10.2　正外部性

> **正外部性**:直接把收益传递给其他方。

当一方直接(而不通过市场)把收益传递给其他方时,就产生了**正外部性**(positive externality)。假定一家超市通过广告吸引顾客。顾客不仅会增加超市的收入,也会光临其他附近的商店。所以这家超市就给其他商店带来了正外部性。

■ 个人最大值

为了解释,表10-1显示出一家超市每月不同客流量水平所对应的收入与成本。比如,每月的客流量为5万名顾客时,超市的收入为186万元,可变成本为100万元,由此利润贡献为86万元。而为达到5万人次客流量,需要花费广告支出20万元。由此可知,总利润为66万元。

---

① 此讨论基于以下材料:Dasin Reit. *IPO Prospectus*, January 2017。

第 10 章 外部性

表 10-1 客流量：个体最大值

客流量 （万人）	收入 （万元）	可变成本 （万元）	利润贡献 （万元）	边际利润贡献 （元）	广告支出 （万元）	边际顾客成本 （元）	利润 （万元）
0	0	0	0		0		0
1	46.0	20	26.0	26.0	4	4	22.0
2	87.6	40	47.6	21.6	8	4	39.6
3	124.8	60	64.8	17.2	12	4	52.8
4	157.6	80	77.6	12.8	16	4	61.6
5	186.0	100	86.0	8.4	20	4	66.0
6	210.0	120	90.0	4.0	24	4	66.0
7	229.6	140	89.6	-0.4	28	4	61.6
8	244.8	160	84.8	-4.8	32	4	52.8
9	255.6	180	75.6	-9.2	36	4	39.6

边际利润贡献是随着客流量增加而增加的利润贡献。当客流量为每月 5 万时，边际利润贡献为每位顾客 $(86-77.6) \div (5-4) = 8.4$ 元。而边际顾客成本是随着客流量的增加所需要增加的广告支出。当客流量为每月 5 万时，边际顾客成本是每位顾客 $(20-16) \div (5-4) = 4$ 元。

客流量在什么水平时超市能够达到利润最大化？参照表 10-1，超市在客流量为每月 6 万人次时利润最高，为 66 万元。此时，边际利润贡献和边际成本都为每位顾客 4 元。（严格说来，在客流量为 5 万至 6 万之间时，利润会更高。但是，为了简便计算，我们将 6 万看成使利润最高的客流量。）

图 10-1 用图形显示了上述分析。在边际利润贡献等于边际顾客成本时，此时的客流量使得超市的利润最高。

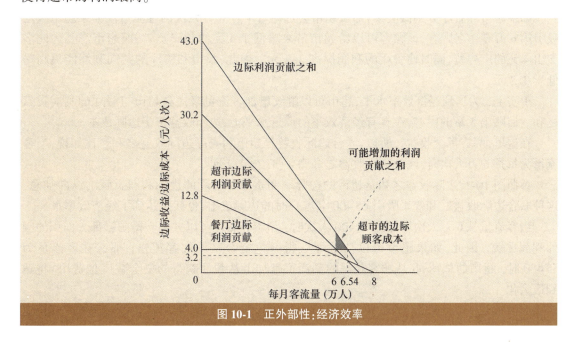

图 10-1 正外部性：经济效率

联合最大值

考虑一家位于超市旁边的餐厅。表10-2显示出在餐厅每月不同客流量水平所对应的收入和成本。比如,餐厅每月的客流量为6万人次时,收入为139.2万元,可变成本为96万元,由此利润为43.2万元。餐厅没有投入任何广告费用,因此它的利润就等于利润贡献。

表 10-2 客户:正外部性

客流量(万人)	收入(万元)	可变成本(万元)	利润贡献(万元)	边际利润贡献(元)
0	0	0	0	
1	27.2	16	11.2	11.2
2	52.8	32	20.8	9.6
3	76.8	48	28.8	8.0
4	99.2	64	35.2	6.4
5	120.0	80	40.0	4.8
6	139.2	96	43.2	3.2
7	156.8	112	44.8	1.6
8	172.8	128	44.8	0.0
9	187.2	144	43.2	-1.6

如果超市和餐厅分别做决策,那么超市会选择每个月6万人次的客流量。如果超市决定吸引第6万零1名顾客,该顾客可以给超市带来略低于4元的利润贡献,而超市需要为此多支出4元的广告费,同时使餐厅的利润提高3.2元。因此,超市和餐厅的共同利润能提高略低于3.2元。

事实上,为达到经济效率水平,超市可以继续增加客流量来提高超市与餐厅的利润贡献之和。回顾第5章的内容,在具有经济效率的产量水平上,边际收益等于边际成本。

在这里,两方都会收益。所以,联合边际收益是超市和餐厅边际收益之和。比如说,当客流量为每月6万人次时,联合边际收益之和为4+3.2=7.2元。

参照图10-1,边际收益之和是超市的边际利润贡献和餐厅的边际利润贡献的纵向加总。这种联合边际收益之和等于吸引65 400名客户时的边际成本,也就是达到了经济效率水平。

当客流量从6万人次增加到65 400人次时,超市和餐厅可以共同获得阴影部分面积的额外利润贡献。因此,如果超市可以从餐厅获得一笔资金来增加客流量,那么在客流量为65 400时,超市的总利润(从顾客获得的利润贡献加上从餐厅获得的资金减广告费用)将达到最大化。

> **进度检测 10A**
>
> 假设餐厅的边际利润贡献在任何客流量水平下均降低了 3.2 元。修改图 10-1,标出经济效率水平时的客流量。

 小案例

才能的外部性:硅谷

在美国,与信息技术相关的企业高度集中在斯坦福大学和施乐帕罗奥多研发中心(Xerox Palo Alto Research Center,PARC)。这一区域通常被称为硅谷,是苹果、惠普、英特尔、谷歌和脸书等高科技行业领先企业的所在地。

1970 年年初,加利福尼亚大学圣地亚哥分校的 Jef Raskin 教授到访了斯坦福大学以及 PARC。1978 年,他加入了苹果公司并主导 Macintosh 电脑的开发。他回忆说:"大多数他所知道的人机交互工作已经在 PARC 完成了。"

1996 年,斯坦福大学计算机学院的两名研究生 Sergey Brin 和 Lawrence Page 发明了一种互联网搜索的运算法则。以这项研究为基础,他们后来成立了谷歌公司。

资料来源:斯坦福研究园区(Stanford Research Park)官方网站(https://stanfordresearchpark.com/about);Interview with Jef Raskin[EB/OL].[2023-05-18]. https://web.stanford.edu/dept/SUL/sites/mac/primary/interviews/raskin/trans.html;The Xerox PARC visit[EB/OL].[2023-05-18]. https://web.stanford.edu/dept/SUL/sites/mac/parc.html。

 小案例

乡村基础建设的正外部性

近年来,交通运输部注重乡村基础设施的建设与发展。2016 年至 2019 年,交通运输部支持贫困地区较大人口规模自然村建设了约 9.6 万公里硬化路,完成了约 45.8 万公里农村公路安全生命防护工程。与此同时,交通运输部支持贫困地区改造建设了 1.69 万公里国家高速公路、5.25 万公里普通国道;县城基本实现了二级及以上公路覆盖,许多县城都通了高速公路。国内基础建设设施快速完善,而基础建设的正外部性给实体经济带来了巨大的效益,例如各类线上购物平台由此能够下沉到乡镇地区,物流企业才能够快速发展,当地居民的生活也能够明显改善。

延展问题:物流发展与电商发展有什么样的关系?

资料来源:我国基本实现具备条件的乡镇和建制村通硬化路[EB/OL].(2020-09-28)[2022-10-12]. http://www.xinhuanet.com/politics/2020-09/28/c_1126553021.htm.

10.3 负外部性

> **负外部性**:直接把成本传递给其他方。

外部性可以是负值。一方直接(而不通过市场)把成本传递给其他方时,可产生**负外部性**(**negative externality**)。一个彩票投注站可能通过阻碍亲子家庭在附近浏览而对附近的玩具商店产生负外部性。

为解释负外部性,图10-2显示出彩票投注站的边际利润贡献和吸引顾客的边际成本。边际利润贡献等于吸引顾客的边际成本(每位顾客2元)时的客流量水平——每月1万名顾客——能最大化彩票投注站的利润。

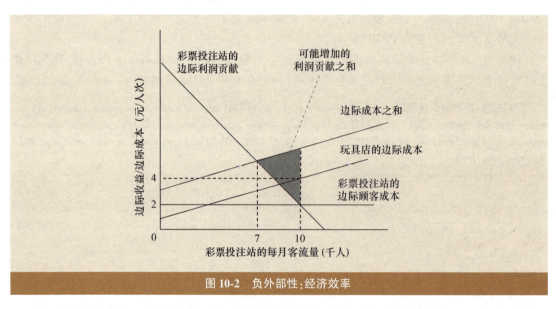

图10-2 负外部性:经济效率

接下来我们考虑一个玩具店。彩票投注站的顾客会使玩具店的销售收入下降。图10-2同样显示出玩具店的边际成本与彩票投注站客流量之间的函数关系。

如果彩票投注站独立运营,它可以通过广告吸引1万名顾客。如果彩票投注站减少1名顾客到9 999名呢?则其利润贡献将降低2元,其广告成本也将下降2元,而玩具店的成本将减少4元。如果彩票投注站减少1名顾客,那么顾客的减少将使彩票投注站和玩具店的利润贡献之和提高4元。实际上,彩票投注站可以将客流量减少到经济效率水平,以提高彩票投注站和玩具店的利润贡献之和。

经济效率被定义为边际收益等于边际成本。在本例中,彩票投注站和玩具店都产生成本,因此,总的边际成本是彩票投注站的边际成本与玩具店的边际成本之和。比如说,当客流量为每月1万人次时,其边际成本之和为2+4=6元。

参照图10-2,边际成本之和是彩票投注站的边际顾客成本和玩具店的边际成本(利润贡献损失)的纵向加总。当客流量为7000人次时,边际收益等于边际成本。这就达到了经济效率水平。

当客流量从1万人次降到7000人次时,彩票投注站和玩具店可以共同获得阴影部分面积的额外利润贡献。因此,如果彩票投注站可以从玩具店获得一笔资金以弥补客流量减少的损失,那么当客流量为7000人次时,总利润(顾客的利润贡献加上从玩具店获得的资金)将达到最大化。

进度检测 10B

参照图10-2,假设彩票投注站给玩具店带来的负外部性更大,那么这将会对以下项目有何影响?(a)玩具店的边际成本曲线;(b)总利润最大化时的客流量。

 小案例

气 候 变 化

汽车是温室气体排放的主要源头。温室气体导致热量无法排出大气层并引起全球变暖。这些汽车尾气排放者并没有支付任何的排放费用,但是他们却产生了负外部性。

相对于汽油驱动的汽车来说,混合型汽车和纯电力汽车产生了较少的碳排放(并非零排放,因为电力的生产也会产生碳排放)。碳足迹专家估计了2020年在美国销售的三种车(特斯拉基本款Model 3、丰田普锐斯以及奥迪A3)行驶1万英里所排放的碳量,分别为0.67吨、1.69吨以及2.93吨。

资料来源:Carbon Footprint. Carbon calculator[EB/OL].[2023-05-18]. www.carbonfootprint.com/calculator.aspx.

 小案例

环境污染、人口健康以及经济损失

2015年9月9日,环保部发布《新常态下环保对经济的影响分析》报告(以下简称"报告")。报告称,环境保护在短期内的确影响了GDP,但从长远看,环保对于经济具有促进优化作用。环保给经济造成的负面影响表现在两个方面:一是减少了GDP,二是导致企业成本增加。

报告称,"十一五"(2006—2010年)期间,节能减排累计减少GDP 1 869亿元,占同期GDP的0.12%。2013年《大气污染防治行动计划》实施以来,淘汰落后产能使得GDP减少约

1 148 亿元,占同期 GDP 的 0.03%。但每年因环境污染和生态破坏造成的经济损失,约占当年 GDP 的 6%左右;PM2.5 污染可引发各种疾病,甚至过早死亡。

当时南京大学环境学院院长毕军在报告发布会上说,从长远看,环保对于经济具有促进优化作用。"十二五"前期(2011—2013 年),环保投入共计 2.33 万亿元,拉动 GDP 增加 2.56 万亿元,占这 3 年 GDP 的 1.64%。

资料来源:刘琴. 环保部核算环保的经济损失——相比低污染带来的经济效益,中国的"新常态"是一个很小的经济代价[EB/OL]. (2015-09-14)[2023-05-18]. https://chinadialogue.net/zh/7/42853/.

10.4 一般基准

我们在前文分别讨论了正外部性和负外部性。一般来说,当正外部性和负外部性同时存在时,受影响的各方可以用以下基准使各方利润之和达到最大化:当边际收益之和等于边际成本之和时,外部性达到经济效率水平。

第 5 章显示了在一个完全竞争市场中,"看不见的手"会保证经济效率。但是,根据定义,外部性并不通过市场传递。因此,外部性问题是需要通过刻意的行动来解决的。解决方案之一就是政府行动。这部分会在第 13 章讨论。另一个解决方案是私人行动——外部性产生者和接受者拥有共同所有权,或外部性产生者和接受者达成协议。然而,解决外部性(externality is resolved)问题有两个障碍——权利分配不明晰和可能的搭便车行为。

■ 共同所有权

在正外部性的例子中,如果餐厅的所有权归超市,那么超市就会考虑增加顾客给超市和餐厅带来的收益和成本。因此,超市会增加广告支出以吸引更多的顾客,从而达到经济效率水平。相似地,在彩票投注站和玩具店的例子中,如果玩具店的所有权归彩票投注站,那么彩票投注站会减少广告支出,以吸引达到经济效率水平的客流量。

这两个例子显示了解决外部性的一种方案——外部性产生者与接受者的共同所有权。不管外部性是正的还是负的,共同所有权都会使得管理者综合考虑外部性产生者和接受者的共同收益和成本,选择在经济效率水平上经营。

■ 协议

除了共同所有权,外部性产生者和接受者还可以通过达成协议的方式来解决外部性问题。外部性产生者和接受者可以通过谈判达成双方都能接受的外部性水平协议。比如,餐厅可以向超市支付部分广告支出,这将激励超市增加广告支出。同样地,玩具店可以付钱给彩票投注站让它们减少广告支出。

通过协议解决外部性问题有两个步骤。第一步是受影响的各方必须就如何解决外部性达成一致意见。这需要搜集各方收益和成本的信息,随后就外部性水平达成协议。第二步是强制实施协议。实施过程包括监控外部性的产生,运用激励机制确保外部性产生者遵守协议的外部性水平。

■ 权利分配

解决外部性的一个障碍是权利分配的不明晰。在彩票投注站与玩具店的例子中,实际上外部性有两个可能的解决方案:一个是彩票投注站减少广告,另一个是玩具店搬到其他地方。

究竟是彩票投注站拥有向玩具店施加外部性的权利,还是玩具店拥有不受外部性影响的权利?如果权利分配不明晰,那么彩票投注站和玩具店双方将很难达成共同所有权以及外部性水平协议。

■ 搭便车

除了权利分配,解决外部性的另一个障碍是搭便车行为。在超市的例子中,假设一个花店享受到超市带来的正外部性但是拒绝向超市支付任何广告费用。这家花店知道,超市仍然会增加广告,而其他商店也仍可能向超市支付增加广告的费用。而超市和其他商店并不能阻止顾客光顾花店。

在这个策略下,花店的行为就是一种**搭便车**(free riding)行为。它享受了超市增加广告的好处,却让其他零售商帮它承担了费用。一般来说,搭便车者在外部性的解决方案中支付的费用比获得的边际收益少。在极端的情况下,搭便车者并不支付任何费用。

> **搭便车**:在外部性的解决过程中,支付的费用比获得的边际收益少。

当要阻止那些没有贡献者从正外部性中获益的成本很高昂时,搭便车行为就可能产生。当能够轻易地排除那些没有贡献者从正外部性中获益时,所有正外部性的受益者都会为此付费,否则将不能获得正外部性带来的好处。

外部性的受益者越多,搭便车的情况就越严重。当外部性的受益者数量很多时,排除那些搭便车者的成本相对较高。另外,任何一位受益者分摊的解决外部性问题的费用就相对少。因此,即使一部分受益者选择搭便车,可能仍然会有一部分受益者愿意支付解决外部性问题的费用。

> **进度检测 10C**
>
> 在彩票投注站和玩具店的例子中,解决外部性问题可能遇到什么障碍?

 小案例

小榄新都会:解决外部性

大润发超市是小榄新都会的核心租户。因为大润发超市的存在,其他商店有了更多到访

的顾客,享受到了正外部性。通过对大润发超市收取较低的租金以及对其他商户收取较高的租金,小榄新都会有效地补偿了大润发超市。

小榄新都会谨慎挑选了租户的类型。这样可以增强正外部性以及避免负外部性。

小组作业:搭便车行为

有很多大学课程需要学生分组做作业。小组一般为3到4人,作业评分时主要看小组整体表现。每一个小组只需交一份作业,也就是说一个小组的成员都会得到相同的分数。这样的评分制度难免会引发搭便车行为。一般来说,一个小组中总有一两个能力较强的学生,他们会帮忙解决作业中的大多数问题。而余下能力较弱的学生则从中获得收益,因为如果他们独立做该作业,分数可能会远低于小组作业得到的分数。在极端情况下,一些学生可能压根儿不参加任何作业讨论,因为他们知道其他学生一定会很好地完成该作业。这样的行为就是搭便车行为。如何解决呢?小组作业的评分机制可以引入学生间互相评分制度。也就是说,每一个小组成员都可以对其他成员的表现评分。根据学生互评分数以及作业整体表现,老师给每位学生其相应的分数。

10.5 网络效应与网络外部性

网络效应:收益或成本随着网络规模的变大而增加。

网络外部性:直接传递给其他方的收益或成本,这些收益或成本随着网络规模的变大而增加。

网络效应(network effect)是随着网络规模的变大而增加的收益或成本。"网络"强调的是成本和收益乃由整体的网络用户而产生。

具有网络效应的产品的边际收益及需求会随着使用者数量的增加而增加。例如,当有一个新用户加入即时通信服务时,所有其他用户的边际收益曲线和需求曲线都将上移。

与网络效应概念相关的是网络外部性。**网络外部性**(network externality)指的是直接传递给其他方的收益或成本,这些收益或成本随着网络规模的变大而增加。因此,网络外部性是指可直接传递而不通过市场传递的网络效应。和一般的外部性一样,网络外部性达到经济效率水平的基准为边际收益之和等于边际成本之和。

在具有网络效应或网络外部性的市场,其需求和竞争的特点有别于传统市场上的需求和竞争。我们将在下面分别讨论这些不同点。

■ 临界用户人数

在具有网络效应的市场中，在用户人数超过临界点之前，需求为零。**临界用户人数**（critical mass）是需求量变为正值时的用户人数。以即时通信服务为例，当使用者的数量低于某个数值时，需求为零。试想一下，如果其他人都没有使用即时通信服务，谁会想要使用呢？

对某些物品的需求取决于互补硬件的存在。例如，对基于网络社交媒体的接入需求取决于个人电脑和其他提供网络接入服务的设备数量。在这些例子中，**安装基数**（installed base）是服务中的互补硬件的数量。

> **临界用户人数**：需求量变为正值时的用户人数。

> **安装基数**：服务中的互补硬件的数量。

■ 预期

在具有网络效应的市场中，使用者的预期是一个重要的因素。那么，当使用者同时决定是否采用一个新的即时通信服务时，存在两种可能的均衡。在好的均衡中，每一个潜在的使用者都预期其他人将会采用该服务，因此他也采用。这样，需求超过了临界点，服务也如同期望的那样成功。

相反，在另一个均衡中，潜在使用者较为悲观。每个人都预期该服务的使用者会少于临界用户人数，因此，都不使用该服务。那么，实际的需求将达不到临界点，而服务也如同预期的一样失败。

因此使用者的预期非常重要。在均衡中，不管是乐观的预期还是悲观的预期，都是可以自我实现的。具有网络效应产品的生产商需要增强宣传力度以确保需求能超过临界点。

■ 需求倾斜

在具有网络效应的市场中，需求对竞争者之间细微的差异显得非常敏感。假设有几个相互竞争的即时通信服务商，每个即时通信服务的需求都接近临界点。那么，某一即时通信服务使用者基数的微量增加可以使市场需求向这一即时通信服务倾斜，而其他的即时通信服务商会以失败告终。

需求倾斜（tipping）是指市场需求向获得了微小的初始领先地位的产品倾斜的趋势。由于网络效应，使用者会倾向于市场领头者，导致"赢家获取所有使用者"。

> **需求倾斜**：市场需求向获得了微小的初始领先地位的产品倾斜的趋势。

■ 价格弹性

网络效应的存在将以不同的方式影响价格弹性，影响的方式取决于市场需求是否达到了临界用户人数。对于一个需求具有网络效应的产品,当市场需求低于临界点时,需求为零,此时需求对价格极度缺乏弹性。无论价格降幅为多大,需求量都不会增加。

只有当需求超过临界点时,需求才具有价格弹性。此时网络效应使得市场需求更具价格弹性。举例来说,考虑产品的价格下降。价格下降将导致需求上升。需求的上升会通过网络效应进一步增加需求量。网络效应将扩大价格下降对需求的影响。同理,网络效应也会扩大价格上升的影响。

> **进度检测 10D**
>
> 怎么区分传统市场和具有网络效应的市场?

 小案例

谷歌:利用网络外部性

谷歌会很微妙地利用网络外部性。每当一位使用者向谷歌提交一个搜索申请时,服务器就会运用其专有的页面排名算法,根据预测的关联程度排列显示网页的链接。谷歌跟踪人们点击的链接,并相应地更新其算法。每一个搜索都有助于提升谷歌的算法。因此,越多的人使用谷歌搜索,它的服务质量就会越高。

 小案例

FaceTime:扩大网络

出于策略原因,一些公司可能刻意地限制网络效应。以往苹果公司限制了视频电话服务 FaceTime 的使用平台:用户只能在 Mac 和 iOS 设备上使用。FaceTime 的网络受限于苹果设备的安装基数。

在 2021 年 6 月苹果公司举办的年度会议上,苹果宣布它将开放 FaceTime 给互联网浏览器。这将扩大 FaceTime 的网络给任何使用网络的人,包括 Android 和 Windows 用户。

资料来源:Kastrenakes, Jacob. FaceTime is coming to Android and Windows via the web[EB/OL].(2021-06-07)[2022-10-12]. https://www.theverge.com/2021/6/7/22522889/apple-facetime-android-windows-web-ios-15-wwdc.

10.6 公共品

与外部性紧密相连的概念是公共品。无线广播很好地说明了公共品的概念：如果一个人增加某产品的使用，而不会减少其他人所能使用的数量，那么这种物品就是公共品。也就是说，公共品提供了非竞争性的消费。如果一个人增加消费不会减少其他人所能使用的数量，则这种消费是**非竞争性消费**（non-rival consumption）。如果一个人在听广播，这不会减少其他人所能听的数量。因此广播是非竞争性消费，也是一种公共品。

> **非竞争性消费**：一个人对某种物品消费量的增加不会减少其他人所能使用的数量。

另一种理解非竞争性消费的途径是通过规模经济的概念。假设一个节目正向一名观众播放，则把同样的节目提供给另外的观众的边际成本是零。

就消费者数量而言，公共品的供给有着极大的规模经济效应。提供公共品的成本是固定的，并且为新消费者提供服务的边际成本为零。

与消费者数量相关的规模经济和与供给规模相关的规模经济是不同的。延长广播时间确实会带来更多的成本并且不一定表现出规模经济。

■ 竞争性

公共品位于竞争图谱的一个末端，而私人物品在另一末端。如果一个人对某种物品消费量的增加将等量减少其他人所能使用的数量，则该物品是私人物品。或者说，私人物品的消费为竞争性消费。**竞争性消费**（rival consumption）意味着一个人对某种物品消费量的增加将等量减少其他人所能使用的数量。

> **竞争性消费**：一个人对某种物品消费量的增加将等量减少其他人所能使用的数量。

科学公式、音乐作品、广播电视、烟花均提供非竞争性消费。如果多一个人使用它们，并不会减少其他人所使用的数量。相反，食品和医疗服务是私人物品。如果你吃了一块牛排，那么其他人能够吃的牛排将减少一块。如果一名医生在为一个病人看病，那么这名医生将无法同时诊治其他病人。

一些物品既不是公共品又不是私人物品，但提供一种**拥挤性消费**（congestible consumption）。这意味着，如果一个人以某种数量增加消费会减少其他人所能使用的总量，但是他人的消费减少量小于这个人的消费增加量。拥挤性物品在消费量低的时候是公共品，在消费量高的时候是私人物品。

> **拥挤性消费**：一个人以某种数量增加消费会减少其他人所能使用的总量，但他人的消费减少量小于这个人的消费增加量。

互联网是拥挤性的：在非高峰时段，多一个人使用将不会减少其他人所得的服务；但是在高峰时段，连接到互联网的用户越多，他们的网速就会越慢。我们周围的空气也是拥挤性的：当司机和工厂的污染排放量小时，空气质量是好的；但是当污染排放量太大时，空气质量就降低了。

基准:经济效率

前面我们介绍了当边际收益之和等于边际成本之和时,外部性达到经济效率水平。假设有两组广播收听者——偶尔收听组和经常收听组。他们的边际收益如图 10-3 所示。这张图显示了广播的边际成本为每小时 560 元。

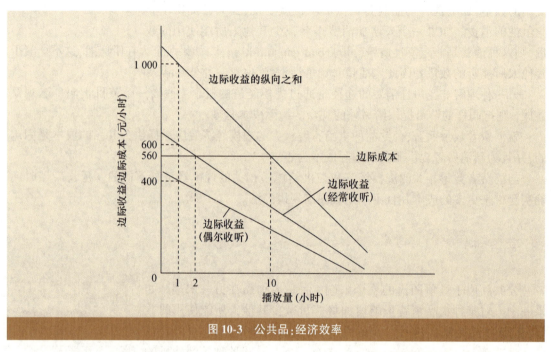

图 10-3 公共品:经济效率

考虑提供 1 小时的广播。因为广播是公共品,每个听众都有 1 小时的收听时间。参见图 10-3,两组听众的边际收益之和是 400+600=1 000 元。而 1 小时的成本是 560 元。因此,边际收益之和大于边际成本。

当边际收益之和大于边际成本时,就存在获利的机会。消费者会愿意支付比供应成本高的价格。同样的原理可以一直应用到经济效率水平的数量,即 10 个小时。在经济效率水平上,不存在通过调整公共品的供给来获利的机会。

> **进度检测 10E**
>
> 在图 10-3 中,针对中等收听频率(介于偶尔收听和经常收听之间)的广播听众,加入另一条边际收益曲线,请标出该曲线对达到经济效率水平时广播量的影响。

小榄新都会：广告与促销

小榄新都会每年都会花费广告和促销费用来吸引更多的顾客。新来的顾客可能光顾商场里的任何零售商。这些广告和促销可以被看作公共品。新来的顾客也会增加零售商支付的销售百分比租金。而这些销售百分比租金就是小榄新都会广告和促销带来的回报。

《巴黎协定》

温室气体导致热量无法排出大气层并引起全球变暖。2015年12月，在法国召开的《联合国气候变化框架公约》第二十一届缔约方大会通过了《巴黎协定》。该协定的目标是将21世纪全球平均气温升幅控制在工业化前水平以上2摄氏度以内。

减少温室气体的排放是一种公共品。温室气体的减少所产生的收益是非竞争性的：每一个现在和未来在地球上的居民都会从中收益。

10.7 排他性

之前我们已经讨论了公共品的本质和它的经济效率水平。现在我们来回答如何提供公共品的问题。这些公共品的提供依赖于排他性。

如果特定消费者可以被排除在消费外，则这种消费是**排他性消费**（excludable consumption）。通常情况下，产品是否能够进行商业化供给取决于供应商是否能够排除那些不付钱的人。

> **排他性消费**：供应商可以排除特定的顾客。

基本问题就是如果一个公共品的消费是非排他性的，那么个人消费者将会有搭便车的动机。在广播的例子中，偶尔收听的听众可能会拒绝付款，他们希望经常收听的听众来付费，而自己搭便车。

参考图10-3，如果一个市场只有经常收听的听众，那么其边际收益就等于两小时所对应的边际成本。由于偶尔收听的听众有搭便车行为，供应商的收入会减少，使得供应量少于具有经济效率的数量。

广播这个例子很清楚地展示出商业化供给依赖于销售是否具有排他性。为了理解公共品的商业化供给的范围,我们必须首先了解产品内容与提供的区别,然后了解影响排他性的其他两个因素:法律和技术。

■ 内容与提供

电视节目可以通过无线或电缆提供。无论提供的方式如何,电视的内容都是非竞争性的:一位观众打开电视机收看晚间新闻,将不会影响其他人收看的晚间新闻的数量。

然而,提供的方式有时可以决定信号是公共品还是私人物品。信号通过空中无线提供时是公共品,也就是说,同样的信号可以在适当范围内服务于任何数量的电视机。但是,信号通过电缆提供时就是私人物品,一根电缆只为一台电视机服务。

> 公共品可以以私人物品的形式提供。

另一个例子是科学知识。新冠疫苗的配方是一种公共品。如果多一家制造商使用这个配方,不会影响其他制造商使用同一配方。然而,疫苗是以针剂的形式提供给消费者。疫苗是一种私人物品:如果一个人消费了一剂疫苗,其他人就不能再使用该剂疫苗了。

■ 法律

科学配方、音乐作品和计算机算法的使用是非竞争性的。但是通过知识产权这一法律概念,法律可将它们的使用变为排他性的。设立知识产权是为了鼓励创新。这项政策的含义是,专有权的利润将鼓励创新者更多地投资于创新活动。

> 专利:赋予某种产品或工艺的合法的排他性的权利。

两种特殊形式的知识产权是专利和版权。**专利**(**patent**)就是赋予某种产品或工艺的合法的排他性的权利。药品发明者和电器发明者会寻求专利。

> 版权:赋予某种艺术、文学和音乐作品的合法的排他性的权利。

版权(**copyright**)是赋予某种艺术、文学和音乐作品的合法的排他性的权利。对于软件、艺术、音乐以及视听娱乐类作品的创造者来说,版权是非常重要的知识产权保护方式。如果没有版权所有者的允许,复制其作品是非法的。

■ 技术

技术也可以提供消费排他性。电视节目播放的内容是一种公共品,但是提供的方式可以是排他性的。无线电视是非排他性的,但是利用加密技术或有线方式提供,无线电视的播放就会被转变为排他性的。

软件是另一个例子。计算机软件运用的计算法则和代码是公共品,使用者可以从别人那里复制软件,而不减少他人的使用数量。但是,如果发行商在软件里加入激活码,而激活码只提供给授权用户,那么发行商就可以将没有付费的用户排除。

> **进度检测 10F**
>
> 区别公共品的内容和提供。它们如何影响公共品的商业化供给?

 小案例

免费电视节目:无排他性的商业供应

一般来说,一个公共品的商业供应取决于排他性。免费电视节目是非排他性的。但是,在美国,四个商业网络(ABC、CBS、NBC 和 Fox)所提供的免费电视节目却相当成功。这里有什么样的商业秘密呢?

这些电视网络的主要收入来源是广告。观众并不直接向电视网络公司付费,但是他们会间接付费:这些观众通过增加购买广告产品和服务间接支付了电视节目的费用。2020 年,Fox 公司的电视业务通过广告产生了 41.7 亿美元的收入。

资料来源:Fox 公司 2020 年年报。

知识要点

- 外部性是指将收益或成本直接传递给其他方。
- 当边际收益之和等于边际成本之和时,外部性达到经济效率水平。
- 通过解决外部性问题以达到经济效率水平,可以提高利润。
- 外部性问题可以通过共同所有权和协议来解决。
- 解决外部性问题的两个障碍是权利分配不明晰与搭便车行为。

- 网络外部性指的是直接传递给其他方的收益或成本,这些收益或成本随着网络规模的变大而增加。
- 公共品提供的是非竞争性消费:如果一个人增加对某种物品的消费,不会减少其他人所能使用的数量。
- 当边际效率之和等于边际成本时,公共品达到经济效率水平。
- 公共品可以通过法律和技术排除没有付费的使用者来实现商业化供给。

复习题

1. 负外部性和正外部性有什么不同?

2. 月亮公司和海王星公司都发布了新的电

子设备。月亮公司的广告提升了消费者对海王星的需求。月亮公司广告的经济效率水平是多少?

3. 解释相对于额外增加的消费者,商场所有零售商边际收益曲线之和与零售商个人边际收益曲线的关系。

4. 如果负外部性的边际成本之和超过其给外部性产生者带来的边际收益,怎样可提高利润?请解释。

5. 解释下面的行动将怎样解决一条新地铁线路产生的外部性问题:地铁系统购买新车站周围的地产。

6. 分析下列情况中的搭便车问题。新城区位于距离一条高速公路1千米处。城市的几个主要管理者提议在高速公路设立一个出口。

7. 为什么权利的分配会影响外部性问题的解决方案?

8. 解释对电子表格软件的需求可能造成的网络效应。

9. 给出一个网络效应的例子,并用这个例子解释临界用户人数和需求倾斜的概念。

10. 网络效应的存在导致需求更富有弹性还是更缺乏弹性?

11. 举一个公共品的例子。解释该物品的使用为何是非竞争性的?

12. 解释下列边际成本的差别:(a) 提供一个公共品给一个新的消费者;(b) 增加一个公共品的数量。

13. 下列哪些是公共品?(a) 公立医院的牙科治疗;(b) 向失业人士提供的福利金;(c) 国防。

14. 对于公共品而言,为什么总边际收益等于个人边际收益之和?

15. 排他性在什么情况下依赖于法律和技术?

讨论案例

1. 小榄新都会坐落在广东省中山市小榄镇。2016年6月,该商业中心向拥有17 882平方米的大润发超市收取每平方米34.8元的月租金。相比之下,其他零售店的月租金则是大润发超市的3.44倍,也就是每平方米119.6元。

   (a) 运用合适的图,表示出超市的边际收益和吸引顾客的边际成本。阐述零售店所获得的外部性,并确定达到经济效率水平的客流量。

   (b) 解释为什么小榄新都会向超市收取较低的租金,向零售店收取较高的租金。

   (c) 考虑下列两个超市的位置:一个超市位于公共街道上,另一个超市位于像小榄新都会这样的商业中心。哪一个更容易解决对附近零售店产生的外部性呢?解释原因。

2. 碳足迹专家估计了2020年在美国销售的三种车(特斯拉基本款Model 3、丰田普锐斯以及奥迪A3)行驶1万英里所排放的碳量分别为0.67、1.69以及2.93吨。

   (a) 解释车的碳排放如何产生负外部性。

   (b) 画一个图形,以里程为横轴,以边际收益/边际成本为纵轴。运用必要的数据,标示出你开车的边际收益和边际成本,并且画出碳排放所带来的社会边际成本。

   (c) 忽略外部性,你会开多少里程?

   (d) 比较特斯拉基本款Model 3、丰田普锐斯以及奥迪A3具有经济效率的开车里程数。

3. 太平洋沿岸的秘鲁海岸是世界凤尾鱼渔业的集中地。政府规定了供人们消费的凤尾鱼的捕捉数量,但是没有规定渔船的捕捉数量,这导致了一场捕鱼的"奥林匹克竞赛"。2013 年到 2017 年,秘鲁生产了 165 662 吨凤尾鱼,其中 11% 用作加工食品,41% 在生产处理过程中损失了。
    (a) 解释在"奥林匹克竞赛"下的外部性。渔业的生产量是否符合经济效率水平?
    (b) 假定政府给每个渔船设定一个捕鱼的配额。这将对经济效率造成怎样的影响?
    (c) 捕鱼配额会如何影响渔船的以下动机:(i) 将凤尾鱼用作加工食品;(ii) 减少生产处理过程中的损失。
    (d) 假设配额是可转售的,这对达到经济效率有帮助吗?

4. 1951 年,斯坦福大学和帕洛阿尔托市(City of Palo Alto)共同创办了一个工业园区。后来该工业园区被命名为斯坦福研究园,占地 700 英亩,位于大学周边。在编写本书时,该工业园区聚集了多达 150 家公司,其中包括特斯拉、Argo. AI,以及 VMWare。
    (a) 解释斯坦福大学对附近的企业所产生的外部性。
    (b) 比较下列两种情况下斯坦福大学投资研究的动机:(i) 斯坦福研究园存在;(ii) 斯坦福研究园不存在。
    (c) 斯坦福大学是否应该为该研究园慎重选择租户?如果是,应如何选择?

5. 随着国际贸易和旅游的发展,越来越多的人开始学习英语。很多大的欧洲公司将英语作为工作语言。英语也是飞机驾驶员与地面指挥人员之间沟通的标准工作语言。语言学家预测,全球范围内的 7 000 余种语言中,几乎有一半的语言会在 21 世纪消失。
    (a) 比较以下职业说同一语言的收益:
        (i) 卡车司机;(ii) 飞行员。
    (b) 英语使用人数的增加对下列人带来的是正外部性还是负外部性?
        (i) 已经能说一口流利英语的人;
        (ii) 不会说英语的人。
    (c) 在(b)题中的外部性可以被描述为网络外部性吗?请解释你的答案。
    (d) 如何运用临界用户人数和预期来预测一个语言将来的存在机率?

6. 微软的 Excel 表格软件目前几乎占领了整个表格软件市场。现在 Excel 的主要竞争者是 Google Sheets。对于个人用户而言,Google Sheets 是免费的,而且 Google 强调其表格软件在 Excel 软件上也同样适用。
    (a) 解释对电子表格软件需求的网络效应。
    (b) 利用临界用户人数和需求倾斜来解释微软的 Excel 表格软件的主导地位。
    (c) 为什么 Google 强调这款表格软件在 Excel 软件上也同样适用?
    (d) 为什么 Google Sheets 是免费的?

7. 2015 年 12 月,在法国召开的第《联合国气候变化框架公约》第二十一届缔约方大会通过了《巴黎协定》。该协定的目标是将 21 世纪全球平均气温升幅控制在工业化前水平以上 2 摄氏度以内。2021 年 3 月,《联合国气候变化框架公约》的 191 个成员签署了《巴黎协定》。
    (a) 解释对于所有成员而言,减少全球变暖是一个公共品。
    (b) 《联合国气候变化框架公约》可以排除任何一个人或者一个成员获得减少全球变暖所带来的收益吗?
    (c) 2020 年,美国总统特朗普使美国退出了《巴黎协定》。这个行为是不是搭便车?

(d) 发展中国家认为它们无法具有发达国家那样的工业化程度,所以它们应该被允许排放更多碳。从降低排放成本的角度来理解这个理由。

8. 随着 2020 年新冠疫情的大流行,各大制药公司紧急研发新冠疫苗。在德国和美国,辉瑞和摩德纳采用 mRNA 技术,而在中国,科兴采用灭活技术。

(a) 画一个图,以有效性为横轴,以边际收益/边际成本为纵轴。使用必要的数据画出研发疫苗为美国带来的边际收益和边际成本。让边际收益和边际成本在 90% 的疫苗有效性下相等。

(b) 在另一幅图中,画出与(a)相同的研发边际成本和中国从疫苗中获得的边际收益。让边际收益和边际成本在 51% 的疫苗有效性下相等。

(c) 讨论为什么在本例假设的情形下,美国的疫苗有效性高于中国的疫苗?

(d) 在(a)题所画的图中,结合中国疫苗的边际收益,讨论经济效率下的疫苗有效性。

9. Mikhail Kalashnikov 在第二次世界大战受伤后的恢复期间发明了 AK-47 突击步枪。在 50 年内,AK-47 步枪的生产量超过 1 亿支。在 2000 年年初,俄罗斯武器制造商 Izhmash 拥有 AK-47 步枪的专利权。然而,美国政府从保加利亚、匈牙利、罗马尼亚等地的一些非法生产者那里购买 AK-47 步枪,用以供给美国在阿富汗和伊拉克的盟友。

(a) 利用 AK-47 步枪的例子解释为什么工程设计是一种公共品。

(b) 专利权只能在它被授予的国家范围内有效。解释为什么保加利亚、匈牙利、罗马尼亚的制造商能免费使用 Kalashnikov 的设计。

(c) 武器专家 Maxim Piadiyshev 解释了 AK-47 步枪成功的原因:"相比当时的其他自动步枪,AK-47 步枪仅有 8 个移动部件,这使得其生产、使用和维护都非常简单。" AK-47 步枪的这些简单有效的设计会如何影响 Izhmash 的销售?

第 11 章

信息不对称

学习目标

- 理解不完全信息及其风险；
- 了解信息不对称及其后果；
- 了解并运用鉴定方法来解决信息不对称；
- 了解并运用筛选方法来解决信息不对称；
- 了解并运用发信号来解决信息不对称；
- 了解并运用相机合同来解决信息不对称。

11.1 引言

中国许多用人单位在应届毕业生的招聘中都将是否毕业于"211 高校""985 高校"作为一项人才筛选标准。"211 工程"是中国政府集中中央和地方各方面的力量，分期分批地重点建设 100 所左右的高等学校和一批重点学科、专业，力争在 21 世纪初有一批高等学校和学科、专业接近或达到国际一流大学水平的建设工程。"985 工程"是中国政府为建设若干所世界一流大学和一批国际知名的高水平研究型大学而实施的高等教育建设工程。用人单位普遍希望招聘到这些名校的毕业生。这使得非名校的毕业生找工作时受到歧视，屡屡碰壁。为了解决非名校歧视问题，教育部明确要求：凡是教育行政部门和高校举办的高校毕业生就业招聘活动，都严禁发布含有"限定 985 高校""211 高校"等字样的招聘信息。

2016 年 6 月，中华人民共和国教育部公布了《教育部、国务院学位委员会、国家语委关于宣布失效一批规范性文件的通知》，宣布《"985 工程"建设实施管理办法》《"211 工程"建设实施管理办法》等一批规范性文件失效。这被视为"985工程"和"211工程"实质上的终结。

2017年9月,"双一流"名单正式公布,原"985工程"正式被纳入世界一流大学和一流学科建设计划中。39所原"985高校"被分别划入"一流大学建设高校A类"(36所)与"一流大学建设高校B类"(3所)。

教育部强调"双一流"建设不是在高校中划分"三六九等"。但无可否认的是,"双一流"名单上的高校确实代表了国家在各个研究层面的最高水平。无论是"985""211"还是"双一流",从经济学的角度来看,都是一种鉴定。

> **信息不对称**:一方比另一方掌握更充分的信息。

信息的不对称使得用人单位的招聘成本升高。学生自己比用人单位更清楚自己的实力和能力,那么用人单位是如何筛选人才呢?简单的面试并不足以传递足够的信息,用人单位需要一种公认的评价机制。

教育部的这份高校名单恰恰能帮助用人单位快速筛选人才。从A类院校毕业的学生更容易受到用人单位的青睐。对学生来说,如果他们的毕业院校在教育部的高校名单上,他们会更愿意将这一"信号"传递给用人单位,以显示自己的实力。

以上例子显示了解决信息不对称的一些方法:鉴定、筛选以及发信号。我们还将介绍一种名为相机合同的方法。

信息不对称的概念以及解决信息不对称问题的方法具有广泛的用途,包括金融决策、商业决策、非商业决策和个人决策等。管理者可以在运用这些方法解决信息不对称问题之后进行投资,最终获取更高的附加值和利润。

11.2　不完全信息

> **不完全信息**:缺乏某种事物的相关知识。

在分析信息不对称之前,我们有必要先理解不完全信息的概念。对某事物的**不完全信息**(imperfect information)是指某方尚未掌握该事物的相关知识。

■ 不完全信息与信息不对称

信息不对称存在于两方或更多方之间,其中一方比另一方或其他多方掌握更充分的信息。信息不对称总是与不完全信息联系在一起,因为拥有较少信息的一方无疑拥有不完全信息。例如,如果红酒销售商知道酒的品质,但是潜在的买方不知道相关的准确信息,则买方拥有不完全信息。

虽然信息不对称与不完全信息在概念上相关,但是了解二者的区别是十分重要的。因为当买卖双方拥有不完全信息时,只要双方信息是对称的,那么市场也可以是完全竞争的。在完全竞争市场中,供给与需求的均衡引导资源达到具有经济效率的配置,因此没有更大的盈利空间。例如,当前对于供暖燃料的需求取决于对即将来临的冬季的气温预期。买卖双方有同等的机会得到气象预测信息。在这种预测的基础上,每个买方决定他对供暖燃料的需求量。在市场均衡状态下,需求量与供给量相等并且边际收益与边际成本也相等。因此,任何额外的交易都不会盈利。

与此相反,信息不对称的市场不可能是完全竞争的。也就是说,如果买卖双方能够解决信息不对称问题,那么他们所增加的总收益将大于付出的总成本,从而实现附加值与利润。

■ 风险

当信息不完全时,风险就会产生。为了理解风险这一概念,让我们来看下面的例子。秋月了解到在未来的 12 个月中,她价值 20 000 元的汽车被偷的可能性为 1.5%。如果车丢了,她将会损失 20 000 元;而如果车没有丢,则她的损失为零。汽车不遭窃的可能性为 100% - 1.5% = 98.5%。

秋月对于她未来的损失持有不完全信息,因为她不能确定她的车是否会遭窃。秋月承担着风险:要么以 1.5% 的可能性损失 20 000 元,要么以 98.5% 的可能性不损失分毫。**风险**(risk)是对收益或成本的不确定性,一旦影响收益或成本的因素存在不完全信息,风险即产生。

> **风险**:对收益或成本的不确定性。

如果秋月确定知道她的车在未来 12 个月中不会遭窃,那么她就不用承担任何风险。类似地,如果她确定她的车将会遭窃,她也不用承担风险。正是因为信息不完全,她才面临风险。

为了解释风险与不完全信息的差异,我们再来讨论小满的例子,他与秋月毫不相干。小满对于秋月的车是否会遭窃同样拥有不完全信息。但是秋月的车的情况丝毫不会影响到小满的收益或成本。因此,小满对秋月的车不承担任何风险。

■ 风险厌恶

一个人对风险的反应取决于他厌恶风险的程度。**风险厌恶**(risk averse)是指在期望值相同时,倾向于选择确定的结果而非有风险的结果。**风险中立**(risk neutral)是指在期望值相同时,对选择确定的结果和有风险的结果持无所谓的态度。

> **风险厌恶**:期望值相同时,倾向于选择确定的结果而非有风险的结果。

> **风险中立**:期望值相同时,对选择确定的结果和有风险的结果持无所谓的态度。

给定秋月可能的损失和相应的概率,她的期望损失为 (20 000 × 0.015) + (0 × 0.985) = 300 元。如果秋月是一个风险厌恶者,她会选择确定性损失 300 元,而不是以 1.5% 的概率损失 20 000 元和以 98.5% 的概率不损失分毫。如果她是一个风险中立者,她对这两种选择会持无所谓的态度。

风险厌恶者会为回避风险付出代价。保险就是用一定的投保金额来消除风险。假设某保险商为秋月提供了一份保险,承诺如果她的车遭窃则赔她 20 000 元,如果她的车没遭窃则不赔。如果秋月购买了这份保险,并且她的车遭窃了,那么她损失了一辆车,同时得到了20 000元的赔偿,于是损失与赔偿持平了。如果她的车没有遭窃,那么保险商不会赔付,这样一来,她既没有损失也没有收益。也就是说,保单消除了风险,否则,秋月必须要承担此风险。要记得,如果没有保险,秋月的期望损失是300元。因此,如果她是一个风险厌恶者,她会愿意为这份保险支付至少300元。

风险厌恶者愿意为保险支付的额度取决于他们在这种情形下对风险厌恶的程度。厌恶程度高的人愿意支付更多保费以回避风险。相比之下,风险中立者不会为回避风险而支付超过期望值的保费。例如,假设石榴面临与秋月同样的情形。如果石榴是风险中立者,她不会为这份保险支付超过300元的数额。

理解风险与风险厌恶的意义是很重要的,因为当信息不对称时,掌握信息较少的一方拥有不完全信息。不完全信息意味着收益或成本的不确定性,因此对收益或成本信息掌握较少的一方面临着风险。

进度检测 11A

假设秋月购买了一份保险,保险公司将在她的车遭窃时赔付20 000元,在车未遭窃时不赔付。下列两方中哪一方具有不完全信息并面临着风险?(i)秋月;(ii)保险公司。

11.3 逆向选择

红酒的质量取决于多种因素,包括酿造使用的葡萄、葡萄庄园的位置、气候、酿造方法与窖藏年限等。红酒生产商对于这些因素有着比消费者更多、更精确的信息。在这种情况下,信息是不对称的。

让我们借用红酒的例子来分析在一个信息不对称的市场上均衡点的形成,以及价格变动对于需求量和供给量的影响。我们考虑一个最基本的市场,红酒生产商们都不具有品牌美誉,且用不带任何标识的酒瓶包装生产。

■ 供给与需求

首先,假设红酒生产商只生产优质红酒。图11-1显示了优质红酒的供给与需求状况。在均衡点b,每瓶红酒价格为50元,并且每月能售出30万瓶。

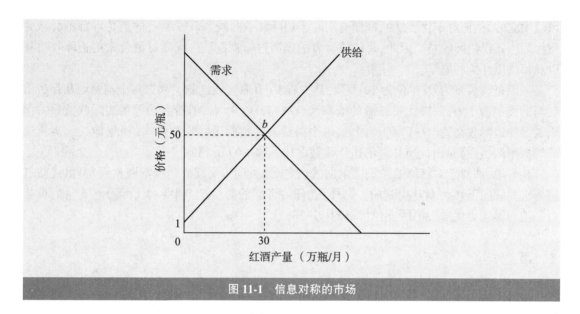

图 11-1 信息对称的市场

现在,我们假设生产者在边际成本为 0 至 1 元的条件下生产了 10 万瓶劣质红酒。原则上,将会存在两个市场:劣质红酒市场和优质红酒市场。假设潜在的消费者并不能辨别酒的质量,那么就仅存在一个市场。在这个单一市场中,优质红酒与劣质红酒同时被买卖,因此,两种品质的酒的供给是合在一起的。

图 11-2 显示了一个劣质红酒和优质红酒混合的市场。劣质红酒与优质红酒的组合供给曲线起始于 0 至 10 万瓶边际成本为 1 元的劣质红酒的供给,之后组合供给曲线与优质红酒的供给曲线平行。

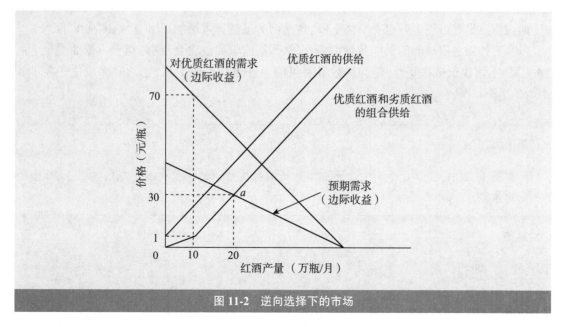

图 11-2 逆向选择下的市场

而市场的需求方又如何呢?消费者不知道红酒是劣质还是优质的。假设所有消费者为风险中立的,他们对于优质红酒都拥有同一条边际收益曲线。假设所有的消费者都不会从劣质红酒中获得边际收益。因此,每位消费者的预期边际收益是由优质红酒带来的边际收益乘以获得优质红酒的概率。

假设总购买量为 Q,单位为 10 万瓶,其中有 10 万瓶劣质红酒。那么每个消费者获得劣质红酒的概率为 $1/Q$,获得优质红酒的概率为 $(Q-1)/Q$。所以,消费者的预期边际收益只占优质红酒的边际收益的 $(Q-1)/Q$。因此,每个消费者的预期边际收益曲线(根据他买到劣质红酒的概率调整后)是由优质红酒的边际收益曲线下移 $1/Q$ 得到的。

相应地,消费者对红酒的预期需求曲线(根据他买到劣质红酒的概率调整后)是由优质红酒需求曲线向下移动 $1/Q$ 得到的。同样,在任何可能的数量上,消费者实际愿意支付的价格只是他们愿意为优质红酒所支付价格的 $(Q-1)/Q$。

■ 市场均衡

通过画出需求曲线与供给曲线,我们可以找到均衡点。在图 11-2 中,预期需求曲线与组合供给曲线交于 a 点,此时价格为每瓶 30 元,红酒产量为每月 20 万瓶。因此,消费者买到劣质红酒的概率为 10 万/20 万 = 50%,买到优质红酒的概率也是 50%。

> 逆向选择:拥有信息较少的一方被迫选择具有较差因素的选项。

消费者无法区分优质红酒和劣质红酒,因而在优质红酒和劣质红酒混合售卖的情形下,他们将面临逆向选择。在信息不对称的情况下就产生了**逆向选择**(adverse selection),即拥有信息较少的一方被迫选择具有较差因素的选项。

那么,当劣质红酒供应数量变化时,情况又将如何呢?例如,假设劣质红酒的数量是 5 万瓶,那么预期需求曲线将会上升一些,而组合供给曲线将向左平移一些。于是,均衡价格会上升,而均衡数量有可能上升也有可能下降,这是因为虽然需求增加了,但供给却减少了。

相反,如果劣质红酒的供应数量增多,那么预期需求曲线将会下移,组合供给曲线也会右移。因此,均衡价格将降低,而均衡数量有可能上升也有可能下降,它的升降取决于需求和供给的平衡状况。

> **进度检测 11B**
>
> 在图 11-2 中,在以 0 至 1 元边际成本生产的劣质红酒的产量为 5 万瓶的情况下,标出市场均衡点。

■ 经济无效

参照图 11-2,在市场均衡点上价格为每瓶 30 元,生产量为每月 20 万瓶。这一产量包含了 10 万瓶劣质红酒和 10 万瓶优质红酒。优质红酒的供给曲线显示出第 10 万瓶红酒的边际成本是 30 元。

消费者直到预期边际收益(考虑到可能获得劣质红酒的概率之后)等于市场价格之前都会不断购买红酒。由于劣质红酒并不提供任何边际收益,所以在均衡点上,获得劣质红酒的消费者的边际收益低于边际成本。

相反地,根据优质红酒的边际收益曲线,在每月 10 万瓶的生产量上,边际收益为每瓶 70 元,这超出了生产优质红酒的边际成本 30 元。所以,该均衡点是不具有经济效率的。如果另外一瓶优质红酒能够被售出,那么会有消费者愿意为此支付略少于 70 元的价格,并且它的生产成本也仅是略高于 30 元。相应地,这里存在大约 40 元的潜在附加值与利润。

从本质上说,劣质红酒的生产商向消费者和优质红酒生产商施加了一个负外部性。在第 10 章中我们知道了负外部性将使产量超过经济效率水平。这意味着,若解决外部性问题(在这里是解决信息不对称问题),将可以产生额外的附加值与利润。

■ 市场失灵

在考虑如何解决信息不对称问题之前,让我们来看一种极端情况。假设红酒生产商生产 F 万瓶劣质红酒。参见图 11-3,优质红酒和劣质红酒的组合供给曲线在 c 点出现一个拐点。

假设劣质红酒的数量太多以至于预期需求曲线与组合供给曲线在低于 c 点的 d 点相交了。在这种情况下,市场中将不存在优质红酒而全部是劣质红酒。那么,消费者买到优质红酒的概率为零。这意味着预期边际收益曲线和预期需求曲线必须与横轴重合。这样,最初对预期需求曲线和组合供给曲线相交于 d 点的假设是不成立的。

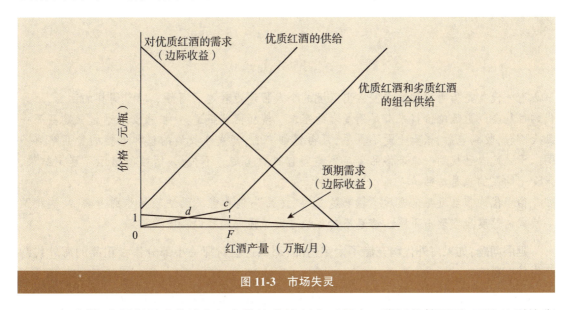

图 11-3 市场失灵

一般来说,在预期需求曲线和组合供给曲线相交于拐点 c 附近的情况下,无法达到均衡状态。而如果达不到均衡状态,买卖双方也无法交易。这意味着劣质红酒的侵入将使整个市场失灵!

让我们从另一个角度来研究市场失灵,我们将会说明,与遭受逆向选择的市场相比,价格变动在完全竞争市场中所带来的影响将大不相同。假设在完全竞争市场中,供给量超过了需求量。价格的下降会使供给量减少而使需求量增加。当市场价格下降到一定程度时,供需则会重新达到均衡状态。

相反,假设当供给量大于需求量时,红酒市场没有达到均衡状态。考虑价格下降的情况:优质红酒生产的边际成本曲线从每瓶 1 元起向上倾斜;所以,当市场价格下跌时,优质红酒生产商将减少供给量。

相反,市场价格下跌(只要仍然在 1 元以上)并不会影响劣质红酒的生产。所以,价格下跌增大了劣质红酒的市场份额,从而使消费者面临更糟糕的逆向选择,并且他们的支付意愿和预期需求曲线都将下降(下移)。

在存在逆向选择的市场,降价减少了预期需求,同时也减少了供给,因此它不一定能减少过量供给而使市场恢复均衡。在这种极端状况下,如果价格足够低,预期需求曲线会降至零,而市场达到完全失灵状态。

> **进度检测 11C**
>
> 参考图 11-3,假设预期需求曲线与组合供给曲线相交于点 c,则市场均衡价格与均衡产量将为多少?

小案例

真假海外代购

海外代购是指由代购商或经常出入境的个人帮消费者购买商品。对于同样的商品,海外代购往往会以更低的价格来满足消费者的需求。搜狐网曾报道,一位张女士通过代购买了一款大牌包,收到包后,张女士爱不释手,可再仔细一看,却发现收到的包和专柜的货品略有不同。于是她自己找到一家奢侈品鉴定网站对包进行鉴定。不久,该网站就出示了鉴定结果,张女士购买的包是仿品。

由于代购市场近年来充斥了越来越多的"仿品",消费者又无法轻易鉴别出真伪,这种购买模式的热度也在逐渐下降。信息不对称性导致了逆向选择以及无效市场。

延展问题: 如果海外代购充满了太多仿品,那么这会对那一小部分售卖正品的海外代购产生什么影响?

资料来源:海外代购套路深 看看"假货"是如何漂洋过海套路你的[EB/OL]. (2019-03-15)[2022-10-13]. https://www.sohu.com/a/301627754_230347.

自愿退休：人情化裁员

要执行缩减预算与员工数量的指令，一个有吸引力的方法是鼓励员工自愿离职或者退休。2021年2月，印度金融部长 Nirmala Sitharaman 宣布政府将会对两家银行实施私有化。

在私有化之前，银行向所有员工提供了一项自愿离职申请项目。一个不愿意透露姓名的知情者解释道，裁员将会让这两家银行对私人机构购买者来说更具有吸引力。

自愿离职比强制裁员更具有人情味。但是，谁会自愿离职呢？它是否会导致逆向选择呢？

资料来源：State-owned banks getting ready for privatisation may come out with VRS[EB/OL]. (2021-06-08) [2022-10-19]. www.business-standard.com/article/finance/state-owned-banks-getting-ready-for-privatisation-may-come-out-with-vrs-121060800913_1.html.

中小企业融资难

在金融市场上，逆向选择是指金融机构和借款者之间存在信息不对称：对于借款者的信誉、担保条件、项目的风险与收益等，借款者比金融机构知道的更多，具有信息优势，使金融机构在借贷市场上处于不利地位。为了消除不利影响，金融机构只能提高贷款利率水平，以此降低金融机构可能的信贷风险损失。逆向选择导致经营正常、业绩优良的企业退出信贷市场，使得金融机构的信贷风险增加。金融机构为了减少信息不对称导致的逆向选择，会谨慎对待企业的融资要求，减少信贷资金的投放量，从而使得企业的贷款需求得不到满足。

从目前的情况来看，大企业由于信息公开化程度较高，社会信誉较好，金融机构很容易以较低的成本获取这些企业的信息。出于安全性和盈利性的考虑，金融机构比较愿意为大企业提供贷款，甚至是优惠贷款。比较而言，中小企业由于信息披露机制不健全，财务制度不规范，内部会计信息可信度低，从而增加了金融机构获得这些信息的成本，提升了信息不对称程度。同样出于安全性考虑，金融机构自然会减少对中小企业的贷款，出现银行等金融机构"惜贷"现象，即使中小企业愿意支付较高的利率也难以得到金融机构的贷款支持。可见，信息不对称导致的逆向选择，提高了中小企业的融资难度。

资料来源：钟兵.信息不对称对中小企业融资的影响分析及其对策[J].北方经济，2008(2)：75—76；中原证券.着力解决中小企业融资难、融资贵问题——促进中小企业发展工作领导小组会议点评[R/OL]. (2021-01-22) [2022-10-19]. https://pdf.dfcfw.com/pdf/H3_AP202101251454014643_1.pdf?1611589567000.pdf.

11.4 鉴定

当信息不对称时,市场的结果是不具有经济效率的。一般来说,如果能解决信息不对称问题,那么收益将会超过成本,进而有提升附加值及利润的空间。

鉴定在两个条件下是有效的:信息不对称的特性可客观检验且鉴定成本不会过高。

克服信息不对称最显而易见的方法是直接获取信息。在红酒的例子中,买方与卖方都可以请一个专家来对酒做**鉴定**(**appraisal**)。参见图11-2,在均衡点 a,优质红酒的边际收益为70元,而市场价格为30元。对边际消费者而言,如果能辨别出优质红酒,则会有大约40元的潜在买方剩余。对于优质红酒的边际生产商来说是有40元的潜在卖方剩余。

由于鉴定的存在,产生了一个独立的优质红酒市场。在这一市场中,买卖双方拥有同等的信息。因此,完全竞争会导致经济效率。

通过鉴定直接解决信息不对称问题必须满足两个条件:

- 存在信息不对称的特性必须是可客观检验的。如果一个专家不能客观地区分优质红酒和劣质红酒,那么鉴定便不能解决买卖双方之间的信息不对称。检验必须是客观的:如果不同的鉴定人持有不同的观点,那么信息仍然是不对称的。
- 通过解决信息不对称问题所得的潜在买方剩余或卖方剩余必须能弥补鉴定的成本。而这取决于两个因素:一个因素是劣质红酒相对于优质红酒的比率;另一个是边际收益与边际成本之间的差额。

进度检测 11D

在廉价红酒市场还是高价红酒市场上,鉴定会更为常见?

小案例

大众点评网

大众点评网于2003年4月成立于上海,是中国最早成立的独立第三方消费点评网站。通过该平台,每个人都可以自由发表对商家的评论,好则誉之,差则贬之。2015年,美团和大众点评网正式宣布达成战略合作,致力于推动行业升级。通过平台提供的点评功能,消费者能够查看他人的评论并由此获得关于商家产品和服务的更多信息,从而优化消费选择。而商家可以通过消费者的评论得到及时反馈,从而提升产品和服务质量。

然而,2021年6月,一则新闻引发了关注。杭州市市场监管综合行政执法队调查发现,杭州某品牌管理有限公司等10家公司,涉嫌组织他人刷好评牟利,有百余家网红餐厅存在花钱请"刷手"刷好评的行为。红星新闻发现,在某电商平台有大量店铺提供美团和大众点评刷单、刷好评的服务,在社交媒体上有不少招募"大众点评写手"的帖子,还有用户利用自身的会员等级有偿写优质评价。这背后是一条完整的刷点评产业链:商家、第三方运营公司、中介或大V、派单体验、"交作业"反馈,整套流程衔接紧密,一气呵成。

如果虚假评价的问题不能得到解决,那么将无法消除商家与客户之间的信息不对称问题,大众点评网这一鉴定手段将失效。

延展问题:虚假评价问题如何解决?

资料来源:大众点评黑幕曝光!这些网红餐厅都是"刷"出来的[EB/OL].(2021-06-07)[2022-10-19]. https://www.cqn.com.cn/ms/content/2021/06/07/content_8700576.htm.

 小案例

信 用 评 级

在企业对消费者的零售贷款市场中,贷款方指的是信用评级机构。在英国,信用评级机构将借方划分为优、良、普通、差以及极差。在美国,大多数机构使用 Fair Isaac Corporation (FICO) 评分。

相似地,在企业对企业的商业贷款市场上,贷款方也是信用评级机构。一个信用评级是一条信息,信用评级是不可小觑的。一般来说,商业借款方支付信用评级的费用。这些评级信息将会提供给潜在贷款方。这种方式比贷款方支付费用更加有效率,避免了每一个潜在贷款方对同一个借款方进行信用评级。

11.5 筛选

买方和卖方可以通过鉴定来直接解决信息不对称问题。但是,鉴定是有成本的而且并不一定可行,因而使用一些间接的办法很重要。信息不对称问题可以用三种间接办法解决。我们在这一节中探讨筛选,其他方法将在后面章节进行探讨。**筛选(screening)** 是掌握信息较少的一方为了间接得到另一方的特性所主动采取的行动。

> **筛选**:掌握信息较少的一方为了间接得到另一方的特性所主动采取的行动。

■ 自我选择

如果信息更充分的一方对某些变量特别敏感，信息较少的一方也许能够通过筛选间接掌握这项变量。信息较少的一方可以围绕这些变量设计一些选项以引起自我选择。**自我选择**（self-selection）是指特性不同的各方会做出不同的选择。

> **自我选择**：特性不同的各方会做出不同的选择。

为了解释筛选的概念，我们假设在某一市场中，消费者不能区分优质红酒和劣质红酒。未知的特性是红酒的质量。假设消费者们要求第一瓶酒免费，然后将以 13 瓶酒的价格购买一箱 12 瓶。这样的交易能够有效筛选优质红酒和劣质红酒吗？

假设获得的第一瓶酒为优质红酒的消费者将会购买一箱，而获得的第一瓶酒为劣质红酒的消费者不会购买一箱。这样劣质红酒的生产商将得不到任何收益，它们不会同意这笔交易。这类交易仅对优质红酒的生产商有利。因此，它有效筛选了两类生产商。

筛选仅仅在信息劣势一方能掌握某项变量，而信息优势群体中各方对此项变量的敏感度均不同时方为有效。在红酒的例子中，劣质红酒生产商对于此交易比优质红酒生产商更为敏感。

与鉴定相反的是，筛选间接地揭示了信息优势方的一些特性。筛选是解决信息不对称问题的间接方法。消费者们并没有直接区分红酒的质量，而是要求红酒生产商做出间接表述产品特性的选择。

筛选在商业中的一个关键应用是定价。我们在第 8 章关于定价策略时介绍了间接细分市场价格歧视。这样的价格歧视就利用了筛选方法，从而促使具有不同需求价格弹性的买方做出自我选择。

■ 区分变量

在一些情况下，信息劣势方可以选择好几种细分变量。理想状态下，信息劣势方构建的选择变量应当使得有着不同特征的信息优势各方之间的差异最大。这有可能涉及不同变量的组合。

例如，航空公司在定价时可以通过着装来设计一个区分变量。对穿休闲装的乘客提供一个较低的票价，而对穿商务套装的乘客提供一个较高的票价。商务旅行者可以很轻易地规避这一变量。因此，这并非一个有效的变量。相反，航空公司发现提前订票和改签费用可以成为很好的区分变量。

最有效的筛选办法会涉及几个不同变量的组合。例如，航空公司使用提前订票、改签费用和非繁忙航班时间等一系列变量的组合来将休闲乘客从商务乘客中区分出来。

> **进度检测 11E**
>
> 解释为什么筛选取决于自我选择。

银 行 贷 款

与典型的"买得越多,价格折扣力度越大"的价格策略不同,银行对于高额贷款会收取更高的利率。2021年6月,英国巴克莱银行(Barclays)按照房屋价值的贷款比例75%、80%以及85%分别收取五年期的固定房贷利率2.9%、3.1%以及3.3%。

当人们拥有越少的财富时,他们就需要借贷越多的钱。这样会增加贷款人的风险。贷款人通过对高额贷款收取更高的利率来筛选出具有更高风险的借款人。

资料来源:巴克莱银行官方网站(www.barclays.co.uk)。

11.6 发信号

筛选是信息劣势方为获取信息优势方的特性所采取的行动,它是解决信息不对称问题的一种间接方法。另一种解决信息不对称问题的间接方法是**发信号**(signaling),它是由信息优势方将其特性传递给信息劣势方的行动。这种传递的关键在于信息传递必须是可靠的,也就是说,具备不同特性的传递者会选择不同的信号传递方法。

> **发信号**:信息优势方将其特性传递给信息劣势方。

我们再来考虑一下消费者无法区分优质红酒和劣质红酒的市场。假设一家优质红酒制造商给任何已打开并饮用了一部分的红酒的消费者提供全额退款选择。这个退款选择是否可信地传递了其产品为优质的信号呢?

考虑一个劣质红酒生产商。如果它也提供同等退款选择,那么所有的消费者将会返还他们所购买的红酒来获取退款。所以,劣质红酒生产商将不会提供退款选择。因此,只有优质红酒生产商才会提供退款选择。退款引起了生产商的自我选择并且它是优质产品的可信信号。

发信号间接地传递了信息优势方的特性,有效解决了信息不对称问题。红酒生产商并没有直接宣称其产品为优质产品;相反,它采取了一种间接而有效的行动来传递其生产优质产品这个信息。

要使信号具有可信度,就必须要引起信息优势方内部的自我选择。尤其需要具备的条件是,发信号的成本对于具有优质特性的各方来说要比具有劣质特性的各方来说足够低。这样,只有具有优质特性的各方才会选择发出这种信号。

假设一个红酒生产商在其产品标签上加上"优质"字样,这是一个可信的信号吗?答案取决于这种行为对于劣质红酒生产商来说是否成本更高。事实上,在标签上加上"优质"字样的做法对于优质红酒生产商和劣质红酒生产商的成本是一样的。所以,仅仅在标签上加注不会引起生产商的自我选择,也不会成为一个可信的信号。

> **进度检测 11F**
>
> 解释筛选和发信号的区别。

 小案例

海外代购:专柜验货是否是正品的信号?

接受验货、境外物流、专柜小票,在海内外价差的诱惑下,这种"不出国门,购遍全球"的海外代购形式俨然成为消费者的宠儿。不少海外代购声称他们"支持专柜验货"。这仿佛向潜在消费者发送了一个信号,即"我们卖的是正品,我们不怕验货"。但是,"专柜验货"只是听起来很美。古驰、LV、浪琴等品牌在中国内地的官方商店都表示不为个人提供任何产品鉴定服务,品牌也没有授权一些电商平台销售产品。消费者买到假货时是难以举证也难以维权的。

资料来源:海外代购套路深 看看"假货"是如何漂洋过海套路你的[EB/OL].(2019-03-15)[2022-10-19]. https://www.sohu.com/a/301627754_230347.

 小案例

鼎泰丰的透明厨房

鼎泰丰(Din Tai Fung)是台湾一家以面食产销为主的连锁餐厅,以小笼包闻名。1996年,鼎泰丰拓展了日本市场,在日本迅速掀起一股小笼包热,自此广获好评,曾被《纽约时报》推荐为"世界十大美食餐厅"之一。

与其他大多数中式餐馆不同,鼎泰丰的厨房是透明的。顾客可以清楚地看到厨师是如何准备食材的。这凸显了餐厅的卫生程度,消除了顾客与餐馆之间关于食品卫生信息的不对称。

延展问题: 如何提升食品质量监管,保证食品安全呢?

11.7 相机合同

我们已经讨论过解决信息不对称问题的两种间接方法：筛选和发信号。第三种间接方法是相机合同。**相机合同**（contingent contract）是当特定事件发生时采取的特别行动。打赌即为一种相机合同：如果硬币的头像朝上，你就赢1元，否则我赢1元。在这个赌注中，特定事件是投掷硬币后，哪一面会朝上。

> **相机合同**：特定事件发生时采取的特别行动。

让我们来讨论一下相机合同如何能够成为有效信号。假设一家葡萄酒生产商想要出售一个葡萄园。存在很多潜在购买方。假设卖方知道这片葡萄园每年的葡萄产量能达到60万吨。然而，它无法提供任何鉴定或其他信息来说服潜在购买方。

如果卖方表示它卖掉葡萄园以换取一部分出产的葡萄而不是现金，情况将会怎样？通过持有一部分出产的葡萄，它得到的是一种基于葡萄园产量的相机支付。如果葡萄园产量较高，那么它得到的偿还也多；而如果葡萄园产量低，那么它得到的偿还就少。

以换取一部分产品为条件出售葡萄园是卖方能够将其信息传递给潜在买方的一种方法。其他条件相同时，如果葡萄园的产量一般或较低，则卖方会倾向于直接收取现金。因而，出售更好葡萄园的卖方能够通过换取一部分出产的葡萄来与其他的卖方区分开来。结果是自我选择。

相机合同可以用于筛选和发信号。拥有较少信息的一方会要求使用相机合同来筛选拥有较多信息的一方。而拥有较多信息的一方也可以使用相机合同来发信号给拥有较少信息的一方。

 小案例

婚姻中的相机合同：婚前协议

人际关系充斥着信息不对称。富裕的男性或女性结婚时的一个通常的担忧是：他们的伴侣是不是为了钱而结婚。有了婚前协议，他们就可以更加放心了。通常来说，婚前协议列明了婚姻持续的一个最短期限，在那之后婚姻伴侣才可以获得富裕一方的部分财产和收入。婚前协议提供了一个区分"淘金者"与终身伴侣的有效方法。

金·卡戴珊（Kim Kardashian）与肯爷（Kanye West）在2014年5月，也就是他们的婚礼前夕签订了一份婚前协议。这份协议提供给卡戴珊在婚姻存续期间每年100万美元的收入（上限为1 000万美元）以及一栋位于洛杉矶的住宅。

资料来源：作者根据相关新闻报道整理。

小案例

惠普：不通过相机合同收购 Autonomy

在企业合并和收购方面，买方要比卖方对于并购的价值拥有更少的信息。解决信息不对称问题的一种途径是相机合同，即规定一定量的销售或者利润目标。另一种途径是通过股票支付，因此支付的价值取决于并购的价值。

2011 年 8 月，惠普声明它将以 116 亿美元的现金收购英国软件制造商 Autonomy，并且没有规定未来的销售或利润目标。分析师纷纷批评这个昂贵的收购。然而，惠普的 CEO，Leo Apotheker 支持这个交易，说道："我们惠普内部有所有收购应当遵循的相当严格的程序，那就是现金流贴现模型（discounted cash flow，DCF）基础模型……并且我们试图采取保守的看法。"

不到 1 个月，惠普就解雇了 Apotheker 先生。仅仅一年后，2012 年 11 月，惠普就将这个收购减记为 88 亿美元，声称"Autonomy 之前的某些员工蓄意粉饰了财务指标来误导投资者和潜在购买方"。

资料来源：From HP, a blunder that seems to beat all [EB/OL]. (2012-12-01) [2023-07-31]. https://www.nytimes.com/2012/12/01/business/hps-autonomy-blunder-might-be-one-for-the-record-books.html.

知识要点

- 风险是指关于收益或成本的不确定性。
- 一个风险厌恶者将会愿意为规避风险付费。
- 如果存在信息不对称，则资源的配置是不具有经济效率的；通过解决信息不对称问题，就可以提升附加值并获得利润。
- 如果逆向选择过于严重，市场将会失灵。
- 运用鉴定的条件是信息不对称的特性可客观验证且花费不会过高。
- 可以运用筛选来间接确认信息优势方的特性。筛选的关键在于引起自我选择。
- 可以运用发信号向信息劣势方传递特性。发信号的关键在于引起自我选择。
- 运用相机合同来筛选或传递信号。

复习题

1. 解释不完全信息和风险之间的差别。
2. 解释下列情形是否存在信息不对称：
   (a) 投资者不知道第二天的标准普尔指数；(b) 收购者计划以每股 50 元收购目标公司，这相对于当前市场价格 40 元有着 25% 的溢价；收购者正在秘密地按此计划收购目标公司的股份。
3. 银行刚刚拒绝了大明的汽车贷款申请。大明找到了借贷员并提出愿意付一个更高的利率。为什么借贷员觉得这个提议很可笑?
4. 一家制衣厂向工人发放计件工资。与此同时,人力资源经理向工人提供转为固定工资的选择。运用逆向选择的知识解释这个案例。
5. 秋月正在考虑以低于市场的价格购买一辆二手轿车。卖方向秋月保证车辆状态完好。为何秋月应当请专家来评估此车的车况?
6. 年轻人往往不具备丰富的驾驶经验。这可以解释为何保险商不愿意为年轻驾驶员保险吗?
7. 举出一个筛选的例子,并解释:(a) 信息不对称;(b) 自我选择。
8. 如果一个借款者的一笔抵押贷款违约,贷款者可以扣押抵押品。解释为什么抵押贷款的利率比非抵押贷款的利率低。
9. 一项起赔额度为 2 000 元的汽车保险仅对超出 2 000 元的损失予以赔偿。通常来说,保险商为汽车投保人提供了介于高起赔额和高保险费之间的多种选择。解释为何这样的选择能够筛选发生事故概率不同的驾驶员。
10. 隧道在高峰时段往往变得很拥挤。从经济效率的角度来说,隧道服务应当分配给将时间看得很重要的驾驶员。解释为何对隧道收费可以达到经济效率。
11. 举出一个发信号的例子,并解释:(a) 信息不对称;(b) 自我选择。
12. 考虑一家银行提供存款保险。补偿款是由银行自有基金来赔付。为什么存款保险不是一个可靠的信号?
13. 如果要向你的敌人发信号来显示出你们抵抗到底的决心,下面哪一个策略更加可靠?(a) 毁掉所有的路、桥以及燃油供给;(b) 保证基础设施完好无损。
14. 一个杂志出版商将给任何不满意的购买者退款。退款政策是一个保证产品质量的可靠信号吗?
15. 收购者用现金加部分自身的股权收购目标公司的所有股权。这种协议如何有助于解决信息不对称?

讨论案例

1. 在香港,保险公司 AIA 为大众提供医疗保险。AIA 的 Flexi Plan 覆盖了住院和手术费用。这项保险计划的上限是每年 1 000 万港币以及终身不超过 5 000 万港币。
   (a) 解释 AIA 与医疗保险的申请人之间的信息不对称性。
   (b) 解释为什么 Flexi Plan 对申请人投保时已经存在的病症不承保。
   (c) 一个团体保险单为一个机构中的所有成员提供保险。这将如何缓解逆向选择现象?解释为什么逆向选择在一个规模大些的机构中会更少。
   (d) 不像生病或意外,在许多情况下,妇女是自愿怀孕的。解释为什么 Flexi Plan 不覆盖孕期以及正常生育所产生的费用。
2. 有些中国内地的乳品制造商曾经收购添加了三聚氰胺的鲜牛奶用于生产奶粉。三聚氰胺能够使牛奶在检测中呈现出更高的蛋白质含量。2008 年,三聚氰胺"毒奶粉"事件致使 6 名婴儿死亡,并影响了成千上万人的健康。由此内地家长们纷纷涌向香港地区购买婴儿奶粉,香港超市被迫实行奶粉限购政策。
(a) 解释乳品制造商与婴儿配方奶粉的消费者之间的信息不对称性。
(b) 调整图11-2并用它来说明当消费者无法辨别奶粉是否受污染时市场中婴儿配方奶粉的均衡点。
(c) 运用(b)中的图解释为何在农民大量生产受污染牛奶时市场会失灵。

3. 2008年,经济学家Eleni Gabre-Mahin建立了Ethiopian商品交易所(ECX)。该商品交易所拥有咖啡豆的专营权,并且在进行拍卖前,该交易所会将不同来源的咖啡豆混合在一起。
(a) 解释咖啡豆种植者与交易所购买者之间的信息不对称性。
(b) 调整图11-2并用它来说明不同来源的咖啡豆混合在一起后,交易所中咖啡豆的均衡点。
(c) 解释为什么混合咖啡豆会降低种植者提高咖啡豆质量的积极性。
(d) 从2017年开始,政府允许种植者在拍卖前区分不同咖啡豆。这会如何影响咖啡豆的商品价格以及生产量?

4. 很多公司发行公司股票、公司债券和其他类型的公司债权凭证。债券发行者可以通过取得信用评级并将其展示给投资者来解决信息不对称的问题。标准普尔公司的评级可以很好地反映出实际违约情况。2001年至2020年,"投资级"(BBB级及以上)机构的10年平均违约率低于0.4%,"关注级"(BB级及以下)则为12.5%。
(a) 解释债券发行者(借款者)与潜在投资者(贷款者)之间的信息不对称问题。
(b) 为何往往是债券发行者而不是潜在投资者去申请信用评级?
(c) 为什么信用评级和实际违约情况相符合是非常重要的?
(d) 发行更多的债务将使公司违约的概率提高。信用评级应该是固定的还是应该随着时间而调整?

5. 2021年6月,英国巴克莱银行(Barclays)按照房屋价值的贷款比例75%、80%以及85%分别收取五年期的固定房贷利率2.9%、3.1%以及3.3%。这些贷款必须支付一笔999英镑的处理费并且仅限于享受贵宾服务的现有客户。这是一项为高收入和高存储额的客户提供的服务。
(a) 解释巴克莱银行与潜在借款者之间的信息不对称问题。
(b) 巴克莱银行的贷款仅限于享受贵宾服务的现有客户。这会如何影响信息的不对称性?
(c) 巴克莱银行对大笔的贷款收取更高的利息。这是如何对借款者偿付能力进行筛选的?
(d) 相比于房屋贷款,讨论巴克莱银行是否应该对无担保的贷款收取更高或者更低的利率?

6. 新加坡最大的银行,DBS Bank,声称它的愿景是"making banking joyful",也就是"塑造愉悦的银行体验"。
(a) 对这家银行构建一个扩展形式的博弈模型。在初始节点,它选择是否投资2000万新元来提高服务质量。如果选择是,在下一个节点,客户选择是否会尝试该银行的服务。如果客户尝试体验该服务并觉得开心和满意,那么银行可以赚取2亿新元。如果客户不去尝试,银行会损失2000万新元。但是如果银行不投资,它什么也赚不到。
(b) 如果银行投资来提高服务质量,讨论银行的均衡策略会如何依赖于客户尝试体验该服务的概率?
(c) 构建一个和(a)相似的扩展形式的博弈模型。不同之处在于,如果银行投资2 000万新元,客户虽然尝试但并不满意该服务,那么银行会损失1 000万新元。在这种情形下,银行的均衡策略是什么?
(d) 参考(b)和(c),在哪些条件下,塑造愉悦的银行体验的策略是可信的?

7. 2014年年初,特斯拉宣布在电池和驱动系统方面给予不限里程的8年质保期。CEO Elon Musk 强调:"如果我们真正相信电动马达在根本上比汽油发动机更可靠,使用少得多的活动部件和不存在容易引起麻烦的油状残留物以及燃烧副产物,那么我们的质量保障条款就应该体现这一点。"
(a) 解释特斯拉与潜在顾客之间的信息不对称情况。
(b) 运用相机合同解释特斯拉公司为何延长其汽车的质保期。
(c) 在何种情况下,延长的产品质保期能够成为产品质量优良的可信信号?
(d) 特斯拉的财务情况将会如何影响质保期作为信号的可信度?

8. Genzyme 公司制造了对抗罕见基因疾病的药物。2010年7月,Sanofi-aventis 公司想要以每股69美元收购 Genzyme 公司。Genzyme 公司董事会拒绝了这一收购要约,并希望以每股75美元被收购。Sanofi-aventis 公司和 Genzyme 公司对 Genzyme 治疗多种硬化症的新药 Lemtrada 的销售预期存在不同看法。最终,2011年2月,Genzyme 公司同意了一个新的收购方案:每股74美元的现金收购,加上以 Lemtrada 和其他药品未来销量为基础、上限为每股14美元的相机价值权利(contingent value right, CVR)。
(a) 解释存在于 Sanofi-aventis 公司和 Genzyme 公司之间的信息不对称情况。
(b) 假设截至2011年2月,Genzyme 公司有2.715亿股流通股,估计该信息不对称的美元价值。
(c) CVR 如何解决了信息不对称问题?比较 Sanofi-aventis 公司与 Genzyme 公司对 CVR 的评估。
(d) 如果 Sanofi-aventis 公司直接检查 Genzyme 公司的账户和设施状况,信息不对称问题能够得到完全解决吗?

9. 金·卡戴珊与肯爷在2014年5月,也就是他们的婚礼前夕签订了一份婚前协议。这份协议提供给卡戴珊在婚姻存续期间每年100万美元的收入(上限为1 000万美元)以及一栋位于洛杉矶的住宅。
(a) 解释一个富裕的男性(女性)与一个相对贫穷的伴侣在婚姻中可能存在的信息不对称问题。
(b) 以相机合同的相关知识解释婚前协议。
(c) 婚前协议将如何区分"淘金者"与终身伴侣?
(d) 贫穷的伴侣可以利用婚前协议来传递其自身品质的信息吗?

第 12 章
激励与组织

学习目标

- 了解道德风险；
- 运用监管和激励来解决道德风险问题；
- 了解套牢及详细合同的应用；
- 理解所有权及其结果；
- 了解纵向整合；
- 理解并学会运用组织架构。

12.1 引言

2020 年，电动车的领军企业特斯拉（Tesla）销售了 499 647 辆电动车，总收入为 315.4 亿美元。电动车的一个重要组成部分电池的成本为每辆车 7 350 美元。特斯拉在内华达州的超级工厂为 Model 3 和 Model Y 组装电池。

特斯拉和松下（Panasonic）签订了电池供应合同，由松下在内华达州的超级工厂生产锂离子电池。2020 年 6 月，在达到了特定的里程碑后，特斯拉和松下续签了 10 年的制造协议。特斯拉也同意，在未来 2 年以特定的价格购买松下的产品。

3 个月后，松下宣布它将升级在内华达州的生产线来采用一种更加节约成本的电池技术，并且增加 14 条生产线。而特斯拉宣布了它的长期计划是自己制造锂离子电池，因为这样"会更加有效率,也能大规模地生产以及降低生产成本"。①

为什么特斯拉让松下在内华达超级工厂生产锂离子电池?为什么特斯拉要提前签订合同,并要求以固定的价格来购买松下产品?为什么特斯拉要计划自己制造锂离子电池?

组织架构(organizational architecture)包含了所有权的归属、激励措施和监管体系。

> **组织架构**:所有权的归属、激励措施和监管体系。

这一章提供了分析组织架构的框架。一个有效的组织架构应当解决四个内部管理问题——道德风险、套牢、垄断力、规模经济与范围经济。

套牢是一方利用另一方对它的依赖而采取的行动。特斯拉依赖松下生产锂离子电池。松下可以拒绝供货来套牢特斯拉。这就解释了为什么特斯拉试图自己制造锂离子电池。反过来,特斯拉也可以拒绝购买来套牢松下。这解释了为什么特斯拉要提前签订合同,并要求以固定的价格来购买松下产品。

当一方的行为会影响到另一方,却并不为另一方所观察到时,就会引发道德风险。道德风险是由于行为的信息不对称而导致的。这也解释了为什么特斯拉要求松下在内华达州的超级工厂来生产锂离子电池,因为这样特斯拉可以更好地监督松下生产。

一家企业的组织架构会影响道德风险、潜在套牢的程度、内部垄断力,以及规模经济与范围经济的程度。上述所有因素合起来决定了组织的经济效率。任何一种经济效率低下的情况都给管理者提供了一个提高附加值与利润的机会。

12.2 道德风险

秋月是一名销售人员。由于工作性质,销售人员必须独立完成工作任务。这样,秋月的雇主就很难监管她的工作。秋月自己决定要拜访多少客户、要花费多少精力销售产品。秋月的雇主希望她能尽全力销售——有耐心、有说服力,同时又要坚韧。

> **道德风险**:当双方有利益冲突时,如果一方的行为会影响到另一方,却又不能被另一方观察到时,就会发生道德风险。

这个例子中,对于雇主而言,销售人员面临**道德风险**(moral hazard)。当双方有利益冲突时,如果一方的行为会影响到另一方,却又不能被另一方观察到时,就会发生道德风险。

■ 行为中的信息不对称

如果雇主能够随时随地对销售人员进行监管,那么就可以直接对其发出指令——拜访多少客户、怎样说服他们等。这样,销售人员将不会面临道德风险问题。道德风险的起因是

---

① 此讨论基于以下资料:Korosec, Kirsten. Panasonic to expand battery capacity at Tesla Gigafactory[EB/OL]. (2020-09-09)[2022-10-19]. https://techcrunch.com/2020/09/08/panasonic-to-expand-battery-capacity-at-tesla-gigafactory/; Yang, Heekyong, and Hyunjoo Jin. Factbox: The world's biggest electric vehicle battery makers[EB/OL]. (2019-11-27)[2022-10-19]. www.reuters.com/article/us-autos-batteries-factbox-idUSKBN1Y02JG; Stringer, David, and Kyunghee Park. Why building an electric car is so expensive, for now[EB/OL]. (2020-10-23)[2022-10-19]. www.bloomberg.com/news/articles/2020-10-22/why-building-an-electric-car-is-so-expensive-for-now-quicktake.

信息不对称。雇主依赖于销售人员的努力程度,但却无法观察到他们的努力程度。

在第 11 章中,我们讨论了市场中的信息不对称,比如,在人寿保险行业中,申请人对其自身健康状况掌握更多信息;在银行借贷中,借款者对于其还款能力掌握更多信息。在这些案例中,信息不对称针对的是信息更充分一方的某个特性。

相反,在销售人员的例子中,秋月比老板更了解自己的努力程度。在这种情况下,信息不对称针对的是信息更充分一方的行为,这是道德风险形成的一个必要条件。

经济无效率

假设销售人员会选择能最大化她个人净收益的努力程度。她的净收益为她的薪酬减去她努力的成本。使其净收益最大化的努力程度为边际薪酬等于边际成本时的努力程度。参照图 12-1,销售人员将选择 120 个单位的努力程度。在该努力程度上,销售人员的每单位努力的边际薪酬和边际成本均为 10 元。

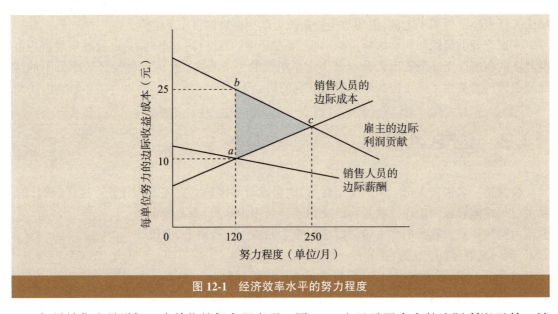

图 12-1　经济效率水平的努力程度

如果销售人员增加一个单位的努力程度呢?图 12-1 也显示了雇主的边际利润贡献。销售人员的努力会增加其雇主的利润贡献。当销售人员的努力程度为 120 单位时,雇主的边际利润贡献为 25 元。因此,销售人员的额外单位的努力会为雇主带来利润贡献的增加。增加的利润贡献等于 25 元。

销售人员额外单位的努力的成本等于 10 元。因此,额外单位的努力给雇主带来的边际利润贡献的增加大于销售人员的边际成本,因而能提升附加值。事实上,销售人员可以将努力程度提高到 250 单位,以实现持续的增值,由此带给雇主和销售人员的额外价值(利润贡献超过成本的部分)为阴影部分 abc 的面积。

本质上来说,销售人员增加努力程度可为她的雇主带来正外部性。因此,与任何正外部性一样,如果外部性得不到解决,就达不到经济效率水平。因此,存在一个通过解决外部性问题来提高附加值与利润的机会。

在上述销售的例子中,解决外部性问题就是要解决销售人员对雇主来说的道德风险问题。阴影部分 abc 的面积代表解决道德风险问题所增加的附加值。因此,挑战就在于如何解决外部性问题。

■ 道德风险的程度

假设销售人员努力的边际薪酬恰好等于雇主从销售人员的努力中所获得的边际利润贡献。那么,销售人员将会选择达到经济效率的努力程度。在这种情况下,道德风险也就不存在了。

参见图 12-1,相对于雇主的边际利润贡献,销售人员的边际薪酬越低,他们的努力程度就越低,并且与达到经济效率的程度相距越远。

这个例子告诉我们,通过比较达到经济效率水平的行为与面临道德风险一方选择的行为之间的差距,可以衡量出道德风险的程度。二者的差异越大,道德风险程度就越高,解决道德风险问题而获得的附加值与利润就会越大。

> **进度检测 12A**
>
> 假设销售人员努力的边际成本在图 12-1 中有所上升。请画出新的边际成本曲线,并回答这种变化将如何影响以下因素?(a)销售人员努力的经济效率水平;(b)销售人员实际选择的努力程度。

肿瘤治疗的道德风险

2021 年 4 月 18 日,一名自称北京大学第三医院肿瘤内科医生的知乎用户"张煜医生",在知乎连发两条动态揭露"肿瘤治疗黑幕"。其痛批同行诱骗治疗致患者人财两空,并且呼吁国家早日设立医疗红线。张煜医生指出患者医疗维权难是发生不良医疗行为的原因之一:"患者作为弱势群体,往往只能选择相信医生而难以了解到治疗错误,甚至即使知道治疗错误却也无力反抗……"4 月 19 日,国家卫健委发文回应,将立即开展肿瘤治疗有关网络信息调查处置工作。

为什么患者是弱势群体呢?因为医生和患者之间存在信息不对称:医生有丰富的医学知识,对患者的病情更了解;而大量患者由于缺乏医学知识,对自身的病情并不十分了解。因此,在治疗过程中,大多数患者都会听从医生的治疗建议,这样就容易产生道德风险。某些医生以及医院会为了追求利润而劝患者接受不必要的治疗,其结果就是不少患者到最后人财两空。这就是所谓的道德风险。

延展问题:如何解决医疗服务中的信息不对称问题?

资料来源:"医生揭肿瘤治疗黑幕"背后:"过度医疗"问题谁来解?[EB/OL].(2021-04-21)[2022-10-19]. https://m.21jingji.com/article/20210421/herald/8136118a069f179035135f80d910516d_zaker.html.

高层管理者的道德风险

大型上市公司可能有很多不同类型的股东,包括持股数百万美元的养老基金与仅持有几百股份的个人。相对于股东而言,大型上市公司的高层管理者容易发生道德风险。股东主要关心其股份的价值。相反,CEO 和其他高管可能有不同的目标。

2010 年 4 月 20 日,英国石油公司位于墨西哥湾 Macondo Prospect 的石油钻井机 Deepwater Horizon 发生了爆炸。英国石油公司 CEO Tony Hayward 轻描淡写地描述了这起事故。他将墨西哥湾称为"大海洋",并声称此次事故对环境的影响非常有限。Hayward 先生由于在事故发生期间仍然乘坐游艇航行,受到广泛批评。

由于舆论的压力,Hayward 先生决定辞职。此后,英国石油公司的股票价格上涨了 4.85%,公司市值上升了 56 亿美元。

资料来源:BP chief Hayward 'negotiating exit deal'[EB/OL].(2010-07-25)[2022-10-19].www.bbc.com/news/business-10753573;BP oil spill:The rise and fall of Tony Hayward[EB/OL].(2010-07-25)[2022-10-19].www.telegraph.co.uk/finance/newsbysector/energy/oilandgas/7911546/BP-oil-spill-the-rise-and-fall-of-Tony-Hayward.html.

12.3 监管和激励

我们已经知道,解决道德风险问题就可获得收益。一般来说,解决道德风险问题有两种互补的方式。一种方法是采取监管、监控或其他方式收集面临道德风险一方的行为信息。另一种方法是通过激励措施,使面临道德风险一方与信息较少一方的利益一致。

监管体系和激励措施是组织架构的两个主要要素。二者之间可以互为补充。这是因为所有的激励措施都是基于可以被观察到的行为。可获得的信息越充分,激励措施可供选择的范围也就越广。

■ 监管

最简单的监管体系是客观的绩效考评,比如规定工作时间。然而,工作时间与努力程度毕竟不同。一个每天早晨 8 点上班、晚上 5 点下班的工人,可能在上班期间什么也不做。因而,雇主需要能提供更多信息的监管体系。

雇主们经常使用的另一种信息收集方法是督导。然而,督导全天候监管下属的做法并不经济。因此,督导只需采取随机检查的方法。在第 9 章中,我们已经讨论了随机行为的优势,同样的原理也适用于督导工作：督导应当采用随机而非有规律的方式对下属进行监督。

雇主也可以借助于顾客来监管员工的行为。顾客监管销售人员具有先天的优势。比如，销售人员花在与顾客打交道上的时间，往往比待在其雇主那里的时间多。雇主可以鼓励顾客汇报销售人员的表现。

绩效报酬

与监管体系相对应的是激励措施。激励措施通过绩效考评的方式来解决道德风险问题。该方法就是要在难以被观察的行为和可观察的绩效考评之间建立联系。一般来说，激励措施的实施范围取决于不可被观察的行为可以用哪些指标来考评。

雇主可以利用监管体系提供的信息为雇员设计激励措施。比如，秋月的雇主无法观察到秋月的努力程度，但却可以观察她的销售量。这样，就产生了基于秋月的销售量的激励措施。

一个最常用的激励方法是**绩效报酬**（performance pay），它是根据人员绩效考评的结果来支付报酬的。让我们考虑销售人员的绩效报酬。假设在初始阶段，秋月每月的固定薪金为 4 000 元。

> **绩效报酬**：根据雇员绩效考评的结果来支付报酬。

在固定薪金和没有监管的情况下，无论秋月多努力，都不能影响她的收入。她的个人努力的边际薪酬为零。在图 12-2 中，横轴代表固定薪金情形下销售人员的边际薪酬。在各个点上，销售人员的边际薪酬都低于她的边际成本。因此，固定薪金会使秋月最终选择零努力。

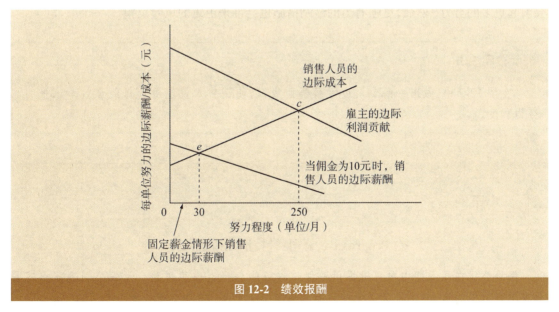

图 12-2　绩效报酬

现在，假设秋月每销售出一件商品，雇主就给她 10 元作为销售佣金。这实际上就是一个绩效报酬的例子。秋月销售的商品越多，她赚的也就越多。在这种激励机制下，她的个人努力程度的边际薪酬将变为正的。销售人员的个人边际薪酬曲线取决于她的努力程度如何影响销售额。

图 12-2 中还显示了在 10 元佣金下销售人员的边际薪酬曲线。在这条曲线与其边际成本

曲线的交点上,努力程度为30单位。在销售每件商品10元佣金的激励下,销售人员会选择30单位的努力程度。这样,佣金部分地解决了道德风险问题。

如果一种激励措施能够对雇员的努力提供较高的边际薪酬,那么该激励措施便是相对有力的。假设雇主为强化激励措施,将佣金提高到15元,那么雇员的边际薪酬曲线也将上移,该曲线与边际成本曲线的交点会更高。这说明,激励措施越强,雇员的努力程度就越高。

■ 风险

激励措施是将不可观察的行为用可观察的指标来衡量,并将其与薪酬挂钩,从而解决道德风险问题。但是,如果衡量指标不只受不可观察行为的影响,还受到其他因素的影响呢?这时,薪酬就会取决于其他因素。面临道德风险和不完全掌握其他因素信息的影响的一方将会面临风险。

举例来说,假设销售人员的佣金是按每月销售额计算的。除了销售人员的努力,实际的销售额可能还取决于整体经济形势、竞争和其他因素。销售人员不能决定其他因素。因此,佣金方案对销售人员来说存在风险。如果面临道德风险的一方对他的薪酬存在不确定因素,风险就会产生。

为达到经济效率,激励措施必须要在努力的动机与风险的成本之间做出权衡。风险的成本取决于三个因素:外部无关因素的影响、风险厌恶以及激励措施的强度。更强的激励措施会引起更多的努力。然而,更强有力的激励措施也会带来更重的风险负担。

进度检测 12B

在图12-2中,做出一条个人边际薪酬曲线,以使销售人员能够选择经济效率水平的努力程度。

小案例

Progressive 公司:科技消减道德风险

保险公司在承保期内向司机提供赔偿。这可能会产生道德风险。承保公司不能很容易地观测到司机的行为,可是又必须赔付损失和损毁。但是,信息交流技术改变了这一切。

美国机动车保险公司 Progressive 公司提供了一个名为 Snapshot 的移动应用程序。该应用程序可以记录司机的驾驶行为:检测加速、急刹车、夜间行驶以及行驶时手机的使用情况等。

在编写本书时,Progressive 公司给了新客户平均每人47美元的抵扣用以安装 Snapshot。在 Snapshot 的用户中,80%的用户由于安全驾驶又赚取了平均146美元的额外抵扣用以购买

保险,而余下的用户则需支付更高的保险费。

资料来源：Progressive insurance. Get snapshot from progressive[EB/OL].[2022-10-19]. www.progressive.com/auto/discounts/snapshot/.

12.4 套牢

当一方的行为会影响另一方却又不能被另一方观察到时,就会发生道德风险,与之相关的管理问题就是套牢。为了理解套牢的含义,我们假设月亮公司雇用了麦琪,让其负责日杂物品的送货服务。根据合同,麦琪每天早上8点和下午5点分别送两次货。然而,有一天月亮公司收到了特别多送货订单,于是不得不要求麦琪5点之后继续工作。麦琪趁机向月亮公司要求收取平时两倍的费用。

在这个例子中,麦琪利用了月亮公司的特殊需要,趁机谋取好处。**套牢(holdup)**是一方利用另一方对它的依赖而采取的相应行动。与道德风险不同的是,套牢并没有涉及信息不对称。比如,当月亮公司要求多配送一次时,麦琪公开要求收取两倍的费用。月亮公司能够清晰地观察到麦琪的行为,也就是这里没有涉及信息不对称。

> **套牢**：一方利用另一方对它的依赖而采取的相应行动。

麦琪的套牢行为产生的影响不仅仅是迫使月亮公司在这次配送中多付钱。未来潜在的套牢促使月亮采取预防性措施。比如,月亮公司可能限制每天的送货订单数量,或者干脆自己成立一个送货服务部门。这些预防措施将减少月亮公司的收入或增加其成本。

一般来说,只要有一方存在套牢的可能性,其他的相关方就会采取预防性措施来降低依赖度。这些措施不是减少收益,就是增加成本。也就是说,潜在的套牢减少了总价值,降低了经济效率。这就意味着可以通过解决套牢问题而提高附加值与利润。

■ 专用投资

有一种应对套牢的特殊预防性措施值得在此强调,那就是减少专用投资。假设为了优化配送效率,月亮公司需要为麦琪提供培训。这笔培训费是专用于培训麦琪的投资。如果麦琪退出公司,月亮公司则会失去培训所带来的收益。

专用率(specificity)是指专用投资移作他用时造成的投资损失百分比。例如,假设月亮公司必须花费400元用于培训,100元用于材料费。如果麦琪决定退出,那么培训投资的专用率为

> **专用率**：专用投资移作他用时造成的投资损失百分比。

$$(400) \div (400 + 100) = 80\%$$

任何资产,无论是有形资产还是人力资产,都可能是专用的。潜在的套牢会阻止任何形式的专用投资。如果能够防止套牢行为,相关方将会增加相关专用投资,由此可提高附加值

与利润。

不完善合同

假定月亮公司和麦琪之间的协议明确说明月亮公司有权要求麦琪额外送货并支付相应的报酬。这样,麦琪再也不能套牢月亮公司了。一般来说,套牢的可能性取决于合同的完善程度。

> **完全合同**:会详细说明在每种可能出现的情况下有关各方的行为的合同。

一份**完全合同**(complete contract)会详细说明在每种可能出现的情况下有关各方的行为。反之,如果没有说明在某些可能出现的情况下各方的行为,则该合同是不完全合同。合同说明的行为可能包括应支付的款项。

一般来说,合同的不完全程度取决于潜在的收益与成本。一个因素是投资额度。投资数额越大,相关各方准备合同时投入的努力就越多。假设月亮公司出售乳制品和小文具。乳制品是月亮公司销售额的主要来源,比小文具更加重要。因此,相比于小文具,月亮公司应该与乳制品的供应商签署一份更加详尽的合同。

另一个因素是潜在的意外情况:乳制品易腐烂,并且销售量大。因此月亮公司需要频繁供货。此外,乳制品的供应环节更容易受到诸如坏天气、运输状况、劳工纠纷等因素的影响。因此,月亮公司更需要保证乳制品的供应。这就意味着它需要一份能涉及更多细节的合同。

> **进度检测 12C**
>
> 各方在确定合同的详细程度时,应该考虑哪些因素?

 小案例

保险理赔难:不完善的保险合同引发理赔纠纷

每张保单都是一份经济补偿合同,索赔是消费者的核心权益,也是保险消费的初衷。"投保容易理赔难"曾一度成为中国民众对保险公司的普遍印象。其中一个影响保险理赔的因素就是保险合同条款存在诸多"瑕疵",也就是不完善的保险合同容易引起理赔纠纷。

比如"刘相喜与被告中国人寿保险股份有限公司蒲城支公司意外伤害保险合同纠纷一案"中,原告在家用电锯锯树枝时,左手手指不慎被电锯锯伤,后被送往县医院急救中心急救,被告以原告未在指定医院住院治疗为由拒赔。原、被告的保险合同条款虽约定原告遭受意外伤害,并因该意外伤害在二级以上(含二级)医院或被告认可的其他医疗机构诊疗,被告才承担赔偿责任,但结合本案实际情况,原告在手指已断离的紧急情况下,首先至被告指定的医院治疗,在该指定医院无法治疗的情况下,遂转往非指定医院治疗。法院认为,原告的该行为是为了及时保护自己的人身健康权利,非故意违反双方合同约定,被告若据此不予赔偿,显然有失公平原则,故判决被告支付保险金。

从以上例子可以看出:保险合同并未规定在指定医疗机构无法治疗的紧急情况下,患者被送往非指定医院进行紧急治疗的理赔条款。因此,这种不完善的合同容易引发理赔纠纷。

资料来源:贾辉,孙宇杰.保险合同"猫腻"之格式条款问题研究[EB/OL].(2021-04-08)[2022-10-19].http://www.dehenglaw.com/CN/tansuocontent/0008/021178/7.aspx? MID=0902&AID=.

 小案例

新冠疫苗:合同的重要性

欧盟和英国都签署了购买新冠疫苗阿斯利康的合同。阿斯利康满足了英国的订购量,但是没有满足欧盟的订购量。2021年1月到3月,阿斯利康只向欧盟供应了合同所承诺的1/3的疫苗量,也就是3 000万支疫苗。2021年4月,欧盟起诉阿斯利康违背合同,也就是本应在6月前供应1.2亿支疫苗的承诺并未实现。

欧盟和英国所签署的合同的不同解释了结果的不同。英国所签署的合同更加具体并且对购买者是有利的。如果阿斯利康和它的下属承包商在供应过程中发生了延迟,英国政府可以停止合同并进行惩罚措施。相比之下,欧盟的合同允许阿斯利康在延迟交货时保留货款以及不支付由于延迟所产生的损失费用。

另外,英国的合同遵循英国法律,有精准的用词。而欧盟的合同遵循比利时法律,认为合同两方都要尽力做到最好并善意行事。

资料来源:Covid vaccine: Why did EU take AstraZeneca to court? [EB/OL].(2021-06-19)[2022-10-19]. www.bbc.com/news/56483766; Isaac, Anna, and Jillian Deutsch. How the UK gained an edge with AstraZeneca's vaccine commitments [EB/OL].(2021-02-22)[2022-10-19]. www.politico.eu/article/the-key-differences-between-the-eu-and-uk-astrazeneca-contracts/.

12.5 所有权

套牢问题可以通过改变相关资产的所有权来解决。**所有权(ownership)** 是指剩余控制权(residual control),也就是那些没有出让的权利。

> **所有权**:指剩余控制权,也就是那些没有出让的权利。

为了解释剩余控制权的含义,我们假设月亮公司贷款购买了一辆送货车。银行对货车进行了抵押。这意味着,一旦月亮公司不能及时偿还贷款,银行将通过法律手段成为货车的所有人。这是月亮公司通过签订合同出让给银行的一项权利。

作为货车的所有者,月亮公司享有控制权。这就是说,它仍然拥有去除合同出让权利后的一切权利。比如,它有权将货车出租给其他快递公司,等等。

所有权的转移意味着将剩余控制权转移给另一方。假如月亮公司将卡车卖给另一家公司,则以前归月亮公司所拥有的权利现在全部归这家公司所有。

▌剩余收入

> **剩余收入**:支付了所有开支后的剩余收入。

剩余控制权的一个方面需要特别强调。资产所有者有权从该项资产中获得**剩余收入**(residual income),也就是支付了所有开支后剩余的收入。

为了解释这一点,我们假定月亮公司将货车出租给索利斯公司并每月收取 2 000 元租金。月亮公司的花费包括 1 000 元的利息以及本金的支出,以及其他税和杂项费用 100 元。作为货车的所有者,月亮公司的每月剩余收入为 2 000-1 000-100 = 900 元。

这意味着,作为剩余收入的收取方,资产所有者获得了收入和成本变动的所有收益。比如,如果月亮公司能将租金提高 100 元,那么它的利润也将增加 100 元。同理,如果月亮公司能够减少 50 元的支出,那么它的利润也将增加 50 元。

因此,资产所有者有充分的激励最大化资产价值。其他方则没有此动力。如果关于其他方的行为的信息是不对称的,则相对于资产所有者来说,它们将面临道德风险。即使不存在信息不对称,它们也可能会利用资产所有者的依赖套牢资产所有者。

▌纵向整合

> **纵向整合**:处于两个连续生产阶段的资产合并归属在同一所有权之下。

纵向整合(vertical integration)是指处于两个连续生产阶段的资产合并归属在同一所有权之下。在同一所有权下,所有者有充分的激励促使合并后的资产达到价值最大化。相反,在分开的所有权下,每个资产所有者只会最大化自己的资产价值,甚至可能给其他资产所有者带来损失。

纵向整合是由上至下整合还是由下至上整合,取决于所要整合的生产阶段离最终消费者的远近。例如,假设某超市兼并了一个快递公司,因为快递公司按产品阶段划分离最终的消费者更近,因而这是一个由上至下的纵向整合的例子。相反,如果超市兼并一个奶牛场,则这是一个由下至上的纵向整合的例子。

由下至上的纵向整合的决策通常牵涉"制造还是购买"的决策。超市既可以从奶牛场那里买牛奶,也可以自己购买一个奶牛场从而自行提供所需的原料。

同理,由上至下的纵向整合的决策可能牵涉"出售还是使用"的决策。奶牛场既可以将它的产品出售给食品生产商,也可以建立自己的工厂并将牛奶作为原料用于生产加工食品。

纵向整合或纵向瓦解(vertical disintegration)改变了资产所有权,从而改变了剩余控制权和剩余收入权的分配。正如我们将在下节中所要讨论的,这一改变又将进一步影响道德风险的程度和潜在的套牢。

> **进度检测 12D**
>
> 解释由上至下的纵向整合与由下至上的纵向整合有什么区别。

蔚来造车

中国电动车制造商蔚来（NIO）专注于生产高端电动车。蔚来将车型为 ES8、ES6 以及 EC6 的模型外包给位于安徽省合肥市的江淮汽车集团生产。江淮汽车集团属于国有企业并且负责生产德国大众（Volkswagen）公司的电动车。

江淮汽车建造了一个产能为每年 100 000 辆的工厂。蔚来同意向江淮汽车所生产的每辆车支付一笔费用并且补偿其前三年的运营损失。2018 年至 2020 年，蔚来共支付了 7.784 亿元的车辆生产费用以及 4.555 亿元的补偿费。2020 年 5 月，蔚来又将该协议延长三年，并且江淮汽车的产能也增加到每年 240 000 辆。

与此同时，合肥市政府投资了 70 亿元现金给蔚来中国。蔚来同意向蔚来中国（NIO China）注入其价值为 177.7 亿元的中国业务和资产以及 42.6 亿元的现金。

资料来源：蔚来公司（NIO Inc）2018 年及 2020 年年报；NIO Inc. NIO announces renewal of joint manufacturing arrangements［EB/OL］.（2021-05-24）［2022-10-19］. https://ir.nio.com/news-events/news-releases/news-release-details/nio-announces-renewal-joint-manufacturing.

12.6 组织架构

在第 1 章中，我们讨论了企业的纵向和横向边界。如果一家电动车制造商也生产电池，那么它的纵向整合程度要比那些购买电池的电动车制造商更高。一家汽车制造商如果既生产小型汽车，又生产货车，那么该制造商的横向边界就比那些只生产小型汽车的生产商要宽。

横向和纵向边界只是衡量组织架构的两个属性。组织架构还包括所有权的分配、激励措施与监管体系。从管理经济学的角度来说，组织架构取决于四个因素的平衡以及解决这四个问题的机制：

- 套牢；
- 道德风险；

> **组织架构取决于四个因素的平衡**：套牢、道德风险、内部市场力以及规模经济和范围经济。

- 内部市场力;
- 规模经济和范围经济。

前面我们讨论了解决套牢和道德风险问题的具体方法。这里我们将考虑所有权如何影响套牢、道德风险、内部市场力以及规模经济和范围经济。

■ 套牢

考虑怎样通过变更相关资产所有权来解决套牢问题。回忆一下,当月亮公司突然通知麦琪需要加班完成配送工作时,麦琪可能索要更高的补偿,因此月亮公司就可能会让其他员工来进行配送工作。

但如果麦琪是一个独立的快递承包商并拥有自己的货车呢?那么月亮公司不仅需要找一个员工还需要再找一辆货车来完成配送。这就比仅仅只找一个员工的成本要高得多。另外,作为货车的所有者,麦琪可以更容易地找到另一份工作,并更有可能做出套牢行为。

因此,如果月亮公司拥有一辆货车,那么这就会大大减少被套牢的可能性以及被套牢时所产生的成本。通过相关生产阶段的纵向整合,套牢行为的潜在可能性可以被削弱。

■ 道德风险

资产所有权的变更也会影响道德风险的程度。如果月亮公司与一家仓库签订合同来储存所配送的货物,那么仓库的所有者得到了剩余收入。如果仓库付出额外的努力,它就会得到额外的利润贡献。因此,权衡边际利润贡献和边际成本后,仓库将会选择达到经济效率的努力程度。

现在,假设月亮公司买下了仓库并且雇用了前仓库所有者作为经理。对于一个不拥有企业的员工来说,他就会面临道德风险。

纵向整合变更了所有权。因此,相对于雇主来说,雇员面临道德风险的程度更高,纵向整合将加剧道德风险的程度。

■ 内部市场力

所有权的变更将影响内部资源生产部门的卖方市场力和内部产出使用部门的买方市场力。如果月亮公司建立了自己的仓库,它一定倾向于用企业内部的服务而非外部供应商的服务。

然而,对内部供应商的偏好却可能导致内部垄断的出现。在第7章中,我们曾经指出,拥有市场力的卖方会限制产量并提高价格。内部供应商同样可能利用它的市场力来提高价格。这样一来,整个组织作为一个整体,将会发现内部供应商的成本可能会高于外部供应商,而这一高成本必须由组织来承担。

解决内部垄断问题的一个有效办法是:当内部供应商的成本超过了外部供应商时,企业立即采取外包政策。外包是指从外部购买产品或服务的行为。它使得企业内部的供应商必须遵守市场竞争规律，从而限制了内部供应商的成本偏离市场竞争水平的程度。

类似地，如果在一个组织内部，上游的某个生产实体仅仅为下游的产品服务，那么下游的生产实体就有了买方垄断力。如第 7 章所述，如果一个买方有市场垄断力，它将会通过限制购买量来降低价格。如果制定一项政策，规定一旦外部市场价高于内部转让价，就可以向外部销售，则能够避免组织内部买方垄断力的产生。

■ 规模经济和范围经济

所有权变更还会影响规模经济和范围经济。回忆一下第 6 章的内容，一旦出现规模经济，生产规模更大时的平均成本会更低。一般来说，内部供应商要比外部供应商的生产规模小。这样，就有必要考虑平均成本将如何根据生产规模的变化而变化。

例如，在月亮公司的例子中，它对存储的需求相对有限。如果月亮设立自己的仓库，它的使用率会相当低。相反，外部仓库可以让工人和设备整日运作。因此，外部供应商的仓库利用率更高，从而平均成本更低。在某种程度上而言，向外部供应商购买服务的做法可能会降低成本。

从第 6 章中我们还了解到，如果范围经济涉及两种产品，那么这两种产品在一起生产时的总成本一定低于单独生产的成本之和。范围经济解释了物流服务的增长。同时提供仓储和配送要比那些专营仓储或配送的公司成本更低。

范围经济是支持组织横向边界扩展的一个重要因素。然而，对于一个独立的企业来说，范围经济也有相反的作用。如果企业已经生产一种产品，那么它可以通过生产另一种产品来降低总成本。然而，如果企业并不生产任何一种产品，那么范围经济意味着，企业最好将两种产品的生产都进行外包。

■ 均衡

组织架构取决于四个因素——套牢的程度、道德风险的程度、内部市场力、规模经济和范围经济的程度——之间的平衡，以及解决这些问题的方式。具体来说，签订更为详尽的合同可以解决套牢问题，激励和监管可以解决道德风险问题，外包与外卖行为可以解决内部市场力问题。通常来说，达到经济效率水平的解决方案是所有这些策略的组合。

让我们用两个例子来说明这一理论框架的意义。一个例子涉及组织架构的纵向边界，另一个例子涉及组织架构的横向边界。这两个例子说明同样的理论框架既适用于组织架构的横向边界，又适用于它的纵向边界。

很多企业都会考虑是该"购买还是制造"信息技术服务。正如图 12-3 所示，这一决策取决于四个方面因素的平衡。两个因素倾向于"制造"：一个因素是，在某些情况下，潜在的套牢并不会因为签订了更详细的合同而有效减少；另一个因素是，在某些情况下，内部供应商在提供信息技术服务方面会实现范围经济。

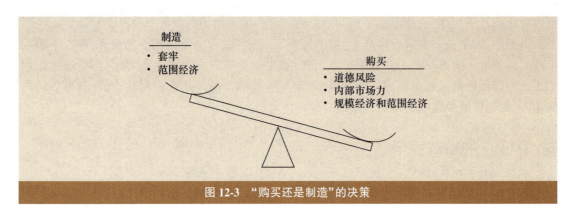

图 12-3 "购买还是制造"的决策

有三个方面的因素都倾向于"购买":首先,有时激励措施和监管体系并不能有效地解决企业内部信息技术队伍所面临的道德风险问题;其次,有时外包政策也不能有效地减少内部市场力;最后,有时组织内部在提供信息技术服务方面不能实现规模经济以及范围经济。

关于"购买还是制造"的决策,涉及组织的纵向边界问题。一个组织也必须考虑它的横向边界。例如,做客车业务的组织是否应该同时涉足卡车业务?由于这两项业务不是纵向相关的,套牢与内部垄断势力不是主要的决定因素。有利于兼营的因素是范围经济,但不利因素是有时激励措施和监管体系并不能有效地解决卡车运输小组的道德风险问题。

进度检测 12E

在进行"购买还是制造"的决策时,需要考虑哪四个因素?

 小案例

合同和所有权:内华达州的超级工厂

在内华达州的超级工厂,松下制造锂离子电池,然后再由特斯拉为 Model 3 以及 Model Y 组装电池。2020 年 6 月,在达到了特定的里程碑后,特斯拉和松下续签了 10 年的制造协议。特斯拉也同意在未来 2 年以特定的价格购买松下的产品。

3 个月后,松下宣布它将升级在内华达州的生产线来采用一种更加节约成本的电池技术,并且增加 14 条生产线。而特斯拉宣布了它的长期计划是自己制造锂离子电池。

因为松下在特斯拉的超级工厂生产制造锂离子电池,所以特斯拉更容易监管松下以及协调生产,但是这也使得松下暴露在套牢风险中。然而,以特定价格购买松下电池的协议可以解决一部分套牢问题。

另外,特斯拉还是更倾向于纵向整合。它宣布了长期计划是自己制造锂离子电池,因为这样"会更加有效率,也可以大规模地生产以及降低生产成本"。设置自己的内部制造部门是

一项策略性行为,这将会避免外部制造商松下定价过高。

波音公司的 Charleston 工厂:计划之外的购买

波音公司开始实施一项与原有计划有较大偏离的方案:波音公司 CEO Harry Stonecipher 和波音商用飞机公司总裁 Alan Mulally 决定将 787 飞机绝大部分的设计和建造外包出去,波音公司只专注于最后组装部分。这一新战略将减少波音公司生产方面的资产需求,从而提高波音公司的净资产回报率。

波音公司与 Vought Aircraft Industries 签订了合同。Vought 将在南卡罗来纳州的 Charleston 工厂进行 787 机身两部分的设计与建造。波音公司还与 Vought 及意大利 Alenia 的合资公司签订了合同,让它们参与机身各部分初步的组装;随后它们将把机身部件送到波音做最后的组装。

Vought 为一家叫 Carlyle 集团的私募投资者所拥有。然而,由于技术和资金问题,Carlyle 集团不愿意再追加投资,而是想卖掉 Vought。Vought 的 CEO Elmer Doty 解释说:"该项目的资金需求的增长显然超过了像我们这种规模的公司所能承受的范围。"

2008 年,波音公司购买了 Vought 与 Alenia 的合资公司的股份。最终,在 2009 年 7 月,为了解决套牢问题,波音公司再次采取纵向整合,耗费 10 亿美元从 Vought 收购了 Charleston 工厂。

资料来源:Boeing's buy of 787 plant will cost ＄1b[EB/OL]. (2009-07-07)[2022-10-19]. www.seattletimes.com/business/boeings-buy-of-787-plant-will-cost-1b/.

知识要点

- 当双方有利益冲突时,如果一方的行为会影响另一方却又不能被另一方观察到,就会发生道德风险。
- 可通过监管和激励解决道德风险问题。
- 套牢是一方利用另一方对它的依赖而采取的相应行动。
- 通过详细的合同、避免专用投资以及纵向整合可解决套牢问题。
- 所有权是指剩余控制权,也就是那些没有出让的权利。
- 纵向整合是指处于两个连续生产阶段的资产合并归属在同一所有权之下。
- 可以运用组织架构来平衡套牢、道德风险、内部市场力以及规模经济和范围经济。

复习题

1. 以你所处的企业或组织为例,解释组织架构的含义。
2. 解释以下案例中的道德风险问题:秋月刚刚给她的车买了汽车保险。保险包括由任何原因导致的损失,包括失窃。秋月的保险公司担心秋月是否会因此而减少汽车的防窃措施。
3. 考虑各方的收益与成本,解释为什么消除道德风险可以获取更多的利润。
4. 对于房产的出售者而言,为什么向中介支付佣金,即按照房屋售价百分比提成,比按小时支付报酬更好?
5. 解释监督和激励之间的关系。
6. 假设你的薪酬方案包括公司的股份,这部分股份三年后才能兑现。分析你所要承担的风险。
7. 给出一个套牢的例子。解释可以预防套牢的方案。
8. 潜在的套牢将如何降低交易和业务关系的价值?
9. 飞燕是一名飞行员,下面的哪项投资是更为专用化的投资?(a)为管理者设置的MBA培训项目;(b)航空公司飞行管理系统培训。
10. 为什么企业家会故意签订一些不完全的合同?
11. 以一家公司的实例,解释剩余控制权与剩余收入权。
12. 纵向整合是如何影响道德风险的?
13. 一家汽车制造商曾经受到来自电子产品供应商的套牢。该汽车制造商应该自己生产电子产品吗?
14. 外包如何解决内部供应商的市场力问题?
15. 解释范围经济在横向整合(horizontal boundaries)决策上扮演的角色。

讨论案例

1. 新加坡国立大学为大学雇员提供门诊医疗保险。最初,该保险计划包括经全科医生批准的整个治疗和药品的账单,个人只需要支付5新加坡元的共付费用(copayment)。
   (a) 构建一个图形,横轴表示医疗保健(包括治疗和药品)的数量,纵轴表示医疗保健的边际收益及边际成本。画出病人的边际收益和边际成本曲线,以及保险公司的边际成本曲线。
   (b) 比较病人所选择的医疗水平及当病人利益与保险公司的成本的差值最大时的医疗水平。
   (c) 5新加坡元的共付费用将如何影响病人选择下列两种方案?(i)治疗和一种价值25新加坡元的普通药品;(ii)治疗和一种价值50新加坡元的品牌药品。
   (d) 假设新加坡国立大学将5新加坡元的共付费用改为10%的共付费用。用图形阐释这将如何影响病人对医疗方案的选择。
2. 美国机动车保险公司Progressive公司提供了一个名为Snapshot的移动应用程序。该应用程序可以记录司机的驾驶行为。Progressive公司给了新客户平均每人47

美元的抵扣用以安装 Snapshot。在 Snapshot 的用户中，80%的用户由于安全驾驶又赚取了平均 146 美元的额外抵扣用以购买保险，而余下的用户则需支付更高的保险费。

(a) 为什么 Progressive 公司要给客户抵扣用以安装 Snapshot？

(b) 用 Snapshot 来阐述监管和激励。

(c) 调整图 12-2 来解释 Snapshot 对道德风险的影响。

(d) Snapshot 不是强制安装的软件。那 20%需要支付更高保险费用的司机是否应该选择不安装该软件？如果这样的话，Progressive 公司应该如何调整保险费用？

3. Mapletree Commercial Trust 拥有新加坡最大的商场——怡丰城。怡丰城与 Mapletree Investments 签订合约共同管理这个商场，负责停车场以及清洁、安全和其他常规服务。商场的零售租户支付两部分的租金：一部分为固定租金，另一部分为基于零售租户销售额的可变租金。

(a) 怡丰城的经理相对于租户面临怎样的道德风险？

(b) 可变租金如何将业主和租户的利益一致化？

(c) 理想情况下，可变租金应该以租户的总收入还是净收入（总收入减去出售产品的成本）为基础？

4. 养老基金信托可能被规定只能投资于特定信用评级（例如 AAA 级）的证券。为了吸引这些投资者，发行结构性金融产品的投资银行必须满足信用评级的要求。信用评级机构，如惠誉评级、穆迪投资者服务、标普评级服务等将对一个证券做出评级，并且在该证券发行后的整个生命周期中持续更新评级。评级机构收取发行商评级费用和更新评级费用。

(a) 考虑一个要发行结构性金融产品的投资银行的经理们，他们会更关注初始评级还是更新评级？

(b) 如果投资银行经理的任期均较短，你在(a)中的答案如何改变？

(c) 信用评级机构对结构性金融产品评 AAA 级的激励措施是什么？

(d) 哪一方将更多地受到不准确更新评级的影响？发行商还是评级机构？

5. 土耳其能源集团 Karadeniz Holding AŞ 使用发电船发电。2010 年 5 月，第一个漂浮发电站 Doğan Bey 驶向伊拉克并为巴士拉发电。2018 年，它移动到西非并为塞拉利昂发电。

(a) 漂浮发电站这项专用投资是如何与沉没成本联系起来的？

(b) 解释专用投资的概念是如何与建造发电站设施联系起来的？

(c) 套牢问题对于长期回本的投资来说会更严重吗？

(d) 你认为对于政治风险更高的国家，漂浮发电站的需求是更大还是更小呢？解释原因。

6. 总投资 46 亿欧元的北欧天然气管道将俄罗斯中部的天然气输送到德国。2006 年 1 月，Gazprom 公司与 BASF 公司签订了一份 8 亿立方米天然气的合同，有效期从 2010 年到 2020 年。随后，2006 年 8 月，Gazprom 公司与 E.ON 公司签订了一份为期 15 年、价值 40 亿美元天然气的合同，有效期从 2020 年到 2035 年。

(a) 为什么对于 Gazprom 公司来说，在正式开工之前签订这些合同非常重要？

(b) 对于 Gazprom 公司来说，与德国顾客签订一份初始期 5 年、随后再续签的合同，和签订一份长期合同一样好吗？

(c) 这些合同需要明确规定天然气价格

还是留到以后再来协商价格？

(d) 德国公司同样购买了管道的一部分股票。这将如何有助于解决潜在的套牢问题？

7. 欧盟和英国都与阿斯利康签署了购买新冠疫苗的合同。如果阿斯利康和它的下属承包商在供应过程中发生延迟，英国政府可以停止合同并进行惩罚措施。相比之下，欧盟的合同允许在延迟交货时保留货款以及不支付由于延迟所产生的损失费用。

(a) 如果你是阿斯利康的管理者并面临产能限制，解释你会优先供货给欧盟还是英国。

(b) 比较你预期中与欧盟的签约价格和与英国的签约价格。

(c) 欧盟也与辉瑞、BioNTech 以及其他制造商签署了购买疫苗的合约。这会如何降低潜在的套牢行为？

(d) 阿斯利康将新冠病疫苗的生产外包给其他制造商。讨论这些承包商是否可能存在与产品质量相关的道德风险。

8. 波音与 Vought 飞机工业公司签订了合同。Vought 将在南卡罗来纳州的 Charleston 工厂进行 787 机身两部分的设计和建造。当 Vought 遇到技术和资金困难时，Vought 的拥有者 Carlyle 集团不愿意追加投资，而是设法卖掉 Vought。2009 年 6 月，波音耗费 10 亿美元从 Vought 处收购了 Charleston 工厂。

(a) 解释波音对 Vought 的依赖以及 Vought 对波音的依赖。

(b) 从套牢的角度解释 Carlyle 集团拒绝追加投资的原因。

(c) Carlyle 集团接触了几位潜在买方。为什么波音愿意比其他潜在买方支付更多？

(d) 外包商潜在的套牢可能导致制造商与两个外包商签订合同。实践上称为"两位供应商"。解释从规模经济角度来看，为什么两位供应商可能是低效的？

9. 在内华达州的超级工厂，松下生产锂离子电池而特斯拉则为 Model 3 和 Model Y 组装电池。2020 年 6 月，特斯拉和松下续签了 10 年的制造协议。特斯拉也同意，在未来 2 年以特定的价格购买松下的产品。

(a) 特斯拉面临什么样的套牢问题？

(b) 松下在特斯拉的超级工厂生产电池，这会如何解决这个套牢问题？

(c) 松下面临什么样的套牢问题？

(d) 特斯拉预先购买松下电池的合同是如何解决这个套牢问题的？

(e) 为什么预先规定价格是很重要的？

第 13 章
管 制

学习目标

- 理解自然垄断的条件,以及政府应该如何对垄断进行管制;
- 理解潜在竞争市场的条件,以及政府应该如何鼓励竞争;
- 理解政府应该如何管制信息不对称的市场;
- 理解政府应该如何管制外部性;
- 认识解决全球外部性问题需要多边合作;
- 理解如何管制由需求和供给相机而定的外部性。

13.1 引言

2019 年,亚马逊创始人杰夫·贝索斯与法国气象科学家克里斯蒂娜·菲格雷(Christiana Figueres)联合发表《气候宣言》(The Climate Pledge)。该宣言的目标是企业要在 2040 年达到零碳排放的目标。亚马逊自己也宣称到 2025 年实现 100%使用可再生能源,到 2030 年实现一半的运输排放减至零,购买 100 000 台电动运输车辆,并且投资 20 亿美元来降低碳排放与保护自然。

截至 2021 年 4 月,已经有超过 100 家企业签署了《气候宣言》。最近的一些签署企业包括阿拉斯加航空(Alaska Airlines)、高露洁-棕榄(Colgate-Palmolive)、喜力(Heineken)、百事可乐(PepsiCo)、西班牙电信(Telefónica),以及维萨(Visa)。①

本章将阐述在买方与卖方各自独立、自私地行动而边际收益与边际成本不相等时,政府的作用。因为"看不见的手"失灵了,某些资源配置没有达到经济效率水平。

如果个体行动无法解决经济无效率这个问题,那么政府就应该考虑发挥作用。如果政府可以弥合边际收益与边际成本之间的差距,那么社会附加值就会增加。

为了理解政府管制的作用,我们将讨论导致经济无效率的多种原因:市场力、信息不对称与外部性。在每一种经济无效率的情况下,我们将分析政府干预的条件以及适当的管制形式。

温室气体将热量困在大气中并使地球变暖。温室气体的最大的人为产生来源是燃烧释放二氧化碳的化石燃料。这些排放对(现在和未来的)所有人施加了负外部性。

亚马逊和其他一些企业都认识到这一外部性。《气候宣言》有助于它们为监管碳排放做好准备。在撰写本书时,包括欧盟、中国、日本、韩国、加拿大以及美国加利福尼亚州、马萨诸塞州和华盛顿州在内的主要经济体已经开始对碳排放进行监管。

随着时间的推移,对碳排放进行更广泛和更严格的监管将成为一种趋势。企业需要投资,尤其是些"长寿"的企业。因此,预测未来的监管政策以及做出相应的计划对于企业未来的投资发展至关重要。

13.2　自然垄断

自然垄断市场:只有一个供应商时,该产品的平均成本达到最小化的市场。

如果某产品市场在只有一个供应商时,该产品的平均成本达到最小化,那么该市场则是一个**自然垄断市场**(natural monopoly)。从本质上来讲,相对于需求而言,自然垄断市场的规模经济或范围经济较为显著。

举例来说,电力是通过电网输送的。假设一座城市中有两家竞争的电力供应商,它们拥有独立的设备。这样,就会有两套电网铺进每一个家庭、每一间办公室以及每一家工厂。在供电行业中,允许行业竞争的存在就可能意味着重复建设导致的浪费。

其他自然垄断的例子包括宽带业务、水与燃气的配送以及污水收集。在上述市场中,相对需求而言,规模经济都很显著,因此供应的平均成本在只有一个供应商的情况下最小。

如果一个市场是自然垄断的,政府就需要限制竞争,并将专营权授予单一供应商。这将保证达到生产平均成本最小化的条件。

控制垄断的两种方法:政府所有并运营;政府对商业企业进行管制。

然而,垄断者可能利用其独占权来提高价格,损害顾客的利益。价格上升可使边际收益大于边际成本。因此,为了确保经济效率,政

---

① 此讨论基于以下资料:The Climate Pledge celebrates surpassing 100 signatories[EB/OL].(2021-04-21)[2022-10-19]. www.aboutamazon.com/news/sustainability/the-climate-pledge-celebrates-surpassing-100-signatories.

府必须控制垄断。政府可以通过两种方法控制垄断：
- 政府可以自行拥有并经营该企业，并使其在经济效率水平下运行。
- 政府可以将垄断专营权授予一家商业企业，并对该企业进行管制。

政府所有制

原则上，政府拥有企业所有权和专营权似乎是确保经济效率最简单、最直接的方式。然而，在实践中，所有的政府所有制企业都比较容易产生经济无效率的现象。因此，通过政府所有制实现经济效率的目标就会失败。

经济无效率的一个原因是政府所有制企业更易于受到雇员的控制，以至于企业更多的是为雇员服务而不是为消费者服务。受雇员控制的一些现象包括高薪和冗员，这两种情况都会提高生产成本。

经济无效率的另一个原因是政府所有制企业的投资基金依赖于政府。政府预算必须为各项服务（从社会福利到军备开支等）提供资金。政府所有制企业必须与其他公共需要就预算的分配展开竞争。这就有可能无法确保投资在经济效率水平上运行。

由于政府所有制的局限性，全球掀起了政府所有制企业私有化的浪潮。**私有化**（privatization）意味着将所有权从政府转向私人企业。但这并不一定意味着允许竞争。事实上，许多私有化企业在它们所在的市场上是垄断者。

> **私有化**：将企业所有权从政府转向私人企业。

价格管制

由第5章我们可知，任何产品和服务的供给将在边际收益等于边际成本的水平上达到经济效率水平。假设政府将电力供应的独家专营权授予木星公司。木星公司的成本包括固定成本和每兆瓦时40元的不变边际成本。图13-1显示了电力的供应成本和需求。

假设政府要求供应商将价格设定为等于边际成本的水平，并按照市场需求量进行供给。参见图13-1，在每个可能的需求量上，价格都等于边际成本。事实上，该政策迫使供应商如同完全竞争的供应商一样进行经营。该政策被称作**边际成本定价**（marginal cost pricing）。

> **边际成本定价**：供应商必须将价格设定为等于边际成本的水平，并按照市场需求量进行供给。

需求曲线与边际成本曲线相交于点 a。如果木星公司将价格设定为每兆瓦时40元，市场需求量为10 000兆瓦时。在边际成本定价的管制下，木星公司必须满足需求量。也就是说，它必须供应10 000兆瓦时的电力。此时，顾客的购买量使得价格等于边际收益。这样，边际收益就等于边际成本，即满足了经济效率水平的条件。

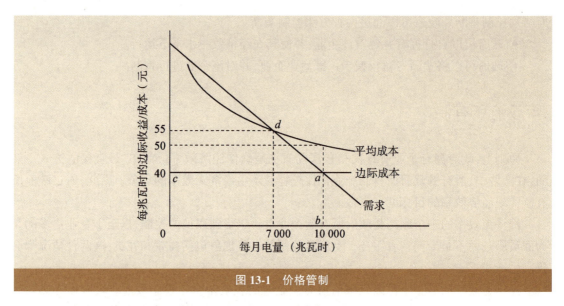

图 13-1　价格管制

边际成本定价在实施上存在两个挑战。一个挑战是,在边际成本定价下,供应商可能面临损失。木星公司的收入由 $0bac$ 的面积表示,也就是每月 40 元×10 000＝40 万元。电力产量为 10 000 兆瓦时的平均成本是每兆瓦时 50 元,也就是说,总成本为每月 50 元×10 000＝50 万元。在边际成本定价管制下,供应商遭受的损失为每月 50 万－40 万＝10 万元。

因此,政府必须每月提供 10 万元的补贴,以保证供应商财务的正常运转。在这种情况下,补贴是实现经济效率水平的必要条件。然而,监管者必须为提供该补贴筹集资金。

如果政府不愿意提供补贴,那么又应该如何管制木星公司呢？在允许供应商实现收支平衡的情况下,最接近达到经济效率水平的政策是**平均成本定价**（average cost pricing）。在平均成本定价政策下,供应商必须将价格设定为等于平均成本的水平,并按照市场需求量进行供给。此时,供应商恰好能达到收支平衡。将平均成本定价运用于木星公司,电价就为每兆瓦时 55 元,木星公司每月需提供 7 000 兆瓦时电力。

平均成本定价: 供应商必须将价格设定为等于平均成本的水平,并按照市场需求量进行供给。

价格管制的另一个挑战是获得有关供应商成本的信息。专营商有很强烈的高报其生产成本的意愿。这样监管者会允许一个较高的价格,从而供应商能够增加其利润。事实上,监管者与专营商的信息是不对称的。正如第 11 章介绍的那样,如果不及时解决信息不对称的问题,将导致经济效率低下。

进度检测 13A

如图 13-1 所示,假设需求增加,这将如何影响最优价格？

回报率管制

在价格管制的情况下,监管者需要掌握有关专营商成本的信息。然而,专营商可能会高报成本以使监管者批准更高的价格。而另一个办法就是管制专营商的回报率。这种策略避免了成本问题,而将焦点集中在专营商的利润上。这种管制策略允许专营商自由定价,但要求专营商不能超过限定的最高利润。

采用回报率管制策略时,监管者规定了专营商的最高利润,最高利润用回报率基数乘以最高回报率计算。**回报率基数**(rate base)可以由资产或股本确定。当专营商的利润超过了此最高回报率时,它就必须降低价格。

回报率基数:用以计算专营商回报率上限的资产或股本。

举例来说,假设木星公司受回报率管制,限定其最高回报率为12%,而资产基数为5 000万元。这样,木星公司受限的最高利润则是每年12%×5 000万=600万元。

回报率管制在实施上存在三个挑战:

- 第一个挑战是设定合理的回报率。一般来说,回报率基数通常是较大的数额,因此回报率的细微差异将会导致很大的利润差异。由于专营商为垄断经营,市场上几乎不存在可参照的企业。因此如何设定合理的回报率是个难题。
- 第二个挑战是确定什么样的资产是提供管制服务所需要的资产,因而需被纳入回报率基数之中。专营商会想方设法列出最多的资产以提高自己的利润。
- 第三个挑战是在回报率基数内专营商有动力在超过经济效率的水平上进行投资。也就是说,通过过度投资来扩大回报率基数,以限定的回报率乘以该基数就能得到一个更高的利润。这样,专营商就可以获得更高的利润。

中国的水价管制

在中国,供水行业属于自然垄断行业。中国政府一直以来对水价实行严格的管控。从全球范围来看,中国的水价处于较低水平。根据国家统计局的数据,目前中国居民水价支付费用占居民收入比约为1%左右,低于其他国家普遍的标准(2.5%—3%)。对水价的严格管控容易导致虚报成本等问题。而水价偏低造成了水资源浪费以及供水质量不佳等一系列问题。

2021年8月6日,国家发改委及住建部修订印发《城镇供水价格管理办法》和《城镇供水定价成本监审办法》,明确了城镇供水的定价方式以及成本核算方式。两个办法提出建立健全"以准许成本加合理收益"为核心的定价机制,困扰供水企业多年的水价问题终于迎来了曙光。

2021年8月16日,上海发改委决定于8月31日召开居民听证会,调整居民阶梯水价:第一阶梯水价从3.45元/立方米调整至4.09元/立方米,其中供水价格为2.27/立方米,应缴污水处理费1.82/立方米,第一阶梯水价上涨约18.5%。提高供水价格有利于激励供水企业提升供水质量,促进节约用水价格机制形成。

延展问题:还有哪些行业的定价过低,政府应该帮助提升价格、合理定价?

资料来源:东吴证券. 我国水价上调进程开启,利好智慧水务和智慧水表行业龙头[EB/OL].(2021-08-17)[2022-10-19]. https://pdf.dfcfw.com/pdf/H3_AP202108171510551909_1.pdf?1629194370000.pdf;中国水价低与现状不符[EB/OL].(2014-07-15)[2022-10-19]. https://www.chndaqi.com/column/1040.html.

进度检测 15B

什么是回报率管制?

13.3 潜在竞争市场

> **潜在竞争市场**:相对于需求来说,规模经济和范围经济作用并不明显的市场。

与自然竞争市场不同,**潜在竞争市场**(potentially competitive market)是指相对于需求来说,规模经济与范围经济的作用并不明显的市场,因此,潜在竞争市场存在两个或更多竞争供应商,不会导致平均成本的提高。在一个潜在竞争市场中,在完全竞争情况下,"看不见的手"将确保经济效率。因此,在任何潜在竞争市场,政府应该促进竞争。

■ 竞争法案

政府促进竞争的基本途径是制定竞争法案(也称为"反垄断法"或"反托拉斯法")。然而,受特定监管的行业也可能被要求遵守竞争法案。

一般而言,竞争法案禁止以下一些行为:竞争者在购买或销售产品等方面勾结设定价格;拥有市场力的企业滥用市场力;能产生巨大市场垄断力的兼并或收购。此外,法律还禁止或者限制一些反竞争的商业行为,例如,控制零售价格、签独家合同等。

竞争性监管机构的任务是实施竞争法。一方面是对那些相互勾结及滥用市场力的企业进行起诉。另一方面是审核收购或购买预案。竞争性监管机构必须确保所有的预案都符合法律。竞争性监管机构会批准符合条件的预案。

除了政府监控,竞争法案也可能允许受到反竞争行为影响的个人提出诉讼。例如,美国反托拉斯法律规定,原告可以通过诉讼取得三倍的赔偿。此外,原告可以要求法庭下令终止反竞争的行为。

■ 行为管制

一个市场是自然垄断市场并不意味着其上游及下游市场也同样是自然垄断市场。以电力为例,虽然输送和配送市场是自然垄断市场,但电力的生产却可能属于潜在竞争市场。同样,自来水配送属于自然垄断市场,然而其生产却属于潜在竞争市场。

在这样的情况下,政府需要考虑如何保护一个市场上垄断者的利益,同时又要鼓励另一个市场上的竞争。当垄断专营商同时加入潜在竞争市场时,就会给监管者带来很大的难题。

为了阐述这个问题,假设政府将配送电力专营权授予木星公司,同时又允许电力生产商自由竞争。由于木星公司在配送电力市场上占有垄断地位,在电力生产市场中也占有买方垄断地位,因此,政府就必须同时对木星公司的配送电垄断和买方垄断进行规范。

现在,假设木星公司对电力的生产进行纵向整合,那么木星公司可能会更愿意从其内部购买电力,即使比竞争对手的发电成本更高。这在经济上是低效率的。

防止这种低效率的一种方法是监管机构规定木星公司的行为,特别是禁止内部和外部电力供应商之间的歧视。监管机构通过行为管制(counduct regulation)来规定企业如何生产商品和服务。

> **行为管制**:规定了企业如何生产商品和服务。

■ 结构管制

一个更严格的解决由纵向整合带来的歧视外部竞争者的方案是结构管制。它将自然垄断市场与潜在竞争市场用结构管制的手段进行分离。在**结构管制**(**structural regulation**)下,监管机构规定了企业可以生产相关垂直产品和服务的条件。

> **结构管制**:在结构管制下,监管机构规定了企业可以生产相关垂直产品和服务的条件。

在电力案例中,监管机构可以要求木星公司分离其配送电和发电业务。在极端的情况下,甚至可以禁止木星公司发电。木星公司只负责配送电力,就没有动力不公平对待任何发电企业。

> **进度检测 13C**
>
> 解释行为管制和结构管制。

 小案例

数 据 竞 争

2019年7月,汤森路透(Thomson Reuters)及其私募股权所有者披露了可能以270亿美元的价格将路孚特(Refinitiv)出售给伦敦证券交易所集团(London Stock Exchange Group, LSEG)的计划。路孚特为190个国家和地区的40 000多家机构提供金融市场数据和基础设施。LSEG也提供金融市场基础设施。

该合并需要在多个司法管辖区获得批准。2020年7月和8月,美国司法部和澳大利亚竞争与消费者委员会批准了该合并。

2021年1月,欧盟委员会(EC)根据结构和行为条件批准了该合并。LSEG同意剥离意大利证券交易所 Borsa Italiana,并向下游竞争对手提供 10 年的数据。2021 年 5 月,新加坡竞争与消费者委员会(Competition and Consumer Commission)以类似的数据条件批准了合并。

资料来源:作者根据相关新闻报道整理。

中国反垄断管制:互联网领域

2021 年 7 月,中国市场监管总局对 22 起互联网企业的投资进行处罚,其中包括滴滴、阿里巴巴、腾讯等互联网巨头。这 22 起反垄断案件属于"未依法申报经营者集中",大意是企业通过投资或者并购等方式取得其他企业的控制权,超过一定标准就要在实施前向监管部门申报。而本次处罚的案件属于进行了上述股权投资或并购,但没有申报的情况。按照法条,市场监管总局对涉案企业分别处以 50 万元人民币的罚款。

梳理这 22 起案件,阿里巴巴和腾讯直接涉及其中的一半。由此可见,在互联网领域里,人们往往能看到阿里巴巴和腾讯的身影。它们通过高强度投资,逐步构建起各自的商业领域。在中国排名前 30 的 App 中,超过 20 个都来自两家巨头。据估算,阿里系和腾讯系的企业市值都达到 10 万亿元的超大规模。

这显然不利于市场竞争。中国的创业者面临一个难题——要么接受阿里或腾讯的投资被收编,要么等待阿里和腾讯携巨资入场与自己竞争。因此,中国政府需要对垄断企业进行管制,也需要遏制互联网巨头的无序扩张以促进市场充分竞争以及充分发挥有效性。

延展问题: 打击垄断行业会带来哪些问题呢?

资料来源:中国反垄断:当局处罚 22 起投资案背后的逻辑[EB/OL].(2021-07-12)[2022-10-19]. https://www.bbc.com/zhongwen/simp/business-57775454.

13.4 信息不对称

"看不见的手"失灵的另一种情况是有关一些特性或未来行动的信息不对称。第 11 章与第 12 章提到过,如果信息不对称问题得不到解决,边际收益就会偏离边际成本,从而使资源配置达不到经济效率水平。

现以医疗服务市场为例。病人依靠外科医生的诊断与治疗。由于外科医生与病人之间存在信息不对称,外科医生就会面临道德风险。例如,有些外科医生可以通过让病人接受不必要的治疗来增加自己的收入。

图 13-2 显示了市场均衡的情况。正确需求反映了病人在与外科医生拥有同样信息情形下的边际收益。膨胀的需求是由于信息不对称所导致的。外科医生诱导病人接受过度的治

疗使得需求超过了正确需求的程度。

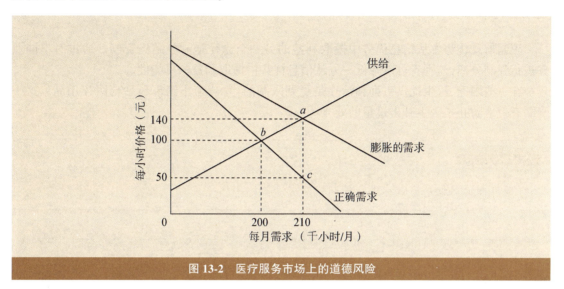

图 13-2 医疗服务市场上的道德风险

膨胀的需求曲线与医疗服务供给曲线相交在点 a。在市场均衡点上,医疗服务的价格为每小时 140 元,医疗服务的需求量为每月 210 千小时。在这一数量上,医疗服务的正确边际收益为每小时 50 元,也就是正确需求曲线的高度。而医疗服务的边际成本为 140 元,即市场均衡点下的供给曲线的高度。

在市场均衡的条件下,边际成本超过正确边际收益 90 元。这个经济无效率是外科医生与病人之间信息不对称的结果。在医疗服务市场,当管制有效时,图 13-2 中膨胀的需求曲线将向下往正确需求曲线的方向移动。此时,均衡点将更接近于正确边际收益等于边际成本的点 b。

■ 信息披露

解决信息不对称问题最显而易见的方法就是要求信息优势方真实地公开其信息。然而,只有当信息能够被客观地证实时,信息的披露才可以解决信息不对称问题。

在医疗领域,病人需要较为专业的诊断,因此,信息披露可能无法解决信息不对称问题。

■ 行为管制

除了直接解决信息不对称问题,另一个选择则是规范信息优势方的行为,限制该方从信息优势中所能得到的利益。如果信息优势方不能从信息优势中攫取利益,那么结果会趋向于经济效率水平。

例如,监管过度医疗保健的一种方法是向医生支付固定工资,而不是根据他们对患者的治疗支付工资。这将减少过度治疗患者的动机。但是,它也可能会降低医生努力的动力。

■ 结构管制

限制信息优势方从信息优势中攫取利益的另一个途径是业务结构管制。通过对不同业务进行强制分离，监管者可以降低一方从信息优势中攫取利益的可能性。

在一些国家，医生提供咨询和治疗是受到限制的，并被禁止销售药品与医疗用品。这一管制有效地防止了医生开出过量的处方药物。

> **进度检测 13D**
>
> 政府如何对信息不对称进行管制？

更多的风险，更多的回报，还是只是更多的风险？

新加坡金融管理局（MAS）监管投资产品的销售。财务顾问必须考虑客户的投资目标和财务状况，并只推荐合适的产品。他们必须披露所有重要信息，包括风险和回报、费用和收费，以及提款限制。

在出售投资产品之前，财务顾问的主管必须检查和批准相关投资产品。法律还规定了最短的"冷静期"，在此期间客户可以取消购买而不用支付罚金。

此外，MAS 还规范财务顾问及其主管的薪酬，规定其薪酬必须基于对法规和销售协议的遵守情况。2021 年 6 月，MAS 公开谴责保险公司英杰华（Aviva）和保诚（Prudential）违反赔偿规定。

资料来源：新加坡金融管理局谴责友邦保险、保诚和两家英杰华实体［EB/OL］.（2021-06-15）［2022-10-19］. https://0xzx.com/20210615143615l8224.html.

过度医疗与医生的薪酬

过度医疗是指医生违背诊疗权威指南和公认的基本原则，对患者采取超出治疗需要的不当诊疗措施的行为，通常表现为过度用药、过度检查、过度住院、过度耗材、滥用手术和抗生素等。尽管中国在控制过度医疗的治理方面已经取得明显成效，但过度医疗依然是中国医疗领域的顽疾。其中一项重要原因就是医生的薪酬不能体现其提供的医疗服务的价值。

国际上，医生的薪酬水平通常是社会平均工资的 3 倍至 5 倍，有的可高达 8 倍，而在中国则是 1.3 倍至 1.8 倍。公立医院要体现公益性，避免过度"逐利"，并且其医护人员的收入是有上限的。

医院院长们一直为医护人员的合理薪酬烦恼。他们通常有两个选择，要么继续"冒险"给医生超薪酬上限发工资，要么看着好医生被私立医院以"30 万年薪+安家费""50 万年薪+科研经费补贴"等大手笔吸走。

另外一些没能被高薪挖走、离开体制的医生，当收入诉求未能通过正当渠道满足时，转而被通过大处方开药和过度医疗来拿回扣以及红包所诱惑。"一个外科的大主任，真实收入中有四分之三都是灰色的。"一位北方三甲医院人士直言。因此给医生加薪，制定合理的薪酬结构是避免过度医疗的一个重要条件。

资料来源：过度医疗问题须引起高度重视［EB/OL］.（2021-09-02）［2022-10-19］. http://fjlib.net/zt/fjsts-gjcxx/msgc/202109/t20210909_467971.htm；给医生加薪［EB/OL］.（2021-12-02）［2022-10-19］. https://m.caijing.com.cn/api/show？contentid=4822521.

13.5 外部性

在存在外部性的情况下，也就是说，当某些收益和成本直接从生产方传递给接受方，而不是通过市场传递时，"看不见的手"可能失灵。如果市场不存在，"看不见的手"就无法发挥作用。

为了说明这一点，考虑对河流或湖泊的用水需求。每个消费者使用的水减少了其他人可用的水量，并产生了负外部性。

第 10 章表明，外部性达到经济效率水平的条件是边际收益之和等于边际成本之和。如图 13-3 所示，在经济效率水平的均衡点上，使用量为每年 80 万立方米。在该点上，社会边际成本等于社会边际收益。怎样才能达到这一均衡点呢？一般来说，有两种管制外部性的方式：一种是使用费或使用税；另一种是制定标准或配额。

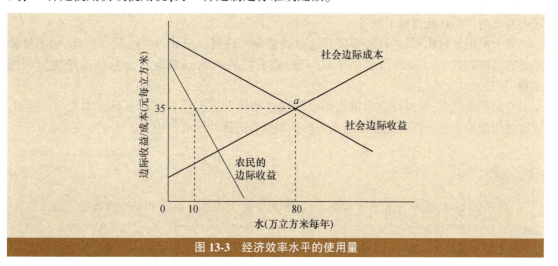

图 13-3　经济效率水平的使用量

使用费或使用税

管制的一种方式是模拟亚当·斯密所说的那只"看不见的手",所有的使用方只要愿意缴纳使用费或使用税,就可以任意使用。参见图13-3,在满足经济效率水平的使用量下,社会的边际成本为每立方米35元。假设监管机构设定每立方米水的使用费为35元,考虑一个使用水灌溉庄稼的农民。为了使利润最大化,她应该使用水,直到她的边际收益等于35元的费用。参考图13-3,该使用量为每年10万立方米。

为了理解为什么该使用量会使利润最大化,假设农民每年使用少于10万立方米的水。那么她的边际收益将超过35元。所以她应该增加用水量,以提高利润。如果农民每年使用超过10万立方米的水,那么她的边际收益将低于35元,因此她应该减少用水量,以提高利润。

所有使用者的使用量将达到使他们的边际收益等于费用的水平。由于监管机构向每个使用者收取相同的费用,所有使用者的边际收益将是相等的。

此外,监管机构根据水的社会边际成本设定费用。水的费用(也就是水的边际成本)应该等于水的边际收益。因此,收费使消费量达到经济效率水平。

标准或配额

管制的另一种方式是直接通过制定标准或发放配额进行。参见图13-3,经济效率水平的使用量为每年80万立方米。因此,监管机构可以简单地规定最大使用量为每年80万立方米。然而,使用者却有很多。监管者如何将每年80万立方米的份额分配给各个使用者呢?

监管者可以签发每年80万立方米的用水许可证,然后通过公开拍卖将其出售。每一个使用者对许可证的需求等于其从用水中获取的边际收益。在图13-3中,市场需求曲线就是社会边际收益曲线。

许可证的供给在每年80万立方米的用水量上完全缺乏弹性。如图13-3所示,第80万立方米水的边际收益为35元。这样,在均衡点上,每个许可证的均衡价格为35元。用水许可证的需求与供给在此价格上相等。

每个使用者将购买许可证,直到其边际收益等于许可证价格,即35元。因此,用水量将是具有经济效率的。通过出售用水许可证,监管机构有效地收取了由竞争市场决定的用水费。

在某些情况下,通过设定标准而不是配额或使用费进行监管可能更具成本效益。例如,规定使用低冲水量马桶可能比安装水表并让消费者选择冲水时使用多少水成本更低。

> **进度检测 13E**
>
> 参见图13-3,比较用水费为每立方米25元条件下的社会收益和社会成本。

小案例

中国准备对挥发性有机物征税

2021年11月出台的《中共中央 国务院关于深入打好污染防治攻坚战的意见》提出,完善挥发性有机物监测技术和排放量计算方法,在相关条件成熟后,研究适时将挥发性有机物纳入环境保护税征收范围。

挥发性有机物的主要来源是煤化工、石油化工、燃料涂料制造行业等。挥发性有机物对大气环境中臭氧、PM2.5的生成有着重要影响。为了控制挥发性有机物排放,增加其税费成本是一种有效手段。

延展问题:对挥发性有机物征税会如何影响挥发性有机物的排放?

资料来源:《中共中央 国务院关于深入打好污染防治攻坚战的意见》[EB/OL].(2021-11-08)[2023-05-19]. http://cpc.people.com.cn/n1/2021/1108/c64387-32275946.html.

13.6 全球外部性

水污染和飞机噪声等外部因素会影响附近的许多人。鉴于通过私人行动解决此类外部性的困难,政府监管可能会发挥作用。诸如温室气体排放和传染病传播等超越国界的外部性又如何呢?解决全球外部性的好处是一种公共品,也就是说,地球上的所有人都获得平等的、非竞争性的收益。

为了加以说明,考虑温室气体的排放。假设图13-4描绘了全球边际收益和全球边际成本。由于减少排放会产生非竞争性收益,因此全球边际收益是各个国家边际收益的垂直总和。

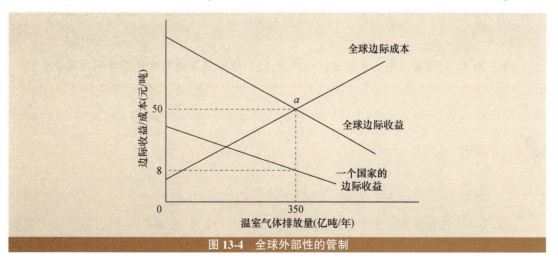

图 13-4 全球外部性的管制

按每年排放350亿吨计算,一个国家的边际收益为每吨8元。其他国家的地区的边际收益之和为每吨42元,因此,全球边际收益为每吨50元。

具有经济效率的排放量是全球边际收益等于全球边际成本时的排放量,即每年350亿吨。在这个排放量水平下,全球边际收益和全球边际成本都为每吨50元。

■ 多边管制

实现经济效率的挑战在于单一政府的监管无法解决全球外部性问题。例如,如果一些国家对化石燃料进行监管,而另一些国家则继续燃烧化石燃料,碳就会逃逸到大气中,大气中的碳会伤害那些不燃烧化石燃料的国家的人们。

此外,很难将任何人排除在减少排放的好处之外,个别国家可以搭其他国家减排的便车,因此解决全球外部性需要多边监管。

■ 信息和偏差

信息不对称和行为偏差可能会阻碍个人对政府政策的适应。这些成了人们在解决全球外部性问题时所面临的更大挑战,因为这些挑战涉及更多不同的人。

关于解决全球外部性问题的收益和成本的信息可能是不对称的。那些认为收益更大而成本更小的人会更强烈地支持解决外部性问题。

行为偏差可能会影响人们对政府政策的适应。一种偏差是双曲贴现(hyperbolic discounting),即相对于未来过分重视现在的趋势。这将阻碍那些在当前为未来的利益而付出成本的政策。

维持现状偏差(status quo bias)往往会阻碍政策的任何改变。解决全球外部性问题可能需要使用新技术并淘汰现有的过时设备和设施,而沉没成本可能会导致既得利益集团抵制变革。

> **进度检测 13F**
>
> 参见图13-4,如果一个国家的边际收益较低,这将如何影响具有经济效率的排放量?

小案例

《巴黎协定》

温室气体将热量困在大气中并使地球变暖。2015年12月,在法国召开的《联合国气候变化框架公约》第二十一届缔约方大会通过了《巴黎协定》。该协议旨在将全球平均气温的上升幅度限制在比工业化前水平高出 2 摄氏度的范围内。

截至 2021 年 2 月,占全球排放量约 97% 的 190 个国家和地区及欧盟（EU）已批准或加入该协定。其中,欧盟、中国、日本、韩国、加拿大以及美国加利福尼亚州、马萨诸塞州和华盛顿州已开始对碳排放进行监管。

一种机制是"限额交易"。政府规定排放配额,并允许排放源买卖排放许可证。2021 年,欧盟排放交易体系中的碳价格提高到每吨 50 欧元。加利福尼亚州、马萨诸塞州和华盛顿州通过总量控制和交易制度来规范碳排放,中国很快就会这样做。

另一种机制是对碳排放征税。加拿大政府在 2019 年以每吨 20 加元的税率征收碳税,2022 年已增加到每吨 50 加元。

资料来源:作者根据相关新闻报道整理。

《气候宣言》

在撰写本书时,亚马逊和包括阿拉斯加航空公司、高露洁-棕榄、喜力、百事可乐、西班牙电信和 Visa 在内的 100 多家企业签署了《气候宣言》。这使它们承诺到 2040 年实现净零碳排放。

《气候宣言》不仅仅是一项慈善行为。它有助于企业为日益严格的碳排放监管做好准备。2020 年至 2021 年间,欧盟排放交易系统中的碳价格从每吨 30 欧元上涨至每吨 50 欧元。加州排放拍卖系统中的碳价格从 2018 年 2 月的每吨 14.53 美元上涨至 2021 年 5 月的每吨 19.04 美元。加拿大的碳税在 2022 年已增加到每吨 50 加元。这一趋势是很明显的。

13.7 相机外部性

外部性可能取决于需求或供给状况。为了说明随需求而定的外部性,请考虑一条每小时可以平稳通过多达 50 辆车的隧道。图 13-5 描绘了社会边际收益和社会边际成本。

当每小时通过车辆少于 50 辆时,社会边际成本为零。然而,当交通量达到每小时 50 辆时,每增加一个用户就会产生额外的拥堵成本,这是一种负外部性。

如果隧道对车辆的进入加以规范,会怎么样？边际司机(第 51 位司机)将通过比较她的私人收益和她的私人成本来决定是否进入隧道。她会忽略给其他司机带来的额外成本。由于这种负外部性,太多的司机会进入隧道。

为了达到经济效率,隧道应规范使用,使边际收益等于社会边际成本,其中的成本包括强加给其他用户的负外部性。

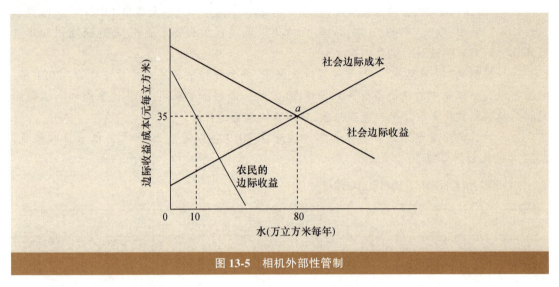

图 13-5 相机外部性管制

如果隧道通过收费来规范使用,那么该费用应随需求而变化。参考图 13-5,当需求低时,费用应为零,当需求高时,费用应为每辆车 4 元。

> **进度检测 13G**
>
> 解释为什么高速公路收费应随交通量的变化而变化。

 小案例

湄公河:季节性流量

湄公河展示了一个取决于供给的外部性。湄公河发源于青藏高原,作为澜沧江流经中国,再经缅甸、老挝、泰国、柬埔寨、越南流入南海。

1995 年,老挝、泰国、柬埔寨、越南四个下游国家签署了《湄公河协议》,以规范河流流量。该协议规定了旱季的最小流量、雨季进入洞里萨湖的回流量,以及汛期的最大峰值流量。

但是,中国和缅甸不是该协议的缔约方。截至 2022 年,中国已在澜沧江修建了 11 座大坝。上游大坝会影响流向下游国家的流量。因为海水流入越南南部湄公河三角洲,稻农不得不转而养殖虾或种植芦苇。

知识要点

- 如果某产品市场在只有一个供应商时,该产品的平均成本达到最小化,那么该市场就是一个自然垄断市场。
- 政府可以通过回报率或价格进行垄断管制。
- 政府可以通过行为管制或结构管制促进竞争。
- 政府可以通过披露、行为规范或业务结构对信息不对称市场进行管制。
- 政府可以通过制定使用费或使用税,或者通过制定标准或配额来对外部性进行管制。
- 解决全球外部性问题需要多边合作。
- 外部性监管应根据供需状况进行调整。

复习题

1. 解释自然垄断的概念。
2. 私有化一定会促进竞争吗?解释原因。
3. 解释边际成本定价法。
4. 价格管制会引发什么样的问题?
5. 讨论回报率管制所带来的问题。
6. 解释如何通过行为管制和结构管制来解决垄断行为。
7. 判断正误:强制披露通常是解决信息不对称问题的最好办法。
8. 请解释行为管制与结构管制如何解决信息不对称问题。
9. 请解释如何通过制定使用费来控制由建筑设备产生的噪声。
10. 比较如何通过制定标准和制定使用费来控制汽车污染物的排放。
11. 解释拍卖负外部性配额如何具有经济效率。
12. 解释解决全球外部性中的搭便车问题。
13. 讨论双曲贴现如何影响公众对减少温室气体排放的支持。
14. 为什么政府应该向隧道使用者收取通行费?
15. 为什么一座桥梁的使用费随着一天里时间的不同而不同?

讨论案例

1. 印度首都地区的电力行业垂直分为发电、电力传输和电力配送。塔塔电力德里配电有限公司(Tata Power Delhi Distribution Limited,TPDDL)是德里北部和西北部的独家经销商。在 2020/2021 财政年度,TPDDL 申请的利率基数为 414.7 亿卢比,资本成本为 15.82%。然而,德里电力监管委员会批准了 353.4 亿卢比的利率基数和 11.61% 的资本成本。此外,委员会不允许价格发生任何变化。
   (a) 解释电力配送背景下的自然垄断。
   (b) 使用相关图表,解释配电的平均成本定价。
   (c) 解释为什么电力行业应该对电力传输和电力配送的垄断特许经营权实行垂直分离。

(d) 德里电力监管委员会在回报率管制方面将面临哪些挑战?

(e) 在回报率管制下讨论利用可再生能源发电的激励措施。

2. 2021 年 1 月,伦敦证券交易所集团(LSEG)以 270 亿美元收购了路孚特(Refinitiv)。路孚特的业务包括欧洲政府债券交易。欧盟委员会在几个条件下批准了该合并。其中之一是 LSEG 剥离同样交易欧洲政府债券的意大利证券交易所 Borsa Italiana 集团。另一个是 LSEG 为下游竞争对手提供 10 年的数据。

(a) 讨论如果 LSEG 不剥离 Borsa Italiana 集团对市场力量的影响。

(b) 解释结构性监管将如何解决 (a) 中的问题。

(c) 讨论如果 LSEG 不承诺提供数据对下游竞争对手的影响。

(d) 考虑金融数据的收集和编制是否属于自然垄断。

3. 在美国,所有的股票经纪人必须依据美国证券投资者保护公司(SIPC)的要求为顾客账户进行 500 000 美元的最低赔付金额投保。这项投保可以在经纪人失职时弥补顾客的现金、股票和债券的损失。SIPC 保险并不涵盖其他投资(例如期货)的损失。

(a) 你能用经纪人和投资者之间的信息不对称来解释政府对 SIPC 保险的要求吗?

(b) SIPC 保险如何影响经纪人向客户推广风险投资的动机?

(c) 很多经纪人购买私人保险以补偿超过 SIPC 提供的最低限度补偿的损失。请解释为何经纪人的这一行为可以看作其理财能力的信号。

(d) 期货产品要比股票和债券更加复杂。为什么 SIPC 保险不涵盖期货的损失是合理的?

4. 妙佑医疗(Mayo Clinic)总部位于明尼苏达州罗切斯特,是一家领先的医疗保健提供商,拥有 2 800 多名医生。该诊所的薪酬计划根据国家基准规定了标准化的薪酬阶梯和增量,不提供奖励或奖金。

(a) 解释医生和患者之间的信息不对称性。

(b) 调整图 13-2 以解释为什么按对患者的治疗向医生支付工资,可能会导致过度治疗。

(c) 参考你在 (b) 中的图,讨论妙佑医疗薪酬计划的效果。

(d) 讨论该计划对每位医生的不可观察的努力以及与妙佑医疗相关的道德风险的影响。

5. 在印度,许多贫穷的父母宁愿让孩子工作也不愿让他们上学。为了鼓励出勤率,Akshaya Patra 在政府资助的学校提供免费午餐。在撰写本书时,该项目为 19 000 多所学校的 180 万多名儿童提供服务。一些父母,即使是文盲,也会为孩子支付上私立学校的费用。然而,私立学校的监管不足,有些学校未能对学生进行良好的教育。

(a) 假设一些父母有着很高的贴现率。这将如何影响他们送孩子去上学还是工作的选择?

(b) 儿童的教育是否产生了外部性?这是否证明了教育补贴的必要性?

(c) 与小学教育和中学教育相比,你在 (b) 中的分析在何种程度上适用于高等教育?

(d) 一般而言,经济学家认为在帮助穷人方面,给现金比给实物更有效。讨论 Akshaya Patra 是否应该用与免费午餐等值的现金代替免费午餐。

6. 欧盟承诺到 2030 年将温室气体净排放量

减少至少 55%，到 2050 年实现气候中和。为了减少排放，它建立了排放交易系统（ETS）。欧盟规定了总排放量配额，该配额会随着时间的推移而下降。在配额范围内，排放源可以获得或购买排放配额，也就是说，这些配额可以进行交易。

(a) 构建一个图表，横轴为排放量（百万吨/年），纵轴为边际收益/成本（欧元/吨）。设目标排放量为每年 8 亿吨。从 0 到 8 亿吨之间，用一条曲线表示社会成本曲线，之后社会成本曲线变为垂直的。

(b) 画两条向下倾斜的社会边际收益曲线，一条低于另一条。将两条社会边际收益曲线下具有经济效率的费用和配额进行比较。

(c) 假设政府不确定社会边际收益是多少。讨论费用或配额是不是更好的政策。

(d) 为什么在碳排放交易系统下，配额可交易很重要？

7. 为了减少温室气体排放，私营企业必须投资新技术，并淘汰旧设备和设施。到 2020 年 4 月，亚马逊和其他 100 多家企业签署了《气候宣言》，承诺到 2040 年实现净零碳排放。

(a) 排放配额和税收的全球趋势是什么？

(b) 解释管理者之间的贴现和沉没成本谬误会如何延迟减少碳排放的投资。

(c) 签署《气候宣言》如何帮助企业克服行为偏差？

(d) 讨论《气候宣言》中可能的网络效应。

8. 中国香港铜锣湾的零售区域是世界上租金最贵的区域之一，每年每平方英尺的租金超过了 3 000 美元。2011 年，城市规划委员会将该地区未来的建筑物高度定为应低于 200 米。房地产开发商希慎集团（Hysan Group）在该地区拥有九处房产，它要求城市规划委员会放宽限制，但城市规划委员会拒绝了这项申请。

(a) 对建筑物的高度限制解决了哪种外部性问题？

(b) 希慎集团会如何从放宽的高度限制中获益？

(c) 使用相关图表，解释城市规划委员会应如何确定高度限制？

(d) 对建筑物的高度限制在整个香港地区都应该是一样的吗？

9. 美国联邦航空局（FAA）根据噪声水平对所有民用飞机进行了分级。分级表从噪声最大的 1 级到噪声最小的 4 级。在 2016 年，FAA 禁止了噪声级别为 2 级、重量低于 75 000 磅的喷气式飞机的运营。其中一些飞机可以被改装加工到 3 级水准。

(a) 谁应该对飞机噪声进行管制：联邦政府还是地方机场当局？

(b) 使用相关图表，解释机场应该如何确定允许的噪声等级。确定的等级在每天不同时段应该是不同的吗？

(c) 假设某机场对飞机噪声有明确的标准。机场应该允许飞机制造噪声还是允许各航空公司交易它们的噪声许可权？

(d) FAA 的上述规定不包括支线飞机，例如 Embraer 190 和超过 75 000 磅的大型飞机。讨论这一豁免政策。

术语索引

B

版权（copyright） 208
边际产量（marginal product） 62
边际成本（marginal cost） 60
边际成本定价（marginal cost pricing） 253
边际利润（incremental margin） 132
边际利润率（incremental margin percentage） 132
边际内单位（inframarginal units） 130
边际收入（marginal revenue） 66
边际收益（marginal benefit） 21
边际收益递减（diminishing marginal benefit） 21
边际支出（marginal expenditure） 141
边际值（marginal value） 7
不完全市场（imperfect market） 14
不完全信息（imperfect information） 214

C

策略（strategy） 169
策略形式的博弈（game in strategic form） 170
策略性行动（strategic move） 180
长期（long run） 57
长期收支平衡条件（long-run break even condition） 71
超额供给（excess supply） 85
超额需求（excess demand） 86
沉没成本（sunk cost） 67,110
承诺（promise） 182
纯策略（pure strategy） 273

D

搭便车（free riding） 201
道德风险（moral hazard） 233
低档产品（inferior product） 24
短期（short run） 57
短期的收支平衡条件（short-run break-even condition） 67

F

发信号（signaling） 225
范围不经济（diseconomies of scope） 118
范围经济（economies of scope） 118
非竞争性消费（non-rival consumption） 205
风险（risk） 215
风险厌恶（risk averse） 215
风险中立（risk neutral） 215
负外部性（negative externality） 198
附加值（value added） 5

G

个人供给曲线（individual supply curve） 68
公共品（public good） 194
供给弹性（elasticity of supply） 73
供给的价格弹性（price elasticity of supply） 74
固定成本（fixed cost） 58
管理经济学（managerial economics） 5
广告弹性（advertising elasticity） 50
广告销售率（advertising-sales ratio） 137
归宿（incidence） 94
规模报酬递减（decreasing returns to scale） 115
规模报酬递增（increasing returns to scale） 115
规模不经济（diseconomies of scale） 115
规模经济（economies of scale） 115

H

行业（industry） 12
横向边界（horizontal boundaries） 10
横向整合（horizontal integration） 248
互补品（complements） 26
回报率基数（rate base） 255

J

机会成本（opportunity cost） 108
绩效报酬（performance pay） 237
价格弹性（price elastic） 42
价格刚性（price inelastic） 42
价格歧视（price discrimination） 152
价格体制（price system） 96
间接细分市场价格歧视（indirect segment price discrimination） 159
鉴定（appraisal） 222
交叉价格弹性（cross-price elasticity） 50
结构管制（structural regulation） 257
解决外部性（externality is resolved） 200
经济效率（economic efficiency） 95
净收益最大化（net benefit maximum） 142
均衡策略（equilibrium strategy） 179

K

"看不见的手"（invisible hand） 95
可变成本（variable cost） 58
扩展形式的博弈（game in extensive form） 177

L

利润贡献（profit contribution） 132
利润最大化（profit maximum） 132
利润最大化的生产规模（profit-maximizing scale of production） 66，131
联合成本（joint cost） 118
两段定价法（two-part pricing） 31
劣策略（dominated strategy） 171
临界用户人数（critical mass） 203
零和博弈（zero-sum game） 176

M

买方垄断（monopsony） 126

买方剩余（buyer surplus） 29
卖方垄断（monopoly） 126
卖方剩余（seller surplus） 75

N

纳什均衡（Nash equilibrium） 171
逆向选择（adverse selection） 218
逆序归纳法（backward induction） 178

P

排他性消费（excludable consumption） 207
平均成本（average cost） 61
平均成本定价（average cost pricing） 254
平均值（average value） 7

Q

潜在竞争市场（potentially competitive market） 256

S

筛选（screening） 223
剩余收入（residual income） 242
市场（market） 12
市场供给曲线（market supply curve） 72
市场均衡（market equilibrium） 84
市场力（market power） 14，126
市场侵蚀（cannibalization） 163
市场体制（market system） 96
市场需求曲线（market demand curve） 32
收入弹性（income elasticity） 49
私有化（privatization） 253
随机策略（randomized strategy） 174
所有权（ownership） 241

T

套餐（package deal） 30
套牢（holdup） 239
特定成本（specific cost） 118
替代品（substitutes） 26
条件策略性行动（conditional strategic move） 182
统一定价（uniform pricing） 147

W

外包（outsourcing） 12，113

外部性（externality） 194
完全合同（complete contract） 240
完全价格歧视（complete price discrimination） 152
网络外部性（network externality） 202
网络效应（network effect） 202
威胁（threat） 183

X

细分市场（segment） 154
先发优势（first mover advantage） 179
相机合同（contingent contract） 227
信息不对称（asymmetric information） 214
行为管制（conduct regulation） 257
需求的自身价格弹性（own-price elasticity of demand） 39
需求倾斜（tipping） 203

Y

研发弹性（R&D elasticity） 138

研发销售率（R&D-sales ratio） 138
拥挤性消费（congestible consumption） 205

Z

正常产品（normal product） 24
正和博弈（positive-sum game） 176
正外部性（positive externality） 194
直接细分市场价格歧视（direct segment price discrimination） 155
专利（patent） 208
专用率（specificity） 239
自然垄断市场（natural monopoly） 252
自我选择（self-selection） 224
纵向边界（vertical boundaries） 10
纵向整合（vertical integration） 242
总成本（total cost） 59
总收入（total revenue） 65
总收益（total benefit） 28
组织架构（organizational architecture） 233